平和と平等を追い求めて

ひとりの女性教師のあゆみ

宮本英子

ドメス出版

はじめに

私には「らしんばん」と名付けた大学ノートが七三冊も手元にあります。大学四年の悩み多い頃に書き始めたノートで、その時期、そのときの気持ちや思いを書き留めて気持ちの整理をつけ、明日への糧にしてきたものです。「らしんばん」と名付けたのは日々忙しいなかで明日何をすべきか、この問題をどう考えたらいいのかなど、毎日を乗り切るための私の羅針盤でした。本当は用済みのこのノートは処分してもいいのに一冊も欠かさず残しています。

金沢市から堺市に転居したばかりの子育て真っ最中の一九七〇（昭和四五）年の「らしんばん」No.８の冒頭に次のような呟きがメモされています。

私のらしんばんよ　私の行き先をしっかり示しておくれ
私は毎日の忙しさの中で　自分を見失い　嵐の中の小舟のように戸惑うばかり
やたらと櫂《かい》を動かすばかり　行きたいところはあるのに
やりたいことはわかっているのに
櫂を動かしているからって舟は進まない　遠ざかっているのかも……
らしんばんよ　しっかり指針を示しておくれ

このように悲鳴を上げていた時期もありました。

今まで開くこともなく積んできたノートなのに、今開いて驚くことがたくさんあります。「こんな人からお手紙いただいていたのだ」。手紙や葉書は大切な宝物になり、ページのすみに貼ったチケットや案内状は、足を運んだ美術展や演劇やコンサートの記憶をいっきょに蘇らせ、私の楽しみになっています。

記録は捨てがたく、読み返すうちに、大変で苦しいことも多くあったのに、私はなんていい時代に教育に携わってくることができたのだろうと、とても幸福に思えてくるのです。何よりも自分のやりたいことをやることができました。とりわけ堺市での教育実践は「独創的な教育を、学級づくりを」と職場のみなさんにバックアップしていただき、伸び伸びと子どもと向き合えたことは幸せでした。

私が「らしんばん」を書き始めた一九五〇年代初頭は日本の重要な曲がり角でした。一九五一年九月にサンフランシスコ講和条約並びに日米安全保障条約が調印され、日本は「反共軍事拠点」としての役割を担わされました。文部省が国旗掲揚と君が代斉唱についての通達を出し、天野文部大臣が修身復活の意向を述べるという、教育の「逆コース」と呼ばれるような状況がもう始まっていました。私が初めて就職したときから今日にいたるまで、戦前戦中の教育への回帰との闘いでした。

六〇年後の今、安倍政権がいよいよそれを具体化しようとしています。二〇一四（平成二六）年七月一日の臨時閣議での集団的自衛権の行使容認は、戦後の日本の安全保障政策を大転換させることになるのです。

〇六年九月、第一次安倍内閣の首相に就任してすぐに「教育再生会議」を設置し、一二月にはもう教育基本法改悪を強行し、教育の在り方や仕組みを変え、教育改革案づくりを進めてきました。

〇七年秋、政権運営にゆきづまり、政権を投げ出し、民主党に政権を奪われたのに、一二年一二月の衆院総選挙で自民党が大勝、公明党との連立で第二次安倍政権が誕生しました。安倍の「教育再生」は息を吹き返しました、戦前への逆行です。憲法二六条では、教育は何よりも子どもの権利の充足のために行われることが明記されているのに「教育再生」では、国家のための教育を実現するべく、国家に教育権を全面的に与えようとしています。安倍政権は憲法九条改悪をめざして、実質的改憲に向けていよいよ一歩踏み出したのです。

大阪維新の会の教育も、子どもの権利の充足のためではなく、教師が子どもと向き合うなかから導き出した教育を否定し、競争に追い立てる差別選別の教育を推し進めています。それで子どもは育つのでしょうか。私たちの取り組んできた教育は、つねに子どもに寄り添い、子どものため、何かをみつけていつも新しいやり方を創造し、それを仲間と共有してきました。

物心ついた頃にあの太平洋戦争を体験し、思春期から青春時代を戦後民主主義のなかで生き、自由と民主主義を何より大切にする教師集団とともに取り組んできた教育と、それを守るために活動してきた女性教師の一端を知っていただきたい。現在の日本の危機的な状況をもたらしたのは一九八〇年代後半の労働戦線の右翼再編だったということを今実感しています。女性たちの二一世紀に向けた真の人間解放の願いは、まだまだ実現に程遠いことを思い知らされる昨今です。しかし希望は失っていません。これからも仲間とともに挑戦します。私の行動の記録から何かを読み取っていただき、私の先を歩んでいただければこんな嬉しいことはありません。

二〇一五年一月

宮本　英子

平和と平等を追い求めて——ひとりの女性教師のあゆみ＊もくじ

3　就職そして結婚　52

4　教師としての金沢の日々　65

3　激動の労働戦線と私たちの選択　178

章扉・カット　宮本　英子
装丁　市川美野里

I

学ぶことで
苦しみを希望に変えて

富山から金沢へ

唯一手元に残る若き日の油絵

1　生いたちと学びの日々

立山連峰を仰ぎ見ながら

私の故郷は富山です。私の一番の故郷自慢は東の彼方に連なる立山連峰です。とくに早春の晴れた日の、まだ雪を頂く雄大な連峰の山々です。

一九四六（昭和二一）年、私が入学した富山県立高等女学校が空襲で焼けた堀川の跡地にやっと校舎が建ち、一年半続いた畳の上の仮校舎から解放され、新校舎へ通うことになった通学路は、この立山連峰を遠く眺めながら稲田の間の泥道を下駄ばきで通いました。その後の富山県立南部高等学校へも同じ道をさらに一〇分ほど歩き、片道四〇～五〇分の道のりを通い、五年近い歳月、見守り続けてくれたのが立山連峰です。今も故郷に降りたつと、まずはその雄姿を求めて東の空を見上げてしまいます。

私が生まれたのは、一九三三（昭和八）年四月、富山市でも中心部に近い清水町でした。新森《あらもり》林蔵と信の次女として生まれ、物心のついた三七年、数え年五歳の頃の記憶が鮮明です。父が軍隊に召集され出征するため裏庭で撮った、唯一わが家に残っている一枚の家族写真に負うところが大きいようです。

星印一つ見えない軍服を着た父の右に妹光子を抱いた母が立ち、左には母方の祖母が立っています。前列に腰を下ろしている人が父方の祖母です。その隣に立つのが小学校二年生の姉の智子、そして左端に立つのが五歳の私。父は母一人子一人という身内の少ない人でしたが、母の実家は神通川の西に広がる婦負《ねい》郡朝日村友坂（現富山市婦中町友坂）の農家でした。身内は多く、母には男三人女三人の兄弟姉妹（みな生きていれば一〇人という）がいました。祖父も存命でしたが糖尿病のため病床にありました。私や姉が笑いをこらえているのは、若い叔父や叔母が笑わせるのを我慢していたような記憶があります。

父・新森林蔵出征の日に（英子５歳 前列左）

わが家は富山市立清水小学校の学校前で文房具店を営んでいましたが、近所の新しくできた店に押されて閉店し、父は新聞配達を仕事にしていたといいます。

家の裏には菜園が広がり、無花果《いちじく》や柿の木や桃の木がまわりに植えられていましたが、おそらく家主さんの菜園だったのでしょうか、家の台所近くの無花果を除いて私たちが収穫した記憶がありません。

お隣は蒲焼屋さんで裏からまわってうなぎやどじょうのさばきぶりを見て鳥肌を立てたり、焼きはじめの生臭いにおいに辟易したので、最近まで蒲焼は敬遠していました。家の並びには小さな煎餅屋さんや飴屋さんがあり、筆屋さんもあり、筆づくりは面白く、よく上がりこんでおじさんの仕事ぶりを見学したものでした。前の校門を入ると広いグラウンドが広がり、砂場あり鉄棒ありの私たちにとってはとてもいい遊び場でした。

文房具店だったから紙や鉛筆やクレヨンは手近にあり自由に使えたせいか、私は早くから文字を覚え文章も書いていました。出征した父に筆まめな母はよく手紙を出したので、私たちもよく書かされました。父への手紙は五歳の子どもが書いたものだと知った戦友たちに驚かれたと父は自慢にしていました。

父は年齢のせいか二年を経ず除隊してきました。そして戦火の拡大するなか規模拡大の一途をたどる不二越鋼材工業株式会社に入社しました。一九三九年に富山市の東部に新しく建設された不二越の工場群の、そのまた向こうに建てられた社宅にわが家族は入居することになり、富山市不二越町二丁目で新しい生活が始まりました。一企業の名のついた新しい町の最初の入居者でした。東に立山連峰がそびえ、水田が広がり、近くには立派な家屋敷と屋敷林をもつ農家が並ぶ集落があり、鎮守の森もあるとてもいい環境でした。

三・四・六畳の和室に廊下と縁側、二階には八畳の座敷と広い廊下、一〇坪近い裏庭をもつ二階建て。それが四軒つながった一棟の長屋が向かい合い、八軒で一隣保といい、一六棟が向かい合って一丁目を作っていました。その一丁目で一つの町内会を作り、戦時体制に合わせた町内会ができていました。五丁目までありました。

こんな環境で始まった翌年、四〇年四月、私は富山市立東部尋常高等小学校に入学しました。憧れていた幼稚園にも行けなかったので初めての集団生活でしたが、四月生まれの健康優良児でしたから、すぐ学校ではリーダー役にされたのでした。一、二年は男女共学でしたが、三年からは女子組になり、担任は一年から荒瀬君子先生で卒業までの六年間お世話になりました。多くのことを学び教師への夢を育てていただきました。

私が一年生の年に四女の雅子が誕生し、わが家はまた女性勢が増え、戦時下のこと、両親はますます肩身の狭い思いをしたことでしょう。ところが戦争末期の四四年二月に待望の男の子が生まれました。母の高齢出産と食糧難で母乳不足、補うミルクもないなかで、おかゆに魚のすり身を混ぜるなど母は苦心しましたが、ハイハイし始めた頃、急性消化不良で誕生日を前に急死し、一家は悲嘆にくれました。亡くなった弟の亡骸《なきがら》を父が一晩抱き続けていた姿が忘れられません。敗戦の年の一月初めでした。あの子も戦争の犠牲者のひとりでした。

「お前が男だったら」という嘆きが私に向けられ、「女でなぜいけないの！」という反発がだんだん大きくなるのは否めませんでした。戦後さらに五女妙子が生まれた後、五〇歳を過ぎてやっと雅夫が誕生し、父は安堵したようでした。わが家の姉妹はいずれも独立心旺盛で働き続ける道を選んだのも、貧しいこともありますが、「女でもやれるよ！」を信条にしてきたからだろうと思います。

「兵隊さんよ、ありがとう」の小学校六年間

一九四一（昭和一六）年には国民学校令により私は国民学校二年生になっていました。皇国民の「練成」

をねらった国民学校の教育内容は、初等科は国民科（修身・国語・国史・地理）、理数科（理科・算数）、体錬科（武道・体操）、芸能科（音楽・習字・図画・工作）この他、初等科女子には裁縫、高等科女子には家事および裁縫が加わりました。教科書も変わりました。

私の一年生の国語の教科書は「サイタ　サイタ　サクラガサイタ」でしたが、妹は「アカイ　アカイ　アサヒ　アサヒ」になり、音楽の教科書の「アヲゾラ　タカク　ヒノマルアゲテ　アア　ウツクシイ　ニホンノハタハ」と連携した大日本帝国の象徴として、「日の丸」をまっさらな純粋な子どもたちに浸透させることを意図したことは明らかでした。

続くは「ヘイタイサン　ススメ　ススメ　トタテテ　チテ　チテタ　トタテテ　タテタ」と調子よく、兵隊賛歌でした。天皇制軍国主義と忠君愛国の教育が子どもたちにこうして浸透していったのです。

二年生で少国民にされた私たちは、「兵隊さんよ、ありがとう」の歌を胸をはり大合唱、高学年で武道が入り男子は剣道でしたが、女子は長刀《なぎなた》でした。長刀は体育準備室にずらりと並んでおり、それを構えて、「お面！」「お胴！」と訓練しました。

天長節、卒業式などの儀式は「日の丸」掲揚、「君が代」斉唱だけではありませんでした。式典での「教育勅語」奉読は難行苦行でした。黒塗りのお盆に載せられた箱入りの巻物になった「教育勅語」を、教頭が白手袋の手で捧げ持って壇上の校長に差し出し、それを恭《うやうや》しく校長が受け、巻物をするすると広げて「ちんおもふにわがこうそこうそうくにをはじむることこうえんに……」で読み始めるまでの時間の長いこと、奉読が始まると全校生徒一斉に頭をたれ、終わるまでその姿勢を保たねばなりませんでした。冷たい講堂に素足で立ち、水洟《ばな》はたれるし、咳は出る。それを我慢するのがまさに試練でした。はじめは意味もわからない勅語も三、四年生には「夫婦相和し朋友相信じ……」など暗誦できるようになり、その意味も職員室前の廊下の壁に掲げられた、勅語の意味をわかりやすい場面に描いた大きな額縁入りの絵画で少しずつ理解していったように思います。

式典のハイライトは「御真影遥拝《ようはい》」でした。壇上の正面に日頃は開けられることのない白木の扉が左右に開かれると、真っ白の絹のたくさんの襞《ひだ》の入ったカーテンがあり、校長がその端の紐を手繰《たぐ》ると、軍服姿の天皇と真っ白なイブニングドレスの裳裾《もすそ》を引き、髪に小さな冠をいただいた皇后の御真影が現れ、それに最敬礼させられたのです。その恭しさに圧倒されました。新聞に掲載された天皇の写真を見ても、足で踏んだりしたら罰があたるのではないかという怖れさえ感じるようになりました。

一九四一年には大日本青少年団が結成されています。小学校でも高学年はその末端に位置づけられていたのでしょう。五年生からは、私は青少年団の五年生女子全員の中隊長に任じられました。運動場には高学年全員が中隊ごとに整列し、壇上に立つ大隊長の校長に「第○中隊、中隊長以下○○名異状ありません」と報告、点呼がすむと閲兵式《えっぺいしき》、行進曲に合わせ行進、式台の校長の前で「かしらー右！」と号令をかけねばなりませんでした。少国民はこうして将来の兵隊の予備軍とみなされていたのでした。万事は軍隊式に、暑さ寒さに堪え、何ごとも「欲しがりません勝つまでは」と我慢、しかし戦局の厳しくなるなか、運動場の外回りは防空壕に、さらに運動場は掘り返され、飢えを凌ぐためのさつま芋畑になっていました。

四五年八月一日の富山大空襲で校舎は全焼しました。夏休みだったのと、市内の東の端に位置していたため、級友に死傷者はありませんでした。八月一五日の敗戦、軍国主義教育からは解放されましたが、さらに難民のように着るものも、食べるものもない苦難の日々が続きました。

小学校時代の級友と荒瀬君子先生

私の小学校時代の特筆すべきことは、六年間たった一人の担任に受け持ってもらったことです。先生と同じく教職の道を選んだのは、荒瀬君子先生との六年間が私に大きな影響を与えたといえましょう。

私が入学した東部小学校は、一九三〇年代の後半、不二越という会社が軍需工場として発展していくのに合わせ、農村地帯だった石金・長江という市の東部地域に住宅が増えたため新しくできた学校でした。一年生三クラスの入学でした。四月生まれの私は体も大きく姉や妹にもまれて鍛えられていたためか、すぐお世話係をいろいろ買って出たようです。一、二年は男女共学でしたが、男の子との思い出はなく、二年生になったとき、学年として「桃太郎」の劇を演じることになりました。私はお婆さん役で、他のクラスからのお爺さん役や桃太郎さん役と、そして犬猿雉役、たくさんの鬼さん役と講堂で演じたことが楽しく思い出されます。歌もふんだんに入るミュージカルのような劇でしたが、劇の上演は残念ながらそのときだけで終わりでした。戦時体制はそれが許されなかったのでしょうか。

遠足の楽しい思い出もありません。六年の修学旅行のため一年生から毎月一〇銭とか二〇銭ぐらいだったでしょうか、積立貯金をしていました。しかし六年生があの戦争末期、ついにお伊勢さん参りの修学旅行は夢で終わったのです。思い出すのは防空壕づくり、畑づくり、強行軍ばかりです。戦争中の厳しい日々を子どもも教師も庇いあって生きてきたと思います。積立貯金は戦後のインフレでコッペパン何個かの値打ちしかなくなっていて、がっかりさせられました。

担任の荒瀬先生は六年間の間に二度長期にお休みされました。産休だったと思います。その頃の産前産後の休養の権利はどうだったのでしょうか。先生は私の母とあまり変わらない年代でした。お子さんは私たちと同級の唯子さんとそのお姉さんはよく知っていました。先生が出産されたのは、私たちの三年生の頃だったと思います。男の子と聞いていました。代替先生が見つからなかったためでしょうか、クラスを二つに分けられ、他の二学級にお世話になったことがありました。悲しかったので荒瀬先生が復帰されてクラスが一つになったときの嬉しかったこと！

そしてもう一度、五年生のときだったと思います、大学の受験準備中という若い男の先生が代替として学級に入ってくださったのです。戦況の厳しくなるなか、運動場の防空壕掘りや畑づくりに私たち子どもの力ではなかなか進まぬ作業を、翌日登校したら防空壕ができており、それが先生一人でされたものと知ったときの驚きは忘れられません。十人力か二十人力かと思うほどの先生のパワーに驚くやら嬉しいやら、学級中が沸きたったことが思い出されます。

また授業では理科・社会の教科書に出ていないことをいろいろ教えてもらい、とても新鮮で楽しい日々でした。そのときは先生のお休みも悪くないなあと思ったものです。荒瀬先生はときどき何かの校務分掌のためか、会議のためか、「みんなで自習しておいて」「暗算でもしておいて」と教室を留守にされ、級長の私にまかされることがありました。これをやったら次に何をやろうかなどと、いろいろ工夫もしなければなりませんでした。私は読書が好きでよく休み時間にみんなに読んだ物語をお話しさせられていましたが、自習時間にも「お話聞かせて」というリクエストにこたえて、アラビヤンナイトや里見八犬伝などのお話をしたりもしました。女子ばかりの学級だからやれたのかも……と思いますが、そんなことなどが私の教師になる夢を育ててくれたのかなと思います。

　六年間どんな学習ができたのだろうか？　私たち国民学校世代はこころもとない、学力のうえではずいぶん損をしたのではないでしょうか。しかしその反面、生きるためのぎりぎりのひもじい体験や、戦争により不合理な国のありようを見せつけられたおかげで、平和に生きようという強い思いを心に焼き付けられ、平和こそ大切であることをみなさんに伝えたいという思いは、どの世代よりも強いのではないかと自負しています。

卒業 30 年後の同窓会（富山にて　中央スーツ姿 先生　左端 英子）

　卒業後の五十数年の年月は、ほとんど年賀のご挨拶と富山で開いた何回かの同窓会でお会いするくらいのお付き合いの荒瀬先生でしたが、晩年に私たち六〇歳の還暦の記念に先生を私の住む京都へお招きしました。二人の同窓生が富山より先生にお供して一緒にきて、わが家で泊まっていただき、とても素敵な時間を過ごすことができました。わが家の朋友銘録に〝還暦の教え子と過ごす三日間　何十年ぶりかの楽しいひとき〟と先生の筆跡が残されています。

先生は九〇歳になってもいつも明晰な頭脳でお元気だったのが何よりも嬉しいことでした。養護施設に入られてからは、私が墓参などで富山に行く折にはお見舞いにあがり、手を握り励ましあっていました。

九五歳の長寿を生き貫かれた荒瀬君子先生、たくさんの教え、本当にありがとうございました！

企業城下町――不二越町

日本の侵略戦争は不二越鋼材工業株式会社という一企業を爆発的に繁栄させました。会社の規模は、創立した一九二八（昭和三）年には三四人の従業員だったのが、「満州事変」後の戦線拡大で五年後には三三二人に、一〇年後には三四〇〇人になり、太平洋戦争勃発の四一年には一万三五〇〇人になり、この頃から戦時の白紙《しろ》動員で、多くの人が農家から、商家から駆り出され、朝鮮半島からは可愛い少女たちが何百人も故郷から駆り立てられてきていました。学徒動員も始まり、大きな寮が何棟も何棟も建っていきました。戦争末期には創業時の一〇〇〇倍近い三万六〇〇〇人を擁する企業になっていたのです。

その企業城下町である不二越町もまた日に日に田畑はつぶされ、社宅が建てられていました。五丁目の次には六丁目から九丁目ができ、さらに一〇丁目から一六丁目まで拡張されましたが、平屋になり、庭が一坪ぐらいになるなど、だんだん貧弱になっていました。四五年の敗戦までに一〇〇〇戸近い家が建ちました。商店街もなく、社員用のプールのような大浴場と理髪店ぐらいしかない、町とはいえない特殊な町でした。大きなグラウンドがあり盆踊り大会には全国各地から徴用されてきた工員のお国自慢の盆踊りの輪ができ、そこにはチマチョゴリを着た朝鮮から徴用された少女たちの華やかな踊りの輪があったことが忘れられません。みな無事に故郷に帰れたのでしょうか（以上は大学時代の私の社会学の提出レポート「わが町の歴史」を参考にしました）。

四五年八月一日深夜、富山市はB29の大編隊による大空襲に襲われました。「空襲ならば真っ先に軍需工場の不二越だ」、これが富山の常識でした。わが家も市の西のほうの農家に大切な家具、衣類など疎開しました。ところが空襲は西から始まり、富山のもっとも人口の密集した繁華街を含む中心部を焼きつくし、多くの家が焼かれ、多くの死者を出しました。そして不二越は焼けなかったのでした。

しかし東部小学校は焼かれ、クラスメートも家が焼かれた被災者と、無傷だった者の半々に分かれました。わが家は一家で東にあたる常願寺川に向けて必死に逃げ、天まで焦がす炎を見て当然家は焼けたと思って帰ってみたら、社宅の屋根の波が見えたので奇跡かとびっくりしたとのことでした（私は事情があって不二越町にいなかった）。

八月一五日の敗戦のあと、焼け残った不二越町にもいっそうの混乱が襲い、わが家も貧困と飢餓とに苦しめられることになりました。徴用された多くの工員は国もとへ帰り、三万数千の従業員は約六〇〇〇に減り、会社は再生できるかどうかもわからない状況になりました。四〇代後半に入った父は、不二越にしがみつくしかありませんでした。

家は焼けなかったのですが、大事なものを預けた疎開先が全焼、売り食いするものもありませんでした。不二越町は焼け出された人たちが流れ込み、二階建ての家はたいてい貸間にして家賃収入にしました。たくさんの不二越の寮の多くはアパートに変わり、焼け出された人を収容し、また焼け出された学校も寮を校舎としました。私が進学した県立富山高等女学校もまた、わが家から一〇分でいける不二越の女子寮が校舎となったのは幸いなことでした。こうして戦争の惨禍は、地方都市の富山でもこんな形で襲い、われわれ庶民の人生に大きな影響を及ぼしたのでした。

空襲体験そして敗戦

富山の大空襲の日、私は富山市の西部にある桃井町の串田家に養女として迎えられ、新しい家族と暮らしていました。串田家の養父は私の父の尊敬する年長の友人で、一人息子は召集され、手広く営んでいた理髪店の職人さんもほとんどが召集されて閉店。串田氏は富山市の市会議員もしており、生活は裕福ではありますが病身の奥さんとの二人暮らしなので、娘が四人もいるわが家に、次女の私を養女としたいと白羽の矢が立ち、六年生になる直前の一九四五(昭和二〇)年三月に親戚へのお披露目の宴もしていただき、串田家の養女となりました。

口減らしという意味もあったことと思います。私は親のため、家族のために寂しいけれど頑張ろうと一大決心をしたうえでのことでした。学校は絶対変わりたくなかったので、そこから市電に乗って今までどおり東部小学校に通いました。片道一時間ぐらいかけ、時には空襲警報が鳴るスリルに満ちた通学でした。四月から夏休みまでの一学期が無事に過ぎました。

他家での生活は厳しいものでした。養父はおおらかでとても温かい人でした。養母は幼くして親と別れ大変苦労をした人だったそうです。養父に見初められて結婚して幸せになったのですが、子どもができず、出征した息子も養父の本家から養子として入った人だといいます。私を将来の嫁として教育しようと思ってのことだったのでしょうか、礼儀作法、言葉づかい、食器の扱い、洗濯の仕方などすべてにわたり、家長である養父を優先にすることが基本とされていました。配膳は真っ先に養父に、食器を洗うのも、洗濯物も養父のものから。不二越のわが家は何にもこだわらない自由な家だったので、これが封建的な男尊女卑の家風というものかと骨身に染みた貴重な体験でした。

そんな生活の夏休みに入って間もなくの八月一日、役所から帰った養父が、富山駅前に敵機からビラがまかれ回収されたが、それは今夜空襲するとの予告だったとのこと、〝ニホンヨイクニ　サクラノクニ　八ガツツイタチ　ハイノクニ〟とあったといいます。「これからすぐ神通川の川向こうにある本家にいけ！」と言われ、もう真っ暗になった夜道を、養母の手を引き一時間近くかけてたどりつきました。その夜半、空襲警報発令のサイレンと爆音で目が覚め、神通川の土手に上がると、もう川向こうの富山市内は真っ赤な火の海でした。今までの空襲で見たこともない大きさの低空飛行のＢ29の銀翼は、地上の燃え上がる炎を反映し、真っ赤に輝きながら編隊を組んで次々と東の立山連峰の方向から飛来してくるのです。投下された爆弾は何百メートルかの中空で花火のように円形に広がり落下してくる、見たこともない美しさ。

そのうちに私たちが布団をかぶって伏せている川原にも流れ弾でしょうか、焼夷弾が落ちてきて、私たちの背丈の何倍もある火柱がシューという音とともに噴水のように噴き上がり、パチパチとまわりの草が燃え出しました。布団も放り投げ土手に駆け上がり、神通川の上流に向け、八尾街道を南にひたすら走りました。あの火の中から誰も逃げられるものではないと思いました。何処まで走ってもパアー！　パアー！　と照明弾のような光に追いかけられ、くたびれ果てたところで、土手下の農家のおばさんが出てきて、家に誘い入れてくれたのでした。

その家で横になり、さてあの炎の中から逃げ出せた者がいないとしたら、私はこの病身の養母とどうして生きていこうか、小学校を出ればどこかで働かせてもらえるだろうか、などと考えているうちに眠ってしまいました。私が一人でも生きていこうと考えた最初の体験でした。

翌朝土手を下流に向けて歩き出すと、空襲の火の中から逃れてきた煤だらけの被災者に次々と出会いました。疎開先の本家は無事でした。たどり着くと、養父もあの火の中から生還して帰っていました。もちろん家は全焼し、雨霰《あられ》のような焼夷弾を、沈着な養父は上を見上げ確かめながらたどり着いたといいます。もしあの敵のビラの情報がなかったら、私はこの世にいなかったかもしれません。

何日目だったでしょうか、不二越の実父は余燼のくすぶるなか、たくさんの死体や瓦礫をかき分け私たちを捜しながら疎開先までたどり着き、お互いの無事を確認し喜び合いました。父は焼け果てた串田家の自慢の防空壕をのぞくときが一番怖かった、どうか逃げ延びていて欲しいと祈りながらのぞいたといいます。立派な防空壕に依存した人の多くが命を落としました。

雨霰のような爆撃は、日本人の常識を覆すものでした。東京の大空襲の後、敗戦の前日までに全国の六〇近い中小都市が空襲を受けました。そのなかでも富山市は「富山大空襲」と呼ばれています。そのわけは第一に、落とされた焼夷弾の多さです。「B29」一七四機が一四六五トンの焼夷弾を投下。これは三月一〇日の東京大空襲で投下された量に匹敵するといいます。

第二に、死傷者と焼かれた面積とが全国に類をみない大規模なものでした。富山市公表の死者は二七三八人、人口一〇〇〇人あたり一六人で、全国平均八・七人の二倍にあたり、負傷者七九〇〇人、人口一〇〇〇人あたり四七人で、全国一三・三人と比べ三倍以上です。焼かれた面積一三・八平方キロ、米軍が目標区域にした九九・五%、この率は日本一だったのです。

なぜか？　八月一日は、米国陸軍航空部隊の第三八回創立記念日であり、マリアナ基地司令官ルメイ少将の本国参謀長に栄転する日のお祝いとしての盛大な空襲だったというのです。なんと戦争というのは残酷なものかと思い知らされました。これはもちろん後々の「富山大空襲を語り継ぐ会」の資料から知ったことです。

半月後の敗戦の玉音放送もこの疎開先で聞きました。九月の新学期が始まり、私は学校に行くためにも、焼け出された串田家とのご縁をこれまでとして、新森に戻ることになったのです。でもこの半年ばかりの他の家庭での体験と空襲体験は、私の人生のなかでも貴重な経験でした。

高等女学校生から男女共学へ

富山県立高等女学校は、富山の女の子の憧れる歴史ある女学校でした。一九四六（昭和二一）年三月、まだ戦後の教育制度がどう変わるか何も知らされぬまま、私はその女学校の試験を受けました。口頭試問では「婦人参政権とは何ですか」という質問の出る時代でした。

私の学校からは六人が合格しました。クラスメートは富山市立女学校・女子商業学校、その他の私立女学校、多くは小学校の高等科へと進学しました。県立高女は空襲で校舎は全焼してしまい、軍需工場だった不二越の空いた寮での間借り校舎でした。何棟もの寮が並び、全校生徒が整列できる講堂も備えており、入学式はそこで行われました。しかし教室にあてられた部屋は、狭い暗い廊下の両側に並ぶ二〇畳ほどのかつて「女工」さんたちが生活していた部屋でした。

棚板をはずして両端に置いた木製のみかん箱にのせた学習机に、ベニヤ板の押入れの板戸がしばらくは黒板代わりという教室に、五〇人以上がひしめき合って座っての授業が始まりました。まともな教科書はまだなく、しばらくして届いた教科書も大きな新聞のようなわら半紙に印刷したものを折りたたんだだけなので、それを刃物で切り開いて使いました。休み時間は前の空き部屋に飛び込み、足を伸ばしたり馬とびをしたりして体を解放しなければなりませんでした。

記憶に残った授業は、初めての英語でした。津田塾出身のミス依田は五〇歳を超えたオールドミス（生徒たちがたてまつった尊称）、いつもアハハハと高笑い、戦時中の抑圧から解放されたのだろうとみんなで噂しました。歴史の授業では、新聞の一面に連載されていた東京裁判の記事を切り取り、それを教材にした安川先生（後に富山大学教授に）の授業が重く心に残っています。

この避難所のような環境での授業は二年生の夏まで続きました。女学校の焼け跡に木造二階建ての新校舎が完成したのは二年生の二学期だったと思います。講堂はまだなかったけれど校庭のまわりには緑の木々があり、プールも健在でした。なにより学習机と椅子での授業は落ち着きました。この校舎に入ってからはときどき進駐軍の視察がありました。

一九四七（昭和二二）年二月、文部省は六・三・三・四制の新学制の実施方針を発表。小学（六年）・中学（三年）は義務制で四七年度より、高校（三年）は四八年度より、大学（四年）は四九年度に実施されることになりました。

占領政策に基づく「男女共学」「総合制」「学区制」の即時実施は新しい教育制度の柱であり、新制高校の課題でした。新年度の発足とともに徹底が図られました。

高等女学校最後の級友たち（前列右から４人目　英子）

高等女学校でもそれに向けての準備が進められていたと思われます。私たちが高等女学校の最後の生徒で、下級生はいませんでした。

四八年九月一日からは旧制の中学校・女学校の四年生以上はそれぞれの学区の新制高校に移行し、三年生の私たちはその高校の併設中学三年に編入学することになりました。こうして旧制の高等女学校は幕を閉じ、クラスメートも現住所の学区の新制高校併設中学校にそれぞれ別れることになりました。

初めての男女共学です。私の場合は伝統ある県立富山中学校が男女共学の富山南部高校となったので、その併設中学校に編入学することになりました。校舎は幸い空襲を免れて健在でしたが、統廃合により生徒数は増え、学年一二クラスもあり教室は足りなくなり、かつての武道場をベニヤで区切り、天井が高く窓も少ないため、授業中にはいつも電灯をつけなければならない悪条件の教室に入ることになりました。

男女共学にあたり、女学校の先生たちからは「女子は学力が低いと見られているのだから頑張りなさいよ！」というエールで送り出されてきたので、敵地に乗り込むような気迫で男女共学が始まりました。学級会は侃々諤々大いに意見を戦わせましたが、教科の授業でも男子に負けるものかと頑張りました。

ショックだったのは体育の時間は男女別でしたが、陸上の記録会で見せつけられた男女の体力差の大きさでした。とりわけ投げる力、走る力などの男女差の違いには生き方の問い直しを迫られたようにさえ思いました。しかしそうした身体的な違いを認めたうえでどう生きるかを自問するようになり、次第に腕力や運動能力では測れない女性の強さを確信できるようにもなりました。そして何より自立して生きる力をつけることが大切なのだと思うようになり、それは男女がともに学び対等に競い合うなかで得た確信でした。

併設中学校にも卒業式がありました。下級生がいないので贈る言葉もないのに、答辞を読む役目が私にまわってきました。私はそこに男女共学で楽しく学びえたことの喜びを語り、きわめて自由で大らかな校風と先生への感謝を述べました。

私の女学校からスタートした戦後民主教育の洗礼は、厳しい環境の変化とインフレなど経済的混乱のなかではありましたが、男女共学が実現したことで、民主主義の何たるかをしっかり実感できたのでした。

自立をめざして

高校への進学は入学試験もなく、併設中学校から富山県立富山南部高等学校に進学。しかしそこには多くの別れもありました。女学校ならばもう一年で卒業なのに、高校三年は長すぎると高校進学をあきらめる者、新制高校は学区制が厳しかったので、自分の行くべき学区の高校へ泣く泣く進学した者、東京や私学へと雄飛する者とさまざまな岐路がありました。

そこへ落ち着くまでとりわけ歴史と伝統ある富山中学校で学んだ生徒は他校へ移ることを拒み、寄留したい生徒が続出し、先生たちを悩ませたと聞かされました。

男女共学については論議沸騰し、富山中学校の一九四七（昭和二二）年のアンケートでは、教師・生徒とも反対意見が多かったといいます（共学希望二六三、どちらでも三九七、不可四二三）。

校内各所で集会を開き、代表が病臥中の南日校長にその非を訴えて、「思うとおり反対運動をやってよろしい」と励まされたというエピソードが伝えられています。

しかし一方の県立女学校の私たちは、何の抵抗もなく男女共学に胸を弾ませ、かつての富山中学校の併設中学校へ異存もなく転校したのでした。

教員もかつてない大異動があったといいます。県立女学校の教職員一二人が生徒とともに富山南部高校への転勤となりました。富山南部高校は生徒数約二〇〇〇人、教職員数約一〇〇人の県下一のマンモス校となり、スタートしたのでした。

私たちが高一になった四九年四月には併設中学は自然消滅し、新制中学校からの新しい入学生もあり、高一の普通科は約五〇〇人男女ほぼ半数ずつの九クラス、商業科四クラス約一八〇人でスタートしました。高二、高三は人数が少なく、全校生徒数は男女合わせて約一三〇〇人でスタートしました。このような学制改革の大混乱を経て新制高校は定着していったのでした。

この年、富山南部高校には、勤労青年の教育のための定時制と通信制が新憲法と教育基本法のもとで新たに発足しましたが、全日制との交流などは残念ながらありませんでした。

さてこのようにスタートした高校生活は「ホームルームを学習活動、自治活動、体育活動の基底とし、生徒自治会、アッセンブリー（生徒集会）、クラブを通じて、生徒の自主的活動をうながす」とした教育計画のもと、担任教師（アドバイザー）とクラスごとに朝礼、終礼、昼食時にはホームルームに集まり、授業は自分の教室で受けるのではなく、デパートメント方式で、一時間ごとにカバンを持ってそれぞれの教室に移動しなければなりませんでした。

高校時代に私の人生に影響があったと思われるいくつかをとりあげてみます。

一年生の一般社会は、テーマを決めて自分なりに調査したことを報告するという授業でした。私は「なぜ不良少年の犯罪が多いのか」警察にインタビューに行ったりして、まとめて報告したり、「婦人労働者の働き方は今どうなっているのか」を調べるため婦人少年室を訪ね、データをもらったりして報告しました。

私はその頃もう働くことを考えていましたし、女性の自立をことあるごとに発言するためか、皮肉屋の一般社会担当の永森先生は、「女性の自立とか偉そうなことを言っているが、どうせ一〇万か、二〇万円で買われていく身や。結婚の結納金、あれは人身売買やで」と言われ、これには憤慨し「買われてたまるか」と反発し、女性問題にますます関心を向けていくことになりました。

その後井上清の『日本女性史』が出版され評判になり、それに飛びつくように読み、それが力になったように思います。永森先生は私がアルバイト学生ということを知ってか、新憲法の副読本を作るための原稿清書のアルバイトをしないかと声をかけてくださったのです。おかげで憲法条文や解説を読む機会に恵まれ、憲法は私に夢と希望を与えてくれたのです。女でいいのだ、男性と同等に未来が拓かれているのだ、という確信をもつことができ、明るい将来を描けるようになりました。

父の「生長の家」教育からの自立

この頃のわが家の経済状態は大変でした。父の勤務していた不二越鋼材工業株式会社は戦争の拡大とともに成長してきた軍需工場で、空襲は免れたものの、敗戦と同時に生産は縮小され、月給は遅配・欠配が続き、家族総出で内職やアルバイトで食べるのがやっとの生活でした。家計を助けるため自転車のチェーンの部品をつなぐ手仕事、注射薬のアンプルを入れるケースの紙張り、機械編み靴下の最後の爪先のかがり止めなどの内職で、私たち姉妹が家計を助けなければなりませんでした。

女学校では授業料減免を認めてもらったり、高校生になってからは育英資金制度を活用したり、高校二年からは、さらに社会科の成田先生の紹介で、平日の学校の授業を終えた後、富山市中央部にある商店街の洋装店で夕方五時から八時まで店員として働くことになりました。夏休みにもそこで働くなど、当時ではめずらしいアルバイト高校生でした。

私の高校には定時制もありましたが、変わることなどは考えませんでした。家族が全員で支えあっていたからこそ、行きたい学校に行けたと感謝しています。貧乏は親のせいではないことぐらいはよくわかっていました。だから明るく堂々と高校生活は大いに楽しみました。

アルバイトしながらも県の高校体育大会には陸上の選手として短距離走や走り幅跳びに出場し、弁論部に誘われ弁論大会に参加して「女性の自立」を論じたことなどいい思い出です。

大学進学はずっと願っていました。日々の授業はいつも真面目で積極的でしたが、受験勉強などはとくにはしませんでした。大学受験には当時「進学適性検査」という全国統一の今のセンター試験のような制度があり、その一般の常識問題のような検査結果が良かったため、お茶の水女子大か奈良女子大を受けたらと担任に薦められましたが、家族には「家中が干乾しになるよ」と一笑に付されてしまいました。

私には家族から離れ自立したいという願望があったので、いろいろ調べ、金沢大学ならば大学の寮に入ることができれば奨学資金とアルバイトで何とかやっていけると確信したので、金沢大学教育学部を受験することにしました。

二部乙類（二年制の中学校教員養成コース）に合格し、女子寮にも入ることができ、待望の自立の道を歩き始めることができました。親元を離れた私は「女ひとり大地を行く」という映画がその頃上映されていましたが、まさにそんな意気込みで大学生活はスタートしたのでした。

私にとって親元を離れるということは、父の「生長の家」教育からの自立でもありました。わが家は小学校入学した頃から、毎朝布団の上で正座して合掌した指先を額ほどに掲げ瞑目することほぼ三〇分、精神統一（神想観）を求められました。父は「生きとし生けるものを生かし給える御祖神元津御霊ゆ幸え（みおや

祝杯をもつ木下周一先生を囲んだ高三のクラスメート

がみもとつみたまゆさきはえ）給え」で始まる短い招神歌と、『聖経　甘露の法雨』などを唱えるのが家族みんなの毎日の日課でした。そんな家族からの自立が私の願いでもありました。父とよく議論しました。父は私を説得するために、東京の本部道場の研修を受けて欲しいと言いました。私は大学に進ませてもらったお礼にそれを受け入れ、何日かの講習に参加しました。それでも私の決心は変わりませんでした。「神によって生かされている満たされている、と言わなくてもこうして生きていることだけで幸せじゃないの」と言う私に、父は「お前の信念どおり進め、挫折したらいつでも戻ってこい」と言ってくれました。母子家庭で苦労し、「神によって生かされている」と自ら励まさねば生きてこられなかった父の苦難の半生をわかっていましたので、私は父に小さい子どもの頃からすべての人々への感謝と万物への感謝する心を教えてもらい、神想観などを通して何よりも忍耐強さを鍛えてもらったことの感謝を伝えました。

私は自分の思いどおり道を選び、歩み始めることができました。

大学進学ができたのは高校二年と三年のアドバイザーだった木下周一先生のサポートがとても大きかったと今も感謝の気持ちでいっぱいです。先生は旧金沢高等師範ご出身の数学の先生でした。まだ若く独身、生徒はみんな「周ちゃん」と親しみを込めて呼んでいました。遅くまでみんなで卓球をしたり、ホームルームの時間はクイズを出して、みんなをギャフンといわせて得意げでした。

私のアルバイト先にも時には顔を見せ、「頑張っているか」と声をかけてくださいました。大学受験の情報も教えていただき、金沢大学受験グループに付き添ってもらい、また入学式にもついて来ていただきました。私の入る古い木造の寮を見ての第一声が「白梅寮でなくてはきだめ寮だな！」というジョークが忘れられません。

その後木下先生は母校の校長にもなられ、私たちを見守り続けてくださいました。周一先生はすでに鬼籍に入られましたが、二〇一三（平成二五）年富山中学・富山高校近畿同窓会に新しく就任された富山高校の校長が出席されました。なんと！　その方が周一先生のご子息の木下晶氏でした。先生に似た温かい美丈夫で嬉しい出会いでした。

2　わが青春の金沢大学

金沢大学の女子寮にて

金沢大学に入学したのは一九五二（昭和二七）年でした。富山県立富山南部高校（後の富山高校）から金沢大学教育学部二部乙類に入学しました。私の大学への道は、女子寮に入ることができたから実現したのでした。当時のわが家の経済状態は、女ばかりの五人姉妹の二女の私を県外の大学に出すことのできる余裕はありませんでした。しかし寮費はきわめて安いことを知り、教育学部では奨学資金は成績がよければほぼ給付が受けられ、何年か勤務すれば免除されるという特典のあることも調べ、高校時代からアルバイトの経験もあったので、寮にさえ入れれば自活できるという確信がもてたので、富山大学も合格していましたが、迷わず金沢大学に進学することにしました。

入学からの三カ月は親に援助してもらいましたが、夏休み前には奨学資金支給も決まり、夏休みのアルバイトも決め、それ以降は教育学部四年制に編入学した二年間を含め、四年間は親の援助なしで卒業することができました。大学の授業のある平日は家庭教師を、夏休みには集中型の工場労働者や店員をして働きました。そのため夏休みも帰省しないで、寮の調理場を借りて自炊しながらの寮生活でした。

それにしても大学もよく許してくれたものだと今にして思います。みんな帰省してがらんとした寮での夏休みは、ちょっと怖いけれどとても快適でした。この頃は大学の管理もおおらかで、学生をおとなとして信頼してくれていたのだと思います。帰省しない学生が少しずつ増え、前例をつくった私が卒業する頃には、寮母さんは「昔は夏休みが始まると一人も寮生がいなくなり、寂しいがとても気楽だったのに」と嘆かせ、申しわけなく思ったものです。

このように自由な女子寮での生活と交流は楽しいものでした。教育学部だけでなく医学、薬学、理学、法文学部など専門分野の違う女子学生が集い語り合い、日々ともに暮らすなかで視野を広め、考え方も鍛えられました。

また学生の出身地はさまざまで、今のように国際的ではなかったにしろ、いろいろな方言が飛び交い、食堂では粗食を補うために送られてくるおふくろの味のおすそ分けに与ることもしばしばでした。能登の飯田からのマツタケの粕漬けなどは、忘れることのできない味の一つです。

白梅寮——私の大切な一角

八〇人近い寮生が五人ずつ二〇畳以上はある畳の部屋での共同生活でした。窓際に半間に収まる小さな机と箱型の本棚二個重ねて仕切った空間がそれぞれの世界でした。ラジオとレコードを聞くことのできる和室の娯楽室があり、その頃全国的に話題になった「君の名は」の連続ラジオドラマに夢中になる人もありました。玄関近くの管理人室に電話がかかると、寮母さんの「〇〇さん、お電話です」の呼び出しの放送に玄関まで駆けつけねばならず、今の携帯電話の時代と違い、何もかも公開の暮らしでした。

玄関脇に二つある応接室は、私たちの学習会の会場でもありました。その棟だけが男性の出入り自由でしたから男子生徒も参加し、時には大学の若い研究者にも参加してもらっての学習会も開催しました。その棟には教育学部の教授の家族も何組か入居されていたので、時にはお邪魔してご家族とも交流できました。普通教室二つ分ぐらいの大食堂が、私たち寮生全員の交流の場でした。しかし全員が集まるのは年に数回、賄いのおばちゃんの調理してくださる粗末な朝と夕の食事の時間に、それぞれが好きなときにきて食べ、勝手にそれぞれが食器を洗ってしまうという自由な生活でした。五人のルームメイトの割り振りはそれぞれ誘い合ったりして自分たちで決めましたが、あまりトラブルもなく楽しい思い出ばかりです。

寮生活にやっと慣れた一年の後期に、寮の運営委員の改選が行われる寮の全体会が開かれました。私は始めたばかりの家庭教師のアルバイトで欠席してしまいました。帰ってみると私が寮長に選ばれたとのこと、それにはびっくりさせられました。欠席裁判ということでしょうか。入ったばかりの一年生が多かったためでしょうか。引き受けざるをえませんでした。しかしやっと入れた寮生活に満足して、待遇改善の要求もあまりなく、寮長として貢献できたとも思えません。今思えば図書の充実・食事の改善など多くの課題があったのに……。

やったことは寮の運営に関係のある教授を交えた懇談会やフォークダンスパーティーを、隣接の付属中学校の講堂を借りて男子寮や各サークルに呼びかけて開催したことぐらいでしょうか。

その翌年、二年生の初夏に内灘《うちなだ》闘争に遭遇しました。その運動に参加するなかでもっと勉強したい、より充実した大学生活を送りたいと願うようになり、四年制への編入を考えるようになりました。大学生活を四年に延長したおかげで、さらに多くの人々とめぐり会い、貴重な経験をすることになりました。

〝平和を生きる〟と決めた内灘闘争

金沢大学に入学して間もない初夏、女子寮の友人に誘われ、男女五～六人で砂丘の広がる粟ヶ崎海岸にピクニックに行きました。日本海は陽光に明るく輝き、ニセアカシヤの林は明るい緑の葉を茂らせていました。その足元の砂地でくつろぎ、大いに議論し談笑しあいました。これこそが大学生活なのだ、と実感し、その幸せを噛みしめたものでした。ところがその海岸に隣接する漁場もある海岸に、米軍の試射場建設の計画があることを耳にしたのはそれから間もなくのことでした。

一九五三（昭和二八）年六月、この試射場反対闘争は漁民あげての闘いになりました。これがいわゆる「内灘闘争」です。私たち金沢大学の学生のグループも隊列を組み、元気よく反対のシュプレヒコールしながら砂丘に敷かれた鉄板道路を踏みしめ、鉄条網に囲まれた試射場に接近しました。さらに村役場へとスクラムを組んで進みました。交渉も山場を迎えた小さな村には全国から支援に来ていた仲間たちが、私たち学生部隊を拍手で迎えてくれました。そのなかには東大の教育学部の学生だという青年が拍手で迎えてくれたこともあり、同じ教育学部と聞いてとても誇らしく思ったことを覚えていました。

後日、三〇年以上もたった八〇年代、私が大教組婦人部長のとき、のちに全労連の議長になられた三上満さんに講演に来ていただいた折に、「僕の原点は内灘です」とおっしゃった一言で、鮮やかに記憶がよみがえりました。「えっ！　あのときの学生さんが先生でしたか！」「そう、それが僕だったのですよ！」という思いもかけない出会いがありました。私にとっても内灘闘争は、その後の生き方を決定づける原点だったようです。

内灘でのスクラムにはクラスメートはそう多くなかったのですが、「歌う会」の仲間が一緒でした。「祖国よ」「世界をつなげ花の輪に」「民族独立行動隊」などを高らかに歌いました。声を合わせて歌うことによる一体感はみんなを元気づけ、歌声により怒りはみんなのものになり、歌声は怒りの発露となりました。

歌人の芦田高子は詠んでいます。「怒りの歌冴えて合うとき米兵のキャンプのなかに響きわたりゆけ」、それは私たちの思いそのものでした。「闘いの武器ともしつつ歌うたふ拒みいし主婦声合わせつつ」、歌声はお母さんたちもまきこみました。芦田高子の歌集『内灘』は前出の短歌をはじめ五七〇首の内灘闘争を歌った短歌を収めています。

今も地元金沢には彼女の業績を大切にしてくださる人々がいます。二〇〇二（平成一四）年に北陸婦人問題研究所が発行した『郷土の女性に学ぶ』で梶井幸代所長は「歌集『内灘』は石川県の戦後女性史の第一歩を示す最大の成果と思っています。私は芦田さんの歌にひかれます。百年後に残るのは「芦田高子」の歌だけではないかとさえ思えるのです」とまで書いておられます。

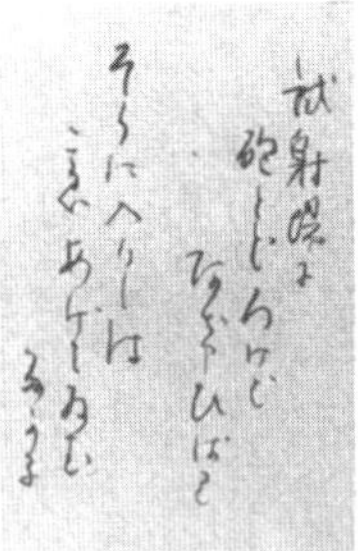

芦田高子の歌集『内灘』と詠んだ短歌

学生時代芦田高子さんには親しく教えを受けていた私にとって、まことに嬉しい言葉でした。私は短歌を通してではなく、婦人論などの勉強をし、女性の生き方など語り合う「婦人民主クラブ」の仲間でした。彼女と一緒に書店で出版されたばかりの平積みにされた『内灘』を手にとって喜び合いました。私には今も「顔灼けて襤褸まとふ老漁婦の怒り堪えて砂低く座す」「風紋が闘う日々の胸深く烙印なして永くのこれり」の二首は原点に引き戻してくれる大切な短歌です。

学び、歌い、友情を育んだ日々

さて肝心の教育学部では主専攻は理科、副専攻は美術でした。私がこの二教科を選んだのは、できれば海外に飛び出して活躍したい、そのためには言葉が通じなくても教えられる教科を勉強しておこうという考えからでした。所属の研究室は生物学教室。二年制のコースなので一年のときから研究室に所属し、そこが大学在学中四年間の私の居場所でした。季節ごとの植物採集会、夏休み中の一週間近い能登半島を舞台にした臨海実習は、ほとんど実習のなかった高校時代と違い大変楽しい有意義な研究体験でした。遺伝学の天羽教授、動物学の福井助教授、微生物学を研究する若き瀬嵐講師に四年間指導していただきました。美術の講師陣は芸術文化の蓄積の大きい石川県にふさわしく、金工、彫塑、陶芸などの作家としても第一人者の贅沢な教授陣でした。私は美術史や美術鑑賞の講義が大好きでした。

二年制の私たち一年目前期が一般教養でした。そこで若林喜三郎先生の日本史の講義を聞き衝撃を受けたのでした。高等女学校、高校時代の歴史は、歴史的事象を知る楽しさで大好きだったのですが、若林先生の講義で、人類発展の歴史のダイナミックな動きと、人間一人ひとりが歴史を創っていくのだという歴史観に立った講義に触発され、私も歴史にかかわりたいと思い始めたのでした。

高校時代から関心のある女性問題を解明するためにみんなで女性史を勉強しようと、女子寮の応接室で学習会をすることに。井上清の『日本女性史』に始まり、ベーベルの『婦人論』、コロンタイの『婦人論』など読み合いました。大学二年目に遭遇した内灘闘争は新たに社会科学を学ぶべきだという認識を多くの学生に与えました。

ソビエト科学アカデミーの『経済学教科書』を寮生の有志が集まり読むことになりました。当時の金沢大学は、こうした学習会に力を貸してくださる若い研究者にも恵まれていました。

また婦人論など一緒に勉強してくださる、そのまた若い奥さん方もいらっしゃいました。婦人論や女性史の学習は女子学生だけでなく、地域のそうした女性たちでつくった婦人民主クラブ（『婦人民主新聞』の読者の集まり）が学習会の場にもなっていました。故櫛田ふきさんをお招きして講演会を開催したのもその頃でした。こうして学習の場は学外にも広がっていったのでした。

私が四年制（二部甲類）に編入学して受けた一般の教養課程の講義で、二年後輩の友人たちと交流できたことが、とても大きい力になりました。法文学部、医学部、理学部など学部や専攻を超えた若い仲間を婦人論や女性史などの学習に誘うなど、学びの場が広がったのです。

また学内にサークル「歌う会」が結成され、学部を超えた男女学生が毎週二回お昼休みに学生会館で簡単な歌集を手渡し、仲間を呼び込み、飛び入りも含めて歌声を響かせていました。私もそこに参加し準備を進めたり、歌唱指導もしました。アコーディオンは医学部の教養部の学生が、タクトは法文学部の先輩が振るなど常時二〇～三〇人が集まり、ロシア民謡や労働歌などリクエストに応じて声を合わせて歌っていました。レパートリーもどんどん増えました。それが内灘闘争のとき大きな威力を発揮したのでした。学生会館には狭いながら部室があり、部員の議論の場でもあり、憩いの場でもありました。そこでは児童文化部など各部間同士の交流もありました。

「歌う会」はその後も長い間活動を続け実力をつけ、その友情は卒業後も続きました。こうした学部を超えた友情が育ったのは、寮生活だけでなく当時の金沢大学は、金沢城址に大学本部、教養部と教育学部、法文学部が、戦争中に勇名を馳せた大日本帝国陸軍第九師団の兵舎などを校舎にしており、理学部は城の足元の戦前の第四高等学校の旧校舎、医学部、薬学部、工学部は、同じ小立野台地の南にありましたが、全学部の一般教養は城内の校舎で受けることになっていたため、学生会館には全学部のサークルが同居していました。そうした環境が学部を超えた友情を育み、学びの場をもつことができたのだと思います。

石川門を一歩出ると天下の兼六園、当時は入園料もなく私たちの憩いの場であり、通学路でした。坂を下り一〇分もかからぬ金沢大学付属小中学校の奥に、私が四年間を暮らした白梅寮がありました。今は寮もなく、付属小学校・中学校も郊外に移転し、そこはきわめて前衛的な「金沢21世紀美術館」が建ち全国的に有名になり、市民だけでなく観光の地として賑わっています。寮の窓の外を流れていた川畔には、春に私たちを楽しませてくれた桜の老木が何本か今も名残をとどめています。今は観光客としてその老木に触れることができることが、私の金沢を訪れる楽しみの一つになっています。

私の進むべき道が見えた

大学三年、四年は迷いながらも学びの広がるなか、充実した学生生活を送っていました。四年生の秋のことです。海後勝雄・海老原治善氏等の教育史研究会が発行した『教育史研究』創刊号（東洋館出版社発行）

を目にし、これこそが私が求めていた教育史だと感動しました。しかも巻頭論文が金沢大学教育学部助教授の小松周吉先生でした。先生の講義を受け、いろいろ学ばせていただいていたはずでしたのに、こんな感動はこれまでになかったことでした。どうしても教えを受けたいとお訪ねしたのですが、先生は内地留学中でお会いすることもできないことがわかり、お手紙を出すことにしました。その下書きが私の日記に残っていましたので、私の教育史研究の出発点となった手紙を紹介させてもらいます。

小松周吉先生へ

私は何を勉強したらいいかやっとわかりました。『教育史研究』創刊号を読んで私は意を強くしました。この雑誌が出たことも知りませんでしたが、先日法文学部経済学科の宮本憲一先生から「本屋で見かけたが、小松先生たちの雑誌が出ているが知っているか」と言われ、すぐに買いに行きました。幸いたった一冊残っていました。

昨夜これを読んですっかり感激し、熱中して夜遅くまで読みふけりました。この雑誌の一つ一つの論文、そしてその全体を通じてみられる立場と教育学の方法論はすべて私が求めていたものでした。そしてこの夏以来始めた私の勉強が少しの無駄もないものだったことが解り、とても嬉しく思いました。

- 絶対主義教育史覚書……………………………小松 周吉
- 教育史上における人物研究
  - マルチン・ルーテル解釈の問題点…………川合　章
  - ロバート・オーエンの教育史的意義………桑原 作次
- 日本における教師の抵抗運動の資料……………駒林 邦男
- 書評　海後勝雄著「教育科学入門」……………矢川 徳光
- 資本主義の発展と教育上の諸法則 (1) …………海後 勝雄

『教育史研究』創刊号で私が感激した論文

この雑誌の魅力は普通の依頼によって集められた原稿と違って、教育史研究会という共同研究の中から生まれてきた論文なので立場がすっきり統一されており、その立場は私にとって一番信頼できるものであり、どの論文をとってみても私を完全に納得させてくれるものでした。

夏休み以来ささやかではありますが、学生時代最後と思い、「社会発展の法則性を理解するために」とやってきた学習の成果だったのでしょうか。先生の論文「絶対主義教育史覚書」については勉強不足で問題点など指摘できませんが、私もこんな研究がしたいと思いました。三年以上の年月、先生に学びながら先生から充分学び得なかった自分のおろかさを痛感しています。

この雑誌の「社会科学の基礎文献を教育の立場からどう読むか」という編集など、今から学ぼうとする者にはとても大切な道標です。このなかから教育研究法を学びたいと思います。今年の春、先生にお会いした時にご相談したことがありましたね。「何か自分の打ち込める研究がしたい」と、これは「理科と図工科の教師になることが本当の自分のしたいことなのか」という私の迷いからくる悩みでした。教育心理をやってみたいと挑戦してみましたが失敗。美学を一生の仕事にとも思いましたが、それも社会に取り残されそうな恐れを感じ断念。四年制に編入してからは教師になる情熱はだんだん高まり、将来教師という仕事を足場にして、今まで一番関心を抱き勉強してきた婦人問題を徹底的に追求したい。婦人問題を大きく社会科学的にとらえ運動に反映させられるような勉強をと宮本憲一先生に指導をお願いしました。

社会科学者としての宮本先生の学習方法は、婦人問題ならば、①資本主義下の婦人のおかれた特殊性

②それをなくするには教育はどんな働きをしたか。ここにいたって初めて私は教育のなかで果たすべき私の役割が見えてきました。今は教育方法と教育の歴史の勉強を迷わず追求していきます。婦人問題の解決も教育の現場から考えていきます。

何年も捜し続けてきた私の生きる道が、意外に身近な所にあったことを発見しました。今後ともご指導よろしくお願いいいたします。

一九五五年一〇月　　新森　英子

その後私が金沢市で教師になり、子どもができても住まいが同じ校区内という地理的な便利さもあり、小松先生のお宅にときどきお訪ねして指導を受け、石川県史の編纂のお手伝いをするなど、先生からいろいろ教えていただきました。研究成果は一九六三（昭和三八）年三月発行の『石川県史現代編（2）』執筆者小松周吉・協力者宮本英子と記されているのが私の記念碑であり、金沢での唯一の成果でした。

3　就職そして結婚

教師一年生　苦悩と喜び

私が教壇に立ったのは一九五六（昭和三一）年四月でした。金沢大学を卒業して、その頃も狭き門であった金沢市内の中学校への就職を希望しました。石川県は僻地も多いため教育学部の中学校コースは甲教科と乙教科の二教科を専攻できました。私は理科と美術を専攻し免許を取得しました。さらに小学校の免許も取得してどこでも通用する教師として臨んだのでした。そして金沢市内中央部の伝統ある高岡町中学校の美術教師として赴任することになったのでした。

ところがこれは私には大きなプレッシャーになりました。大学では理科に主力をおき、美術は自分を解放できる大好きな教科として、絵画・彫塑・金工・陶芸・木工など楽しく学び、美術史や鑑賞などはとりわけ好きで、美学を学ぶため大学に入り直そうかとさえ思っていたのに、中学校での「美術教育」をいかに進めるべきか悪戦苦闘のスタートでした。三年生一二クラスの授業に全力を注ぎました。他の二人の美術教師は美術展をめざし日々精進されており、生徒にどのような感性を育て、技術を身につけさせるか、さらに心豊かな人間性を育てるため、高校受験をめざす三年生に何を教材化し、どのように授業展開するかという私の課題にはなかなか相談にのってもらえず、美術展に出すほどの力のない自分の劣等感にさいなまれる日々でした。中学校の美術の教師としての覚悟と準備ができていなかったのでした。美術教師失格でした。期待してくださった市教委の指導主事（大学時代の教官でもありました）と相談し、次年度からは理科の教師として生きる道を選択したのでした。

しかし三年生の二クラスの就職組の生徒たちの授業は楽しくやりがいがありました。この生徒たちと修学旅行で訪れた京都の嵐山に今私は住んでおり、散策のたびに懐かしく思い出しています。

私が教職についた一九五〇年代の中頃はもう逆コースと呼ばれる教育の反動化の嵐が吹きはじめていました。私が就職して衝撃を受けたのは、すでに学校には日の丸が揚がり、君が代が歌われているという事実でした。私が小学校六年の夏休みに敗戦を告げる天皇の声を聞き、九月の新学期には私の行く

初めての高岡町中学校の教え子と京都嵐山にて（右端　英子）

べき小学校は八月一日の空襲で焼失。焼け残った軍需工場の施設で、今まで受けた教育は間違いであったことを教科書の墨塗りで思い知らされ、今までの学校行事の最大のイベントの御真影遥拝も勅語奉読に首をたれることもない卒業式で小学校を卒業しました。

その後私が進学した富山県立高等女学校も新制の富山南部高校時代も金沢大学の四年間も、民主主義の機運の溢れるなか、日の丸掲揚も君が代の斉唱もしたことはありませんでした。「日の丸」「君が代」は葬り去られたものと認識していました。

新任校の入学式の日の丸・君が代に驚き、強い抵抗を感じました。義務教育の現場はもうここまできているのかという思いを深くしました。

しかし職場の先生方は自由で伸び伸びしており、職員会議も民主的に運営され、新任早々の私にも議長役がまわってくるし、意見も活発に交わされ、職員室は和気あいあい、若い者も存分にものが言えました。労働組合加入も当然のように行われ、組合費も天引きというおおらかさでした。私もまた組合加入は当然のこととして受け入れ組合員になっていました。

一九五七年二月一日~四日、日教組（日本教職員組合）第六次教育研究全国集会が金沢で開催されました。教職に就いた年に全国教研集会に参加できたことは幸運なことでした。全体会は金沢城址の一画にある石川県体育館でした。メインテーマは「平和を守り真実をつらぬく民主教育の確立」とありました。参集する全国からの仲間六〇〇〇人と県下の四〇〇〇人の教師と父母が一つになったという連帯感は大きな感動でした。記念講演の阿部知二をはじめ著書でしか知らない講師陣にも感激しました。石川県も金沢市も祝辞を述べるなど協力的でした。この教研集会はその後、作家石川達三が小説『人間の壁』で主人公の尾崎ふみ子をこの教研集会に参加させ、くわしく描写しています。この小説は教師の必読の書となり、映画化もされ全国で広く上映され、金沢では多くの市民に感銘を残しました。この全国教研での体験はその後の私の教師としての生き方を決定づけたといえます。私の教師一年目はこのような苦悩と喜びの交錯する一年でした。

憲一との出会い、そして結婚

一九五六（昭和三一）年四月、教職に就いて間もない五月に私は結婚しました。初めての月給で手にしたうすい藤色のタイトのワンピースをウェディングドレスにして、お茶とケーキのティーパーティーで、みなさんに宣誓するという簡素な結婚式でした。夫は金沢大学法文学部講師で三歳年長の財政学者の宮本憲一です。憲一の同僚と私の大学時代の恩師や友人ら四〇人ほどに集まってもらい祝福していただきました。

そのお祝いの後、立会人になっていただいた京都大学の島恭彦教授ご夫妻を、初夏の太陽も眩しい海岸、まだ闘争の余韻の残る内灘にご案内したのでした。

闘争中の内灘で調査に入っていた金沢大学の研究者のグループのなかに、麦藁帽子にワイシャツ姿で参加していた宮本憲一を遠くから見たのが私にとって最初の出会いでした。その調査をもとにした研究成果は岩波書店の雑誌『思想』に発表され、社会的に高い評価を受けたばかりでもあり、その思い出の地にみんなで訪れたのでした。

内灘闘争の後、私たち女子学生グループでも学習活動が盛んになり、宮本には『経済学教科書』学習会のチューターに来てもらったり、「歌う会」の顧問をお願いしたりするなかで、個人的な私の研究や進路の悩みを相談するようになって約二年、四年生になった頃には将来をともにすることも考えるようになっていました。

初めは富山へ帰っての就職を考えていましたが、この石川県で就職したほうがいいと考えるようになり、金沢で就職することにしました。それならば早く共同生活に入ったほうがいいだろうということになり、結婚も五月と決め、憲一の家族の住む引揚者住宅の空いた一戸を借りることになりました。二軒が背中合わせのトタン屋根の六畳・三畳の二部屋に一坪の台所と半坪の玄関というささやかな新居を決めました。

三月の卒業と同時に寮の布団包み一個と書籍や身のまわり品を入れた四、五個の荷物を、借りたオート三輪で運んでもらいました。住宅地に入るとご近所のおばさんたちは花嫁道具が来るという噂を聞いて出迎えてくださったそうです。「あれ！　車が空で帰ってきた」とがっかりされ、憲一は申しわけなくて、荷台から降りるに降りら

お茶とケーキの結婚式（1956年5月5日）

れなかったと後々の語り草になりました。

金沢は伝統を重んじる古い町、そのうえ戦災にも遭わなかったため、花嫁道具といえばトラック何台も続くこともあるという土地柄です、昔から「手鍋提げても」という庶民の言葉がありますが、その手鍋も提げずに五月には新生活のスタートを切ったのでした。

目まぐるしい共働き人生の日々が始まったのでした。新しい職場でのスタートの様子はすでに述べましたが、張り切って迎えた中学校の新学期は順調でしたが、美術の授業は想像以上にいろいろ悩むことが多く、心身ともにハードになっていきました。二学期には体育大会・遠足・文化祭など多彩な取り組みにむしろ癒されたのでした。演劇クラブと取り組んだ劇づくりは、中学生とともにつくりあげる喜びを十分味わえる活動でした。

そうした日々のなか体調に変調をきたし、気がつけば妊娠という事実。「大変、どうしよう」せめてもう二、三年教職に慣れてからなら……と、一度は産むべきか否か悩みましたが、新しく生まれた「命」を絶対に無にしてはならないと決心。新しい闘いに立ち向かうことにしました。つわりもなく元気に冬を越し、春を迎えた四月新学期は担当教科を理科に変えてもらい、生徒への影響をできるだけ最小限にしたいと学級は担任しませんでした。出産予定日は夏休み最中の八月二〇日、労働基準法によれば産前産後いずれも六週間とすれば七月上旬から産休が取れるはず、せめて期末試験をすませたら産休に入らせて欲しいと申し入れましたが承認されず、「あなたは日頃から大変元気、どうか一学期一杯は勤務してください、その代わり産後六週間はゆっくり休養してください」と言われるばかり。産前休暇の値切りはその頃の校長の常套手段でした。私は夏休み直前にやっと産前休暇に入りました。その間私が出産するまでどんな権利があり、それをどのように要求していけばいいのかにわか勉強でした。中学校は女性教職員も少なく経験談も聞けず、組合の権利パンフも見た記憶がないのです。管理職に直談判でした。私は女性労働者として労働基準法に守られているのだということだけが頼りでした。

初めての出産は想像を超えた大事業でした。陣痛は三〇時間以上続き、二昼夜の苦闘の末、一九五七年八月一九日に無事男子誕生。当時は国立病院でさえクーラーもない時代の真夏の二昼夜は耐え難いものでした。人類はこんな母親の苦闘の末、生まれてくるのかと驚くとともに女性の偉大さに感動しました。女性はこんな苦痛に耐えられるのだからどんな苦難も乗り越えられるとさえ思いました。産後は母子ともにいたって順調に回復し退院できました。真夏に生まれた長男には、大地に根を張る大木のようにたくましく育って欲しいという願いをこめて茂樹と名づけました。

わが家の子育ての戦友二人

退院して帰ったわが家はトタン屋根のバラック建ての引揚者住宅、八月の炎天下の六畳間の暑かったこと。クーラーどころかまだ扇風機もない生活、たちまち汗疹《あせも》だらけにしてしまい、ミルクは飲んでくれない、夜泣きはする、親も泣き出したい日々が続き、あっという間に四二日がたち産後六週目の出勤の日がきました。まだふらつく体で出勤し、職員朝礼で長いお休みを謝し、男子出産を報告しました。

その頃の金沢市には産休明け保育園はほとんどなく、個人的に子どもを預かってくれる人を捜し、出勤時に預け、帰宅時に迎えにいくというのが普通でした。幸いわが家は憲一の父母がすぐ前の同じ引揚者住宅に住んでいたので、保育所運動もせずに、まだ五〇代の母スマ子さんに保育を担ってもらうことになりました。父も健在で初孫の入浴を得意として、開いたばかりの銭湯へよく連れて行ってもらいました。それでも子育ては大変でした。健康でしたが神経質なのか思うようにはミルクを飲んでくれない、昼間何かあると、夜中泣き出しなかなか眠ってくれない、ベニヤ板の仕切りだけのお隣からとんとんと信号がくると、抱いて夜空の下を歩きまわらねばならなかったのでした。後から考えると親のほうが神経をとがらし、ミルクも毎回規定どおり作っては飲ませようとあせっていたためだったのではと反省させられたものでした。

次男真樹が生まれたのは一九六二（昭和三七）年一月一〇日、今度は意図したわけではないのに真冬の出産でした。次男の出産はきわめて軽く、体重も三六〇〇グラムと大きいのに一日もかからず生まれ、授乳も生まれたときからぐいぐいと飲み、夜はおむつを替えてもそのままぐっすり眠ったまま。子育てってこんなに楽だったのかと驚かされるくらい、すっかり子育て楽観論者になってしまいました。同時に子どもの発達のリズムはそれぞれ違い、それぞれ固有の法則があるようなので、子どものありのままを受け入れ、あせらず子どもに寄り添うことを心がけるようなりました。

第三子は待望の女の子、美奈の誕生でした。六四年六月二八日でした。私は五人姉妹、最後にやっと弟一人という女系なのに、宮本家は男ばかりの四人兄弟だったので、女児の誕生はわが家にとって嬉しい出来事でした。小柄でしたが病気もせず、右の人差し指を吸う癖が直らないのが悩みぐらいの楽な子でした。

こうして三人の子を授かり、無事一人前に育てられたのは憲一の母スマ子さんのおかげでした。子育ての知恵は母の自慢でした。おむつをはずすタイミングは誕生日前からたくさんパンツをつくり、失敗してもすぐはき替えられるようにして、「おしっこ」と早々に言えるように躾けるのが自慢でした。離乳食にも、外での遊びにも工夫を凝らして成長を見守ってくれました。私にとって母はまさに戦友でした。ずっと働き続け、社会的な活動にまで飛び歩けたのはまったく母のおかげでもありました。母は孫自慢でした。とりわけ美奈には癒されていたようでした。「美奈は誰よりも私の言うことを聞いてくれる」とみなさんに自慢し、美奈もまたスマ子さんが亡くなって一年後の結婚式には、涙ながらに亡くなったスマ子おばあちゃんへの感謝の言葉を捧げてくれました。

金沢での最後の冬　３人の子どもたちと

わが家の子育て戦線の戦友は母スマ子さんだけではありませんでした。夫憲一の存在も大きいものでした。何しろ昼間重労働の教師の私は、夫から「バタンキュウー」と揶揄《やゆ》されるほど夜は深い睡眠に入り、少々の泣き声では目が覚めない、そのためついついパートナーの出番となりました。しかしパートナー不在のときはきっちり目が覚めるのですから不思議でした。

彼は学会や調査など出張も多い生活でしたが、よく子どもたちへお土産を買ってきてくれました。子どもたちへの絵本やおもちゃを上手に見つけてきて大いに喜ばせる、私の出る幕はありませんでした。『うさこ

ちゃん』シリーズ、『ひとまねこざる』シリーズ、『エルマーの冒険』など、そして読み聞かせも。おもちゃは拳銃ごっこに始まり、宇宙基地サンダーバードの模型など、子どもの欲しい物をどうして察知するのでしょうか、「僕の欲しいもの、どうしてそんなにわかるのかな～?」と子どもたちも不思議がるくらいでした。

そう成績優秀といえない子どもたちを頭から怒ることはしませんでした。もちろん叩かれたことも一度もありませんでした。よくまー根気強く子どもたちを見守ってくれたものと私は今も感謝しています。パパのおはこは「もしもし亀よ、亀さんよ」でした。二階への階段を上がるとき、まだテレビの前の子どもたちに聞こえるように歌うパパの声に、「パパのもしもし亀よが始まったよ！」とあわてて勉強態勢に入ったものです。スマ子さんが一番気をもんでいました。「あなたも教師なんでしょう！」と私も一緒に叱られていました。私自身も勉強を強制されることなく育ったためか、強制したくなかったのです。もっと学習意欲をもたせるための工夫もあったのではと今でも反省しきりです。

堺の庭で　3人の子どもたちとスマ子おばあちゃん

しかしそれぞれ身の丈にあった高校、大学と挑戦しながらしっかり成長して、社会的にも一定の役割を果たす大人に成長してくれました。大人になった三人が、「おふくろが外に目を向けて走りまわってくれて俺たちは幸せだったなあ、おふくろのエネルギーを俺たちに向けられていたら俺たちまともに育たなかったよ」と言い合っています。私の生き方をこの子たちも肯定してくれているんだと、ちょっとホッとさせられるのでした。

宮本ファミリー

家族も出揃ったところで、宮本ファミリーの紹介をしておきましょう。

写真は、一九五八（昭和三三）年一月と思われる宮本家打ち揃っての唯一の写真です。私たち夫婦と長男茂樹、そして父理憲さんと母スマ子さん、まだ中学生の四男武憲さん、その隣は私と金沢大学の同級生だった当時尼崎の高等学校の教師になっていた次男の憲次さん、右端は富山大学を出て社会人になった三男の憲光さん。独立した二人の帰省した折の普段着のスナップ写真です。

私と茂樹を除く六人は、敗戦まで台湾電力に勤務する父のもと、台北で裕福に平和な日々を送ってきた家族でした。四五年春以来大きな変動を余儀なくされたのでした。太平洋戦争が激化し、台湾は最前線と目されるなか、海軍兵学校に合格した憲一は家族に別れ、本土に向かって危険な東シナ海を空路九州に飛び、海兵に入学したのですがたった五カ月で敗戦。海兵は廃校になり一人焦土に投げ出されることになりました。両親のいる台湾には帰れない、一五歳の憲一は見たこともない本籍地の石川県河北郡河合谷村（現津幡町上河合）をめざすしかなかったのです。八月下旬復員列車から広島を目撃して戦争の悲惨さを思い知らされたといいます。海軍兵学校では一五歳の少年に六〇〇円も退職金が支給されたそうです。そのお金で憲一は何とか戦後を生き延びることができたのでした。

石川県と富山県の県境の山村の大家族の本家にひとまず身を寄せました。両親の帰国は予想もつかない、しかし長居のできる状態ではないので一〇月にはさらに遠縁の家を紹介してもらい単身金沢へ。石川県の学務課長を訪ね中学校への復学を申し出ましたが在学証明もなかったのです。幸い海軍兵学校の合格電報が証明となり金沢第二中学校に編入学が許されました。二中四年終了時点で第四高等学校理科に合格して学業を続けることになりました。

ところが敗戦の翌年三月には会社の残務整理のための父を台湾に残したまま、母は三人の弟を引き連れて河合谷にたどり着きました。末弟の武憲さんは敗戦の年の一月に生まれたばかりの乳飲み子であったというのですから引き揚げの過酷さが偲ばれます。財産も職もない引揚者家族の惨憺たる生活が始まりました。

学費どころか家族の生活費までが憲一の肩にかかってきました。そのために過酷なアルバイトをしなければなりませんでした。父の帰国はさらにその一年後のことでした。父の引揚後は金沢市の郊外の元軍隊の馬小屋を改良した引揚者住宅で一家の生活が始まりました。その後六畳、三畳の小さいけれど真新しい引揚者住宅に一家は落ち着いたのでした。

宮本ファミリー

五三年憲一は名古屋大学を卒業し金沢大学に就職してそこへ戻っ

てきたのでした。五六年には憲次さんが金沢大学を卒業して尼崎市の高校に就職しました。憲光さんは富山大学に進学して家を出ました。その代わり私と茂樹が宮本ファミリーに加わったのでした。

六〇年一月に父理憲は脳溢血で突然この世を去りました。六〇歳にも届かない若い死でした。金沢での生活は、残された母スマ子さんと高校生の武憲さんと同居しなければならなくなり、母たちの住む引揚者住宅の払い下げを受け、バラックを建て増しして一緒に暮らすことになりました。武憲さんは工業高校を卒業し、帝都高速度交通営団に就職・上京し、中央大学工学部の夜間部に入学し、技師としてのスキルを高め、自立の道を歩き始めました。

六二年一月には私たちの第二子の真樹が誕生し、さらに六四年には長女美奈が誕生しました。

そして母を含めた六人家族は六五年三月には憲一が大阪市立大学商学部助教授に就任することになり、金沢を去ることになりました。茂樹小学校二年生、真樹四歳、美奈生後一〇カ月でした。

スマ子さんは五〇代後半、八四歳までわが家族とともに暮らし私の戦友として、宮本家のゴッドマザーとして最後まで明るく支えてくれました。台湾時代の母は父のたくさんの親族のうち弟二人妹二人を引き取り医専や女学校に行かせ、それぞれ結婚させたといいます。簡単に真似のできることではありません。石川県河合谷の本家の従兄弟たちも台湾からの革のランドセルなどの贈り物が村の人たちから羨ましがられたと今も思い出を語ってくれます。母はこんないい人に不幸な思いをさせてはならないと思わせる人でした。

この転勤を機に、まわりからは「もう辞めても」という声もかかりましたが、私は一度も辞めることを考えたことはありませんでした。憲一が社会的に言うべきことを言い、自らの主張をまげないで生きてほしいと思っていましたので、自分も働き続けることが家族にとって最善の道だと考えていました。

4 教師としての金沢の日々

日本の教育を担う責任と誇りを自覚

新任教師として金沢市の中心部にある高岡町中学校に赴任すると同時に、当時は当然のこととして労働組合に加入させられ組合費も天引き、私もそれを当たり前のこととしていました。そして妊娠・出産を経験するなかで、働く者は労働基準法などいろいろな法律や労働協約で保護されていることを知り、それらの権利は労働組合の要求実現の闘いのなかで獲得されてきたことを知ることで、職場の組合員に信頼を寄せるようになりました。私たちは金沢市教職員組合に加盟すると、石川県教職員組合員となり、日本教職員組合員になっていました。そのことを自覚させられたのが就職した一年目に遭遇した日教組第六次教研全国集会の金沢開催でした。全体集会で全国の仲間の熱気に触れ、日本の教育を担う責任と誇りを実感しました。

高岡町中学での新米教師として前章で述べたような悪戦苦闘の二年間の後、小学校に転勤することになりました。一九五八（昭和三三）年の四月のことでした。

図表で示したように戦争終結による出生率の変動は大きいものでした。戦後の第一期のベビーブームの子どもたちが、大挙して小学校に入学するため、小学校教員が不足するとのことで、小学校への転勤の呼びかけがありました。そこで私は小学校への転勤を希望しました。中学校では学級担任がなかったのでもっと子どもたちと深くかかわりたいという思いからでした。長い歴史をもつ新堅町小学校への転勤がかない三年生の学級担任となりました。パワフルな男の子と愛らしい女の子たち五〇人の学級でした。全教科を通して一日ともに学べるのは実に楽しく、三年生五クラスの担任は女性ばかり、新米教師の私はいろいろ教えてもらうことになりました。

温厚な篠田校長のもとで楽しい日々が始まりました。学校給食は教師として初体験。栄養士さんも配属されており、自校方式で行き届いた学校給食でした。小学校低学年ではＰＴＡとの付き合いは緊密で、子ど

図表　出生数および合計特殊出生率の推移

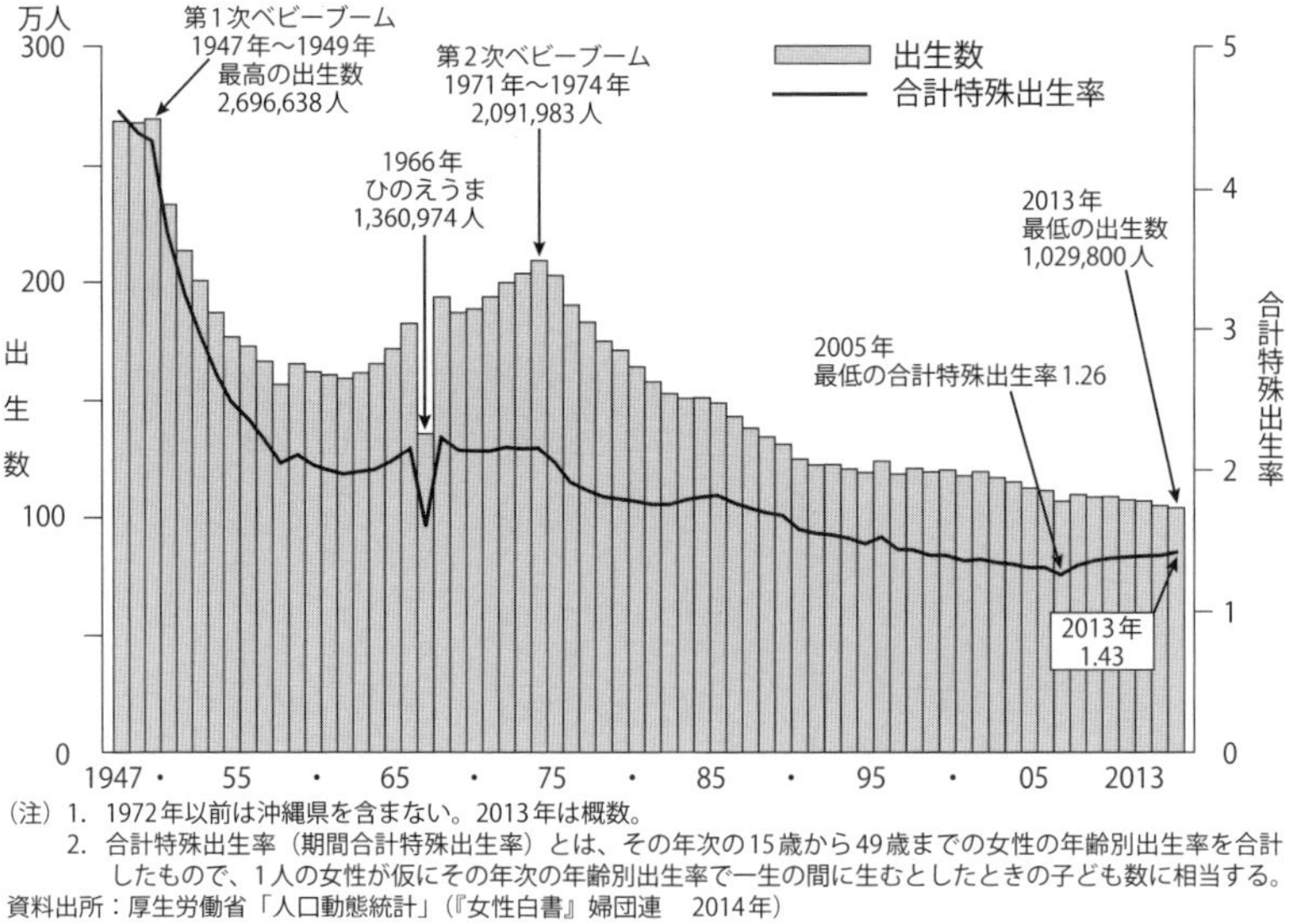

（注）1. 1972年以前は沖縄県を含まない。2013年は概数。
2. 合計特殊出生率（期間合計特殊出生率）とは、その年次の15歳から49歳までの女性の年齢別出生率を合計したもので、1人の女性が仮にその年次の年齢別出生率で一生の間に生むとしたときの子ども数に相当する。

資料出所：厚生労働省「人口動態統計」（『女性白書』婦団連　2014年）

もとのかかわりは中学校とまったく違う対応が求められ、やりがいがありました。

ところがこの頃は学校の管理体制の強化が進められていました。五六年には「地方教育行政の組織及び運営に関する法律」が衆・参両院で強行採決され、一〇月には任命制教育委員会が発足しました。五七年には教頭職を設置し、職制化されました。すでに愛媛県では勤務評定が実施され、勤評により昇給停止や、勤評拒否の校長の処分が発表されるなど、全国的に勤務評定実施が進むなか、その阻止闘争が各県で取り組まれていました。全国的に見れば愛媛・和歌山など父母もまきこむ熾烈な闘争が繰り広げられていましたが、石川県ではそんな過激な闘争にはなっていませんでした。

しかし五八年一〇月二八日には勤評阻止要求統一行動が日教組で計画され、石川県教組の参加が決定されました。親への働きかけは分会としてPTA役員に働きかけ、前日校区の善隣館にPTA三委員会にきてもらい、統一行動への理解を求めて組合員の決意を伝え了解を得ました。そして当日の午後二時には児童を帰し、一人ひとり校長に休暇届を提出しに行き、届け用紙に「不承認」のハンコが押されましたが、私たちの分会では一人の脱落者もなく組合員は統一行動に参加しました。こうした休暇闘争は金沢では組合始まって以来のことでした。私の当日の日記に次のような感想が残されています。

〈統一行動に思う〉今日は県下九〇％以上の参加を見た。金沢市の集会も近来にない充実した集会になった。前夜一〇時あるいは一二時まで討論をして、参加を決意した学校もあったという報告を聞き嬉しかった。この行動の結果あるいは犠牲者を出すかもしれないが、ひるむことなく進みたいと思う。私の学校はみな一致して参加を表明し、反対意見を唱える者もいないので論議は十分交わされていない。

私はそれに危険を感じる。私の職場には理論家で、実践家の元市教組委員長の吉村先生がいらっしゃるため頼りにしているところがあり、もし私たちの職場から吉村先生が抜けることがあれば私たちの職場の闘争は弱いものになるのではないだろうかと不安を感じる。私自身もっと当面する教育問題や情勢を深くとらえなければならないと思う。

と記しています。

統一行動は多くの教訓をもたらしました。幸い分会の結束は固まり、新米の私も組合員としての自覚もできてきました。

私は自分の妊娠出産を経て、女性教職員たちがどのようにそれを乗り越え、どのような日々を過ごしているのだろうと少しずつまわりを見渡す余裕も出てきたので、金沢市教職員組合の教研集会に「女教師の生活実態」というレポートを出しました。金沢市でも毎年日教組教研集会に向けて教研集会が開かれていました。討議は①職制意識と職場、②勤評と職場、③教師の労働条件、を柱に報告し合い、話し合われました。私は③の項で報告し、子どもを出産してからますます生活が多忙化するなかみなさんがどのように生活し、どんな問題を抱えているか明らかにしたかったのです。

次のようなアンケート調査を男女の教師約三〇人ずつのデータをとって報告しました。

①　学校における事務分掌の男女の特徴　②　家に持ち帰る学校事務に要した時間

③　家での教材研究に要した時間　④　家事に要した時間

ささやかな報告でしたが、問題提起はできたと思いました。

これをきっかけに、女性教師の労働条件の改善に関心を深めていきました。

小学校の学級づくり・学年づくり

自ら希望しての転勤でしたが、初めての小学校三年生の担任には戸惑うことも多く、他の四クラスはベテラン女性教師ばかり、そのなかへ新米の私が入って、この一年はいろいろ教えていただくばかりでした。

総勢五〇人の学級でした。全教科を一緒に学び過ごせるのは、実に楽しい日々でした。毎週末には週案を提出して大まかな授業案をたててはいるのですが、その日の心に残ったこと、明日への思いを記す自分の本音の記録として大学ノートに一日一ページの「記」というノートをつけ始めました。毎日のように誰かと喧嘩して学級に小さな嵐をまきおこすTくん、その標的になるOくんとMくん、学校で一言も声を聞かせてくれないOさん、こうした子どもたちの一挙手一投足が心にかかり個性の多様さに日々驚かされました。

毎日の終わりの会で話し合ったり、グループ分けを工夫したり、お手紙ごっこしたりと何よりも楽しい学級をめざしました。毎日の給食、遠足・運動会などの学校行事、そして学級PTAのお母さんとのかかわりなど、何もかもが初体験でしたが、一つひとつが私を教師にしてくれる日々でした。

次の年は高学年の担任を希望しました。希望がかない五年六組の担任になりました。この子らは二年間担任して卒業生として送り出したことで、私の長い教師生活でもとくに忘れられない学級であり、印象に残る子どもたちになりました。子どもたちとの日々は楽しいものでしたが、五年生は六クラスあり、六人の教師集団が切磋琢磨しながら学年集団として動くことになっていました。ベテラン教師に挟まれ、自分の未熟さ、力のなさを突きつけられ、苦しい自分との闘いの日々が始まりました。男性教師は五〇代と四〇代に、私と同じく教職四年目の意欲的な二〇代の三人でした。女性教師の三人は児童の指導に定評のある頼りになる四〇代。音楽に堪能で合唱指導にすぐれた三〇代。そして私。多彩で有能なバランスの取れた教師集団でしたが、若手の意見や提案がなかなか受け入れてもらえず、悔しい思いをすることがたびたびありました。

この頃まだ主任制は布かれていませんでしたが、多くは古参の男性教師が学年主任と決まっていました。若手の教師の頑張りを援助し、励まして欲しいと思うのですが、残念ながら私たちの提案はなかなか受け入れてもらえませんでした。

若くても五六人の子どもの未来を預かっている教師として言いたいことを言い、主張すべきことは主張していくべきと思い頑張りますが、結局は学年の足なみを乱さないで欲しいと抑えられてしまうのでした。例えば五年の担任になったとき、子どもの親とのつながりを求めて月一回の学級新聞を発行したいと提案しましたが、統一を乱すから止めてもらいたいと高圧的にぴしゃりと抑えられてしまいました。

新学期早々の私の夢は消えました。制度としてないはずの職階制度が現場では厳然としてあり、それがほとんど男性に託されており、女性差別にもつながっていることを実感させられました。前年の教研集会で「望ましい職場づくり」で報告して学んだはずなのにさっそく問題に直面、課題の大きさと、難しさを痛感させられたのでした。

その後、こうした現場の悩みを話し合えるサークルに出会ったのです。「新生」というサークルが金沢にあり、教師を中心にし、教育研究者や親も参加して子どもの教育について話し合える会でした。学校内にも仲間があり励ましあえるようになりその後の大きな力になりました。

羽ばたいた六年六組の子どもたち

さて五年六組の子どもたちは五六人、なんと多いのかと驚かれるでしょう。行き届いた教育を願う教師にとっては学級定員の削減は大きな願いでした。教職員組合にとっても大きな課題でした。学級編成基準が五〇人に決まったのは一九五八（昭和三三）年五月、実施は翌年度からでしたが、わが学級はそのまま卒業を迎えることができました。今の四〇人学級までどれだけの闘いがあったことでしょう。

この学級の子どもたちはとても主体的に行動できる子どもらでした。男子はどちらかといえばあまり先頭に立ちたがらない子が多く、女子はしっかりした子が何人もいて学級を取り仕切ってくれたのでした。自習時間などは安心して任せられる学級でした。最終的な大学や高校入学の実績を見ても、あの子どもたちの能力は相当なものだったと誇らしく思います。しかし五六人のなかにはどうしてもついてこられない子もいました。養護学級（現在の特別支援学級）もないなか十分指導してやれなかった子のその後に、今も胸を痛めることもあります。どう暮らしているのだろうか、幸せであって欲しいと！

六一年三月、新竪町小学校の六年六組を万感の思いをこめて送り出しました。私にとって初めての卒業生でした。ほとんどの子らは地区の城南中学校へと進学しました。当時は私学受験がなかったのは幸いでした。

　唯一受験をめざしたのは金沢大学教育学部付属中学校でした。県下でも唯一の難関中学校でした。市内の小学校では学校から一人か二人合格するのも大変という狭き門でした。そこへわが六組から六人が挑戦することになり三人が合格したのです。学級担任としては特別な指導もしないのによくぞ難関をクリアしたものだと、私は子どもの健闘を讃えるばかりでした。

　しっかりした子たちでしたし、どの教科もよくできる子たちでしたが、学力テストで何番中の何番かなど、知ることもなく受けた試験でした。ただ小児麻痺で足の不自由なS君は犀川の上流にある城南中学への通学を心配し、もっとも近くにある付属中学校に入学できればどんなにいいだろうと願っていたので、彼の合格はことのほか嬉しく、いつも遠足など学校行事には援助者として付き添ってもらい、もっとも親しく話し合ってきたお母さんと手を取り合って喜び合いました。

還暦を迎えた６年６組の教え子と久しぶりの同窓会（2008年）

　この学級を担任して初めての五年生一学期の懇談会で、通知簿を開いたSくんのお母さんは「先生これは本当にうちの子の通知簿ですか」と疑いの声をあげられるほど四年生と比べ格段に成績がよくなっていたのです。その後も成績は伸びるのに本人は「何でかいい点が取れるんや」と屈託のない様子。もともと能力があったのでしょうが、よくなった一端に私もかかわれたことで、秘かに教師としての自信を抱くことができたように思います。そしてこの体験を通して「どの子も伸びる」という人間の限りない可能性を確信するようになりました。それが私の子どもへの信条となりました。

二〇〇八（平成二〇）年八月、この子らが還暦を迎えた年、この学年が六組揃って同窓会を金沢で開催し、招待してくれたのです。金沢市内のホテルの会場では「こんな人クラスメートにいたかな、と思ったら宮本先生だった」と声がかかるほど彼らとグーッと近くなった不思議な感覚。還暦を迎え現役引退のお年頃です、貫禄はあっても少し話していると瞬く間にタイムスリップして童顔が浮かんできました。担任六人の教師は三人になっていました。六組の五六人のうち消息がわかったのは三八人、当夜出席したのは二〇人でした。クラスごとのおしゃべりはおそくまで続きました。

そのなかには東大卒業後、研究者の道を選んだSくんも筑波の研究所から駆けつけ参加していました。

みんな立派な社会人になり、堂々たる風格の男子。自信溢れる女性たち、しかしその表情には幼い頃の面影が垣間見え、温かい気持ちで一杯でした。

再び中学校に転勤

一九六一（昭和三六）年四月、ベビーブームの波は中学校に達し再び中学校へ六年生を送り出した私は転勤の呼びかけに応じ、理科の教師として金沢市立野田中学校に赴任しました。それはどの学年も一五クラス前後というマンモス校でした。二年一〇組の担任になりました。

この年度、野田中学校はホームルーム経営の研究指定校になっていました。テーマは「ホームルームの在り方とその指導」でした。学級担任を希望し、生徒との強いかかわりを求めていた私にとってきわめて関心の深いテーマでした。理科の教師ではありますが今年は私もこのテーマで学級経営に取り組むことにしました。

私はホームルームの在り方は次のようでありたいと考えていました。「中学校ではそれぞれ教科ごとに違う教師から専門的な知識、技能を学ぶだけでなく、いろいろなものの見方、考え方を受けてくる。ホームルームではこれらのいろいろな先生から受けてきた素材をそれぞれの生徒の成長、人間形成に生かしていくうえで手助けできれば……」、そのために日記を書くことと読書することを薦めることにしました。

私自身も〝ＨＲノート〟を用意し生徒たちの動静を観察し記録しました。

生徒には日記は毎日と強制せず、三日に一度でも、一週間に一回でもつけるように薦めました。読書はこんな本を読みました、だけでも日記に記録するように薦めました。できれば毎日の朝礼時間までに自主的に提出するようにしました。

学級人数が五〇人以上で、一人ひとりの内面まで知るにはどうしても必要な手段でした。前任校の五六人の五・六年生は連絡帳を活用して子どもらとつながれたし、それは親ともつながれる重要な絆でした。

一週間後には半分くらいが日記を出すようになり、生徒の生活、考え方が少しずつ霧が晴れるようにわかってくるのはとても楽しいことでした。

本校の校区には享誠塾という児童養護施設があり、親元から離れ生活していて配慮を必要とする生徒がクラスに一人か二人在籍していました。この学級にはSさんという女子生徒が一人在籍していました。彼女は一番熱心に日記を書いてくれました。まるで語りかけるように自分の生いたちや塾での生活などを書いてくれるので、私からもいろいろ語りかけることができました。また「万引きの癖あり、やや落ちつきがなく授業に対する意欲がない」という申し送りのあったもっとも気になるYくんは、やや軽薄な感じですが人のよさそうな顔でいろいろ質問に来るなど接触を求めてきました。

さっそく分厚い日記帳を用意して三日に一度くらい何をして遊んだぐらいは書いてくれました。それだけでも安心でした。しかし日がたつにつれ学級づくりのうえでこのYくんが次々問題を起こし、私のHRノートに毎日のように彼の名前が出てくるようになりました。友だちにすごんだ目つきを、教師には「エへへ」と笑って和らげる変わりように彼の本質が垣間見え、指導の難しさを思い知らされました。母子家庭で叔父の家に同居し、母親は不定期に東京に出稼ぎに行くという厳しい環境にある生徒でした。担任としては一日として気をぬけなかったのです。

ホームルームの在り方をどう進めるかは、まず学級活動の時間に提案する前に学級委員会に図りました。

委員会のメンバーはみなおとなしく、積極的な意見はなかなか出てきません。「先生のグループをつくろうという意見に賛成です」とやっと言ってくれ、何人かが「やってもいいなあ」と賛意を示してくれ、やっと動き出しました。

こんなに思ったことをしゃべれない学級を、お互いに抑制しあっているような学級を、健やかで明るく堂々と自分の意見の言える学級に少しでも近づけたいものです。

さてグループ活動をどうしていったらいいのでしょうか？　意外に次々と決まりました。

五四人の学級に男女混合の六人ずつの九グループを結成する。座席も机をあわせるとすぐグループ活動できるように配置しよう。学習、昼食、清掃活動など、できるだけグループごとに活動できるように工夫する。簡単な反省をグループノートに記録して週一回は提出してくれることになりました。五四人の個性はグループの活動を通じて私にはよく見え、生徒を理解するうえで大きな手がかりとなりました。

この学級は私の第二子が一月出産のため、二学期の成績をつけた段階で産休代替者の先生に引き継ぐことになり、子どもらにも申しわけないなど、ジレンマに陥りましたが、同僚の女の先生だけでなく同学年の男の先生たちも五月に妊娠を報告した段階から励ましてくださり、とりわけ私の隣の定年近い数学の綿川先生からは時には師のように教えられ、時には父のように励ましていただきました。産後四二日目の二月中旬には産休を終え出勤し、三学期を締めくくることができました。この学年での実践は次の学年の一年一一組の子どもたちに引き継ぐことになりました。

「ホームルームの在り方」を追究

一九六二（昭和三七）年度は、小学校を卒業したばかりの幼な顔の残る一年一一組の男子二八人女子二三人の担任でした。「ホームルームの在り方とその指導」をテーマとする金沢市の研究指定校の締めくくりの年でもありました。明るく活発で反省会でもどんどん発言するこの生徒らと取り組む学級会活動に、私の期待もふくらみました。

四月中は座席を決め、学級役員が決まり、朝の会、終わりの会で生徒の動きを観察し、名前を覚え、声かけを心がけるのですが、小学校と違い中学校では週二時間の理科（第二分野　生物・地学）の授業と学活（学級会活動）と道徳の時間以外は朝礼、終礼など細切れの時間を活用しなければなりません。昼食時間、清掃時間にも生徒と接触するよう努力しました。ようやくお互いを認識できるようになった五月早々の放課後、学級委員全員が集まり委員会をもつことができました。

〈学級委員会で話し合ったこと〉

どんな学級にしていこうか。人数が多いので班を作ったらどうだろう。それぞれどんな活動をしたらいいか。などみんながよくしゃべり、よく笑い、話は弾みました。

・グループをつくり、そこを基礎に活動しよう
・教科の学習係も、清掃などの生活係もグループが担うことにしよう
・一カ月二回を目標に学級新聞を発行しよう

これらを次週の学級会活動の時間に提案することになりました。
〈学活で決めたこと〉
・一グループ六人〜五人の男女混合の九グループをつくることに
・グループの名前をつける（若草・若葉・そよ風・双葉・富士など）
・グループが担当する学習係の教科を決める（九教科）
・グループ交替で学級新聞をつくる順番を決める（二週に一回）
・グループノートをつくる（反省だけでなくテーマを決めみんなで意見を出し合う）
自習時間なども学級会活動としてもらい活動にこぎつけました。
五月　活動をはじめた学級会活動を校内で公開授業をして全職員で研究しあうことになり、一年一一組が引き受けることになりました。

■校内研究会　ホームルーム特別活動授業案
○　テーマ　　私の勉強法　――グループでの検討――
○　取り上げた理由　　一年生はまだ教科担任制に慣れず、「勉強の仕方がわからない」という声が出ている。これについてグループの活動を通じて問題を解決したいという意見が出た。グループノートにより各自の勉強方法を発表し合っているが、そこから出てくる問題をみんなで検討して解決の手がかりとしたい。
この学活の職員の反省会では「学活の時間における教師の指導性」が問題になりました。「学活とは生徒の活動であり、主題の提起も、その解決も生徒でなければならない」、教師の私の出すぎが批判されました。常日頃生徒の活動を引き出すよう教師はもっと見守る姿勢が大切であるべきだと自戒させられました。

六月　初めてのテストの体験を経て、学級壁新聞一号も学活で批評しあい生徒たちは成長していきました。六月は家庭訪問月間でほとんどの生徒の家庭訪問ができ、生徒の生活環境がわかり、親にも接することができ、ぐっと生徒に近づけました。

七月　期末テストも終えいよいよ夏休みに。休み中の連絡網をかねて四地域にそれぞれ男子と女子のグループを決めて夏休みに入りました。夏休み中も可能ならばクラスメートとして交流できたらという願いをこめての試みでした。

九月　新学期を全員元気に登校。始業式早々、金沢市の研究指定校研究発表会が一〇月一六日と決まり、午前に三一学級で公開授業、午後の全体会で三教諭の研究発表が計画され、私がその研究発表の一端を担うことになりました。一年一一組の生徒と取り組んだ学活の報告です。前年の中間発表会は産休中で肩身の狭い思いをしていた私としては胸を張って引き受けることにしました。

九月は新学期、新たな学級会活動の取り組みが始まりました。一回目の学活では次のようなことが決められました。

・新たなグループ編成——一学期と同様九グループに。名称、担当教科、協力する担当係（図書、校風、会計、文化、保健、美化、書記、厚生など）を決めた。

・学級新聞——夏休み特集

・文集づくり——夏休みの思い出などを提案

こうして新しい提案も加わり活動が進められました。

■金沢市研究指定校研究発表会　一九六二年一〇月一六日　九：〇〇～四：三〇
研究テーマ「ホームルームの在り方とその指導」
午前　第一限――道徳、学活（三一教諭）第二限――学活（九教諭）公開授業
昼食休憩
午後　全体会　挨拶・経過報告・スライド・研究発表（谷口・宮本・高田）、講評　桝田登先生（金沢市教育委員会）

宮本英子の研究発表のタイトル「学級経営の一事例――小集団活動を通じて――」

幸い一年一一組の生徒は明るく活発で、積極的な学級でしたので胸を張って報告させてもらいました。学級文集「青空」二冊が私の手元に残っています。一冊目の表紙に「青空の美しさ　目にしみる　その深い青の色　いつの日も清潔で美しいその色は　たとえ荒れ狂う風に雨に　たたきつけられ　黒雲にとざされてもそれはただひとときのこと　嵐のさった後　あの青空のまばゆいばかりの美しさには　少しのかげもなく人々に生きていることの大切さを　教えてくれる　M・Y」とある。M・Yとは誰なのかもう確かめようがありませんが、あの学級のイメージそのものでした。

二冊目は《思い出号》となっており、一年間のまとめの文集です。

そこには「……一学期のはじめ先生方から静かにしろ、静かにしろといわれた時は情けなかった。一番良

かったことといえば、このクラスにいた人はみんな親切で朗らかな性質の人ばかりだったということだと思います。それに決められたことはやり遂げるということをよく守った組だと思います。壁新聞、文集など最後まで出したし、こんなクラスはほかにはないそうです。……」（三島ひろ子）自画自賛してくれています。

また「……初めて受けた試験。夏休みのグループ活動の面白かったこと。思い出せばいくらでも浮かんでくる。でも一番印象に残っているのは二学期に女子だけで話し合ったことです。一学期には女子だけでも二組に分かれて、私も一方の人たちだけしか接していなかった。そこには何か変な影があったからです。それを取り除けたのはあの話し合い、それ以来私も誰とでも話せるようになった。毎日がとっても楽しくなった。つき合うことによって今まで知らなかったあの人たちのいい所は、私も教えられることもある。……」（宮地厚子）こんなこともあって、あの素敵な学級があったのだと生徒たちに感謝でいっぱいです。粗末なわら半紙のガリ版刷りの文集は私にそんな思いを残してくれました。

日の丸・君が代問題に遭遇

一九六三（昭和三八）年一〇月のことでした。職員朝礼の時間、校長がいきなり「生徒会からも意見が寄せられたが、朝の始業のチャイムがなったらグラウンドの生徒も教室にいる生徒も一斉にグラウンドにある国旗掲揚塔の方に向きを変え、『君が代』がなり終わるまで静止することにしたい」という発言。青天の霹靂《へきれき》のようなこの発言、今まで耳にしたこともない提案であり、指示に近い発言です。当然分会長か誰か発言してくれるものと思っていましたが、誰も発言しないまま、あっという間に朝礼が終わってしまいました。

分会会議どころか、まわりに相談する暇もない成り行きに私はじっとしていられなくて、すぐに一人で校長室に飛び込み、「日の丸を毎朝君が代入りで掲揚し、それに生徒を従わせる提案は受け入れられません。とにかくこんな重要なことは職員会で十分議論したうえで決めていただきたい。この提案を受け入れられない教師がいることをまず知っていただきたい」と申し入れ、教室に向かいました。

この校長は長年体育教師として金沢市全体の体育関係のさまざまな要職にあり、翌年開催の決まっている、東京オリンピックを何とか盛り上げたい一心から、中学生の心情にうまく働きかけ、こうした提案にもっていったと思われます。校長自身はきわめて率直な人であり、ことの重大さをそう認識しているとは思えませんでした。一方私はその日の日記にこの件について次のように書いています。

……校長の提案を聞いたときから、胸が締め付けられるような気持ちになり情けないやら、悔しいやら涙さえ出てくる始末であった。どうしてこんなにまで日の丸掲揚と君が代に抵抗を感じるのだろうか。国民学校の頃は、天皇・皇后の御真影に深々と額ずき、君が代・日の丸には威儀を正して直立不動で接しなければならなかった。学校教育の場では最高の規範として絶対視されていた。国民学校六年生でその価値観は間違っていたと教えられ、教科書のその部分に墨をぬらされた私たちは、新しい民主主義のもとで教えられ、鍛えられてきている。再び君が代を歌い、日の丸を掲揚しろといわれても「はい、そうですか」とついていけない。

と書いています。それは今も変わりません。理屈なしに私の心は日の丸に反発し、君が代に拒否反応を覚えるのです。職員会の討議のうえ、君が代は校歌になりましたが、校旗とともに日の丸は揚がることになりました。

一九九〇年代以降の「憲法改悪」の策動のなかで文部科学省・教育委員会の押し付けが強くなり、その反発もまた強く、その攻防戦が裁判の場でも、学校現場でも熾烈に闘われている状況が二〇一〇年代の今、ますます過激になっている現状があります。

金沢をあとに大阪へ

一九六四（昭和三九）年六月、私は三人目の美奈を出産しました。金沢での九年間の教職生活のなかで三人の子どもを出産し働き続けたことになります。私たち働く女性には出産・育児はきわめて高いハードルです。これは働く女性の当然の権利といっても、同僚への負担、親の期待に反する気兼ね、何よりも学級の生徒に対する産休期間の代替教員による教科・学級指導の交替がスムーズにいくかどうかなど、そうした葛藤は時には自分を追い込むこともあります。

人間を産み出すという人間にとってとても大切な営みを少しでも理解してもらおうと、学級ではできるだけ私の出産までのスケジュールや産後の体調の回復などを話してきました。長女を出産したとき一年五組の一人だった、今はシスター大瀬となって大阪市内の教団の福祉施設で働く教え子に四〇年ぶりに再会したとき、同伴していた娘を紹介すると「美奈ちゃんですね」と言われ、「産休が終わって先生が初めて出ていらした日、黒板に名前を書いて紹介していただきました」と言われびっくり、感激したことがありました。しかし今振り返ると、理科第二分野を担当していたので、生物の繁殖の授業実践のなかで、もっと性の問題にも踏み込み、生徒に働きかけられる取り組みもできたのではなかったかと今でも昔の授業の反省しきりです。

わが家の三人の子どもはいずれも中学校勤務の時期に出産しています。これは小学校の学級担任をしているときより、中学校のほうが生徒の理解を得やすいし、ＰＴＡや保護者の期待や不安は教科担任制で、多くの教師に見守られるという安心感もあるからか、本人へのプレッシャーは小学校ほど強くないので、あまり肩身の狭い思いをせずに出産できたように思います。しかし産休は労働基準法通りには取れませんでした。産後休暇は三人とも産後六週間（四二日間）きっちり休養して出勤しましたが、産前はいずれも「日頃お元気ですからもう少し頑張って」などと、産休代替教員が足りずスムーズに入れてもらえず三〜四週間がやっとでした。校長が「俺はなぜ苦労が続くかと思えばわが校は出産ラッシュだからだ」と言えば、「校長の保健指導のおかげでいたって健康体なので」と言い返すことのできる職員室でした。同僚は男性教師も含めて親切でいろいろ支え、励ましてもらいました。

私のこの出産体験で、校内での研究活動や校務分掌の分担をできるだけ積極的に引き受け、組合活動にもできるだけ積極的にかかわるようになったといえます。

当時、金沢では子育てはほぼ家族内で解決していました。戦災を免れた古都の面影の強い金沢市内では家族の絆は強く子育ては家族で見るのが当たり前、家族でできない場合は子育ての手の離れたご近所に子どもを預けるなど、地縁に頼ることも多かったのです。保育所は皆無といってよい状況でした。わが家も夫の両親が住む引揚者住宅のそばの六畳・三畳のバラック住宅に住んでいたので、長男は生まれたときから夫憲一の両親のサポートを受けて育ちました。しかしかねてから希望していた県営住宅の抽選にあたり、星型四階建ての鉄筋のアパートに入居できることになったのでした。ラッキーなことに二歳になった長男の保育所生活が始まったのでした。

新しい住居は平和町。町名が示すとおり、かつての陸軍第九師団金沢連隊の広大な跡地に、敗戦直後からそこの兵舎や馬小屋には引揚者が入居し、平和町と名づけられました。憲一もかつてそこに住み、第四高等学校にはその馬小屋から通ったといいます。六〇年代に入り、少しずつ鉄筋アパートに建て替えられていたのでした。そこには保育所もできていました。茂樹はその金沢の新興の町で初めての集団生活を体験しました。きわめて活動的なこの二歳児はたびたび保母さんの胆を冷やす行動でご心配もおかけしました。

ところが一年もしないうちに父が急死し、母と弟の生活を私たちと同一の世帯にしなければ生活は成り立たないことになり、母らの住んでいた引揚者住宅を建て増ししてともに暮らすことになり、再び母に保育者として助けてもらうことになりました。

六〇年のことでした。日本全体が安保闘争にゆれていたこの年は、わが家も激動の日々でした、何度か金沢兼六園の広場の集会やデモ行進に子連れで参加したため、三歳になったばかりの茂樹が「アンポ、ハンタイ！」と狭いわが家を走りまわっていた姿が今も忘れられません。私の勤務校はわが家の校区の野田中学校になり、学校までは一〇分の近距離通勤になりました。六二年一月には次男真樹が誕生し、六四年六月には長女美奈が生まれたのでした。こうして三人の子どもを出産し、元気に育てることができたのは母スマ子さんがまだ五〇代と若く、子どもたちの面倒を見てもらえたことがもっとも大きい要因でした。私の勤務校が近かったこと、そして家のまわりは金沢大学の農園や竹やぶ、田んぼ、小川など自然に恵まれていたことなどにも助けられました。

六五年三月夫の大阪市立大学への転勤のため堺市に転居することになりました。私もまた新しい土地でどんな子どもたちとの出会いがあるか、胸を弾ませ金沢を後にすることにしました。夫は金沢大学在職一二年、私は金沢での小・中学校教諭九年のキャリアを経て金沢を去ることになりました。

六五年三月二八日、這い這いし始めたばかりの美奈、三歳の真樹、小学校二年生になる茂樹、そしてまだ五〇代の母スマ子さんの六人が揃って金沢駅を発つのを憲一の同僚、教え子のみなさんに混じって、野田中学校の教え子たちも小さなプレゼントを持って見送ってくれました。

コラム　わが母を語る

「生涯女学生」のわが母へ

加藤　美奈

　わが家の現役女子高生より目を輝かせて、何ごとにも興味を示す姿、あの好奇心はどこから生まれてくるのでしょうか。バイタリティ溢れる行動力には頭が下がります。いつも家族の語り草ですが、あのエネルギーを家族（家庭）に向けられていたら、子ども三人はものすごい秀才になるか、まったく逆に手の付けられない問題児になっていただろうかと……。意識しているかどうかは定かではありませんが、我慢強く、子どもたちの可能性を信じておおらかに見守ってくれたことに加え、ほどほどに距離感のある親子関係は非常に心地よいものでした。そんななかでここまで過ごしてこられたことに感謝しています。

　自分自身に母のあのＤＮＡはどれくらい受け継がれているかとふと考えます。どちらかというと、母を反面教師的にみてきたところがあります。反面教師といっても、反発（反抗）する類のものではなく、ものごとにあまり熱くなることなく、波風立てず少し距離を置いてみてしまうようになってしまったと思います。これまで、幼い頃から、いろんなものにチャレンジできる恵まれた環境を用意してもらいながら、もう一歩の勇気と探求心が足りず不完全に終わってしまったことは、後悔の残るところです。とはいえ、根底にある社会的なものへのアプローチ、基本的な価値観には非常に影響を受けていると感じています。

改めて今回その生いたちを追うなかで、新しい時代をどう生きていくか、女性の権利をどうかちとるか、子どもたちに平和な社会をいかに残していくのかをまっすぐにとらえ、考え、行動してきたその姿は非常に新鮮でした。

女性が社会で働くことがめずらしくなくなった今日があるのも、戦後の日本で、母たちの熱い思いと行動があったからこそと改めて感じます。八〇年間を凝縮したこの本。日本の激動の時代であったとはいえ、自分のこれまでと照らし合わせると、なんと中身の濃い人生なのかと感心しています。

超が三つくらい付く真面目さと、それを堅苦しさにさせない天性なおおらかさとがミックスした母の性格は愛すべきもの。母の姿勢がぶれないので、母に対して反発心をもつことなくここまで来たように思います。自分も親になり、娘と向き合うなかで、果たして自分はそんな姿を見せられているのかというと、まだまだですね。

膨大な資料からいったん解放されてください。でも動きを止めるととんでもないことになりそうなので、また新たな目標に向かって始動してくれることを祈っています。年相応の心身の低下は気に病まないように……。応援しています。

近いうちに今まで聞く機会のなかった夫婦秘話もゆっくり聞かせてください。

II

民主教育とはどうあるべきかを追う

❖

堺にて

馬来校長の追悼文集の表紙に校庭の木蓮を描く

1　堺で小学校教師として再スタート

素敵な教師たちと主体的学習に取り組む

一九六五（昭和四〇）年、夫・憲一が大阪市立大学へ転勤することになり、私も転勤を希望して前年に大阪府と堺市の教育委員会に面接に出向き、交流という形で採用してもらえることになりました。三月末、希望に胸ふくらませて家族六人揃って堺市に転居することができました。

新居は新築二階建ての二階に玄関があるモダンな一軒家。金沢の引揚者住宅と大違いで、子どもの遊べる庭もあり一階にはスマ子さんの一室も確保できました。子どもの成長に合わせさらに増築を重ねることになりました。

その頃もう堺は公害の町として全国的に知られていましたが、わが家は堺でも南の端の北野田、緑豊かな丘陵地だったので公害の心配はなさそうと一安心。桃山学院大学のキャンパスが近くにあり、腕白盛りの小学校二年生の長男茂樹と三歳の真樹には格好の遊び場でした。

石垣の上の二階建てのわが家の見晴らしは最高。東に金剛山や二上山の山並みが見え、その向こうが奈良かと歴史好きの私には夢が広がりました。しかし出入りの業者さんには「奥さん、ここは台風になったら大変でっせ」と脅かされ、第二室戸台風の凄まじい被害を聞かされ心配させられましたが、幸い三〇年に近い歳月、大きな台風にも遭わず三人のわが子たちは一人前の大人に成長してくれました。

そのわが家に入居したとき、庭で古代の須恵器と思われる土器のかけらを見つけびっくり、ご近所にお聞きしたところ、この住宅地の工事が始まってすぐ大量の土器が出てきたため、工事はストップされ調査団が入り発掘され、登り窯が発見されたとのこと、新聞記事も見せていただきました。歴史ある関西はこれだから楽しいんだとすっかり気に入りました。

さて私の勤務することになった堺市立西陶器小学校は、その名前が示すように、五世紀頃大和政権のもと、大陸や半島の文明がわが国に伝わった新しい技術による土器づくりが初めてこの地で始まり、その土器は陶器、時には須恵器と呼ばれ、陶器が地名となったといいます。明治維新の頃、陶器一〇村といわれた村々が一八八九（明治二二）年には東陶器・西陶器の二カ村になり、田園《たぞの》・深坂《ふかさか》（土佐屋新田を含む）・高蔵寺・辻之の旧四カ村が合併して西陶器村が生まれました。かつて村立だった西陶器小学校は一九五九年に堺市に合併し、堺市立西陶器小学校になりました。校区は村時代のまま田園・辻之・深坂・土佐屋・高蔵の五地区のままでした。学校の建つ田園は地名どおりの緑の田畑の広がるバスの終点に立つ、堺市でもっとも小規模の小学校となりましたが、明治の学制発布以来の伝統ある小学校でした。

職員は校長以下男八人、女五人の教職員と用務員二人、給食調理員二人。三〇〇人に満たない子どもたちは、この年の三学年だけが二学級、あとの学年はすべて一学級という小規模校、しかし養護学級（現在の特別支援学級）がありました。私はその時期の学級定員が四五人をちょっとオーバーしたため二学級になった三年生の一クラス二三人の担任になりました。こんな少人数学級は初めてのことでした。大規模校の中学生を相手にしてきた私はちょっと戸惑いました。

馬来《まき》彦二校長はその小規模校を「山椒は小粒でもぴりりと辛い」とご自慢でした。確かに教職員も少数気鋭というにぴったりの陣容でした。一人ひとりが個性豊かで、はっきり意見を言いますが、それぞれがお互いの意見を尊重し合えるいい関係でした。

全校で「主体的学習」を研究テーマにして取り組んでいました。馬来校長の方針は「創造的な学級経営を」と私たちのそれぞれの学級のやり方を温かく見守ってくださいました。私なりの主体的学習を切り拓こうと、私は図工科を中心に表現力を培うなかで主体性を培うことに取り組み、それを発展させ子どもたち全員で人形劇や音楽劇に表現しました。それは子どもたちと一つになれる楽しい学習でした。

大都市に転勤したつもりが、思いもかけない牧歌的な教育環境にすっかり魅せられました。しかし校舎は、敗戦の年の七月一〇日の堺の大空襲にも戦火は及ばなかったので、古い木造の講堂や教室が大部分で、なかには明治以来かとも思えるような建物や便所が残っており、校舎の改築が校区全体の念願でした。六二年の第二室戸台風で木造校舎が破損してやっと六教室が鉄筋になったところでした。

校区は農村地帯ではありましたが、この頃すでに職業を農業・酪農とするものは学級の四分の一のみでした。しかし昔からの集落の絆はしっかりしていたように見えました。

三年生の社会科はわが村・わが町の学習から始まります。三年生のもうひとりの担任、新任二年目の大西秀彦先生の学級の子どもたちと一緒に、校区の田園や丘陵を歩くフィールドワークは、昔から村人たちがどのようにして水を山から引き、水田を開発したかをみんなでたどる学習は、とても興味深いものでした。私にとっては地域を理解するための最高のチャンスでした。大西先生はすでに校区の山林や丘陵が泉北ニュータウンの開発にかかるため、遺跡調査が入るのに関心を寄せ、夏休みを返上して調査に協力するという研究熱心な青年教師、いろいろ学ばせてもらいました。

五年後、私がこの学校を去る頃は校舎の屋上から眺める丘陵地帯の山林は伐採され、山肌をブルドーザーが何台もカブト虫のように這いまわり、かすかなブーブーという音を風が運んでくるのを聞くようになっていました。子どもの書く詩には「山のウサギたちはどうしているだろうか。どこかへ逃げただろうか」などという言葉が綴られ、ウサギ追いし故郷の野山をおもいやる子どもたちでした。静かだった学校前の道路は大型ダンプの通り道になり、「車に注意」「道路の横断に気をつけましょう」が、朝礼ごとの校長の訓示になりました。そして屋上からの眺めは大きく変貌していったのでした。

初めての一年生を担任して

西陶器小学校着任二年目は一年生の担任に決まりました。一クラスだけの一年生、私にとって初めての一年生でしたので、どう学級づくりをしていくか期待に心躍らせるとともに、心の引き締まる新学期でした。「あゆみ」と名づけたノートを用意し、先輩の先生に聞くだけでなく、雑誌『教育技術』などを参考に新入生を迎えるための準備や年間計画をたてるなど四月の入学式に向け、三月下旬から準備にかかりました。

・児童名、児童数の確認、何種類もの名簿作成。胸の名札つくり。
・机・椅子の確認、座席を決め、机上用名札はり、靴箱・傘立ての名札はり。
・教室の飾りつけ、黒板・掲示板の装飾など。

こうした作業は、他の職員に助けてもらうにしても一クラスゆえに、抜かりのないようにと緊張をしいられました。

入学式は木造校舎の講堂で四〇人の新入生を迎えました。講堂の高い壇上ではなく、子どもの座る椅子席を中心に、左手に演台と松や菊を生けた大花瓶と校旗が立てられ、演台の後ろの壁に日の丸だけが下げられていました。

簡素で子どもと同じ床に立っての入学式に好感をもちました。しかし堺でもこんな形でもう日の丸が入ってきていることを知りました。

職員紹介の後、私は担任として子どもに初めての挨拶をし、横に立ち並んだ和服で盛装したお母さん方に挨拶させていただきました。二年生の姉さん、兄さんたちはおめでとうの挨拶と楽器演奏を披露してくれました。講堂ではこの後にＰＴＡの話し合いのあるお母さ

リラックスしたひまわり学級の子どもたち

ん方を残し、子どもを教室へ案内しました。

さて教室に入った四〇人にリラックスさせるのに、指人形を使い子どもに話しかけることにしました。動物村の小学校の入学式が終わったと想定して、まず熊さんを登場させ、お猿さん、象さん、ウサギさん、キリンさんを呼び出す形で会話させることでみんなに声をかけ気持ちを聞きだしました。みんなも自己紹介しました。さてどれだけの子どもの心を摑めたでしょうか。教科書を配り、これからの予定などを話して、出迎えに来たお母さんたちとお帰り。さて六日の始業式まで春休みです。それまで元気で！

四月八日新任式、九日離任式、一年生も参加、長い離任の挨拶もじっと立ったまま聞いている子どもがかわいそうでした。よく辛抱したと本当に感心し、あとで大いにほめてあげました。この子たちは本当に素直で辛抱づよい、いい子たちだと実感し、学級のこれからに大きな夢をもつことができました。

さっそく四〇人の子どもを四人ずつのグループに分け、学級活動の単位にしていくことにしました。まずは学校生活をスムーズに進めるため、以下の学習をスタート。
●学校めぐり…どんな施設、部屋、教室があり、どんな働きがあり、使い方は？
職員室・放送室・講堂・保健室・給食室・用務員室・便所・理科室・音楽室・図書室
●ルールづくり…授業時間・遊び時間・運動場の使い方・トイレの使い方など。
●当番活動…掃除、給食は高学年が来てくれるが、自立に向け係りを決めお手伝い。
一年生はけっこう忙しい、そして楽しい。

学級通信「ひまわり」を絆に

私は一年生担任が決まってすぐ学級通信を発行することにし、第一週目からスタートしました。毎週土曜日に子どもに持たせることにした通信は、ひまわりのようにたくましく明るく育って欲しいという願いをこめて「ひまわり」としました。それ以来この学級を「ひまわり学級」と呼ぶようになり、二年生に持ち上がったので、二年間に発行した「ひまわり」は計九〇号近くになりました。

「ひまわり」は学校からの連絡やお願いだけでなく、何よりも父母に子どもの学校での生き生きした様子を伝えたかったし、私の授業や取り組み、その意図や思いを伝えたかったのです。B４判のわら半紙一枚の通信でしたが毎週欠かさず発行しました。上半分は〝子どもの表情〟として、この週のもっとも子どもが喜んで活動したことを紹介し、下段右には子どもの詩や短い作文（つぶやき）、時には言葉でなく、絵に描いてもらうことにしました。金曜日の終わりの時間に、わら半紙四分の一に書いてもらうなかから選んで子どもの声として載せ、左には来週の時間割の内容や行事、持ってくるものなどを知らせました。私自身この予定を書く段階で、それぞれの時間の教材の準備ができているかが確認でき、来週一週間の心構えができるのでした。その意味でも、私にとってどうしてもしなければならない金曜日の夜の仕事でした。

あるお父さんからは「『ひまわり』を読むと先生の精神状態や思い入れがよくわかります」と言われて、どっきりさせられたこともありました。でもよく目を通していただき、よく声をかけてくださいました。どの学級も出していたわけではありませんが、わが学級の子どもたちを見守って欲しいと思い、先生方にも配らせてもらいました。

　馬来校長にも毎号読んでもらい、声をかけ合うきっかけになりました。学年の終わりには、校長も「ひまわり学級の一年を振り返って」というB4判一枚の特別号をわが学級の親向けに発行してくださったことにどんなに励まされたことでしょう。ひまわり学級の二年目も楽しく、一人ひとりの成長を見届けることができました。

　それから四五年目の二〇一一（平成二三）年二月に久しぶりの同窓会が開かれました。一・二年担任の私と三年から六年までの担任だった大家雅夫先生を招待してくれました。二五人が出席しました。もう白髪の目立つ男子もいて年月を実感しました。男女とも一家の大黒柱、社会的には管理職クラス。でもどの顔にも幼い頃の面影があり、すぐに昔にかえり懐かしさで一杯でした。今はどうかこれからも幸せにと祈るばかりです。

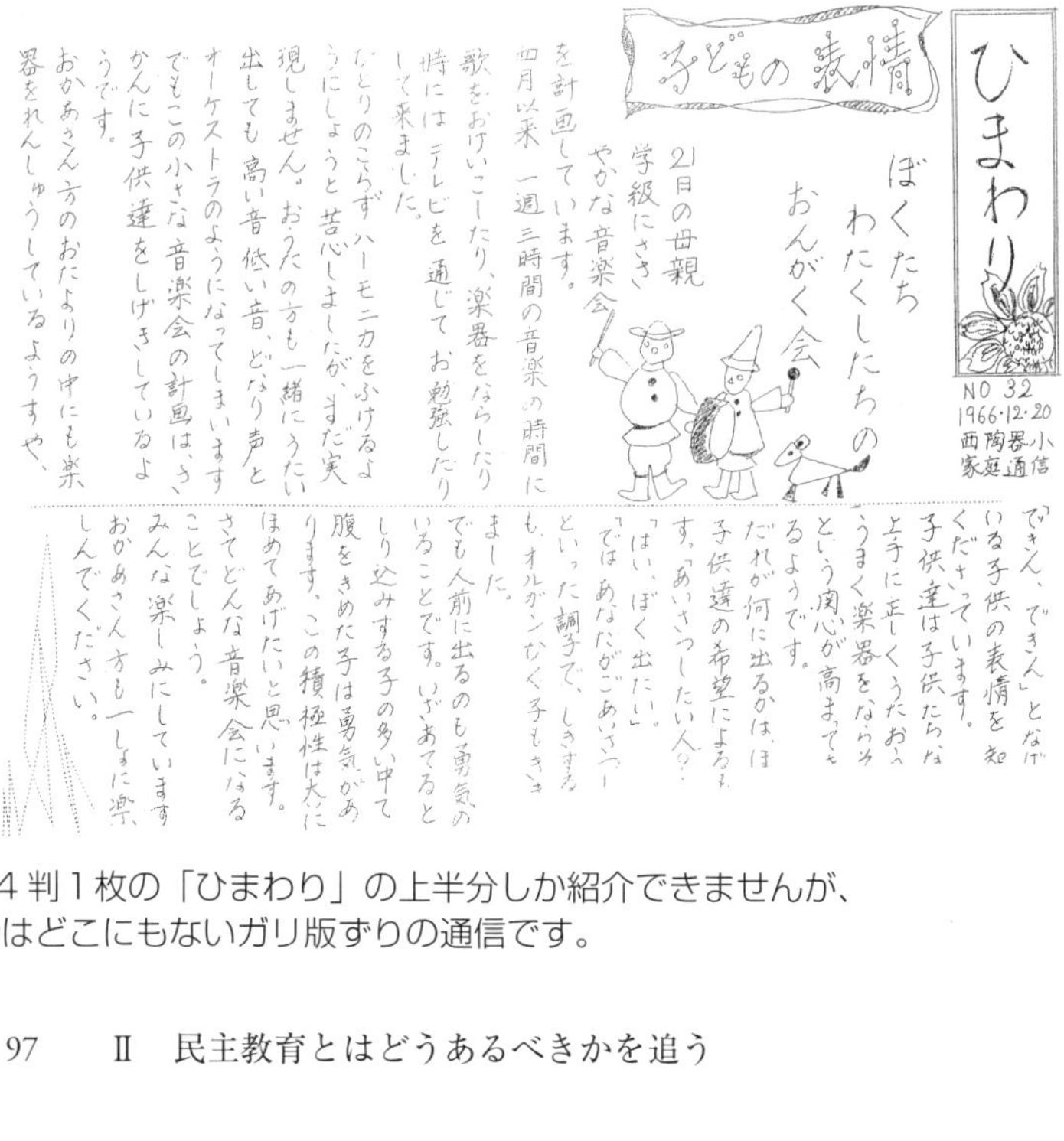
ひまわり
NO 32
1966・12・20
西陶器小
家庭通信

子どもの表情

ぼくたち
わたくしたちの
おんがく会

21日の母親学級にささやかな音楽会を計画しています。

四月以来一週三時間の音楽の時間に歌をおけいこしたり、楽器をならしたり時にはテレビを通じてお勉強したりして来ました。

ひとりのこらずハーモニカをふけるようにしようと苦心しましたが、まだ実現しません。おうたの方も一緒にうたい出しても高い音低い音、どなり声とオーケストラのようになってしまいます。でもこの小さな音楽会の計画は、さかんに子供達をしげきしているようです。

おかあさん方のおたよりの中にも楽器をれんしゅうしているようすや、「できん、できん」となげいる子供の表情を知くださっています。

子供達は子供たちな上手に正しくうたおう、うまく楽器をならそうという関心が高まってきているようです。

だれが何に出るかは、ほ子供達の希望によるものです。「あいさつしたい人？」

「はい、ぼく出たい」

「ではあなたがごあいさつ」

といった調子で、しきするも、オルガンひく子もきまりました。

でも人前に出るのも勇気のいることです。いざあてるとしり込みする子の多い中で腹をきめた子は勇気があります。この積極性は大にほめてあげたいと思います。さてどんな音楽会になることでしょう。みんな楽しみにしています。おかあさん方も一しょに楽しんでください。

B4判1枚の「ひまわり」の上半分しか紹介できませんが、
今はどこにもないガリ版ずりの通信です。

すぎのこ学級の子ら　表現力豊かに成長

ひまわり学級を二年間受け持ち三年生に送った後、新たな三三人の一年生を迎えました。一学年一クラスのスタートでした。四月一日の入学式の印象を次のように記録しています。「表情にとぼしい子どもたちであり、生き生きとした目の輝きが感じられない。この子どもたちを生き生きとした表情豊かで創造性溢れる子どもにしていきたい」。それを学級の教育目標としてスタートしました。

この子らの健やかな成長を願い「すぎのこ学級」と名づけ、学級通信を「すぎのこ」としました。「ひまわり」と同じように毎週土曜日発行と決め、子どもの学校での様子を少しでも伝え、担任の思いやねらいがお父さん、お母さんに届くことを願って出し続けることにしました。

西陶器小学校では私が転勤してくる以前から「子どもの主体性を培う指導法の研究」をテーマに取り組んできていました。私にとっても格好のテーマでしたので、主体的な子どもに育てるために私なりに学年に応じた取り組みをしてきました。ひまわり学級の頃から低学年として次のようなことを考え、取り組み、すぎのこ学級でもそれを発展させ、生活全体で進めることにしました。学級通信で親にも働きかけるようにしました。

自己の確立……自分の考えをもつこと
自己主張……自分の考えを誰の前でも話すことができること
自立的な行動……身のまわりのこと、学習の準備など、人に頼らずできること学校教育の場では〝自己主張としての表現力を豊かにする〟を課題として日々取り組むことにしました。

国語科……話す――自分の考えを正しい言葉づかいでわかりやすく伝える（朝の会なども）。

書く――詩や作文だけでなく、日記・連絡帳の書き方

読む――文章に相応しい読み方・童話など本をたくさん読む

図工科……写生・お話の絵・粘土で表現・工作など

音楽科……歌唱・楽器演奏・名曲を聴くなど

体育科……リズム・遊戯・体操など

これらを総合した劇表現（大きなかぶ・ピーターと狼など）にも取り組みました。

すぎのこ学級は、一年生の初めから朝の会のお話タイムで前日あったことから話す時間をとり、毎日五～六人が進んで手を上げお話しすることから始めました。「なあて……」「あのなあ……」など、間投詞が多いこの土地のくせがでますが、積極的にお話ししてくれました。

入学式後 晴天の体育館横で すぎのこ学級のみなさんと馬来校長と

二年間でいろいろ取り組み、一年生の間は「個性を生かす表現力の育成」をめざし、前述したいろいろな教科で追求してきました。とくに図工科主任として、堺の初等教育研究会では図工部会に入り研鑽させてもらいました。近畿美術教育協議会にも参加して、いろいろ模索しながら取り組んできました。

二年生の三学期には私がもっとも力を入れてきた、図工科における表現力の研究の一端を堺市の研究大会で公開授業をすることになりました。

どんな経過でそれを引き受けることになったのか記憶にはないのですが、二年生の二学期に図工科の研究授業を校内研修として発表しました。その折「牛を表現しよう」と粘土で表現させることにしたのです。西陶器は堺でも有数の酪農地区といわれていましたが、都市化に追われ、わが学級でも牛と生活をともにしている子は三人だけでした。しかし校区には牛を飼う農家もあり、子どもたちにとって牛は身近な生き物でした。

研究授業前の学習として、学校にも近い前田明美ちゃんの家の牛舎へ学級全員で牛に会いに行き、四ツ切り画用紙に薄めた墨汁でささ筆を使って「これが乳牛だ！　というものを描こう」と描かせました。研究授業ではそれを粘土で表現させました。指導に見えていた市教委の庭田指導主事が、その生き生きとした表現を評価してくださったのでしょう、それで公開授業を引き受けることになったのだと思います。

研究大会は新金岡の団地にある大泉小学校でだったと思います、そこへ児童全員を引き連れていき、そこの図工室での公開授業でした。三学期の一月二九日のことでした。

学習指導案と一枚の葉書が手元に残っています。

図工科学習指導案　題材名　お話の粘土表現「大きなかぶ」共同制作。

葉書は、前年まで西陶器小で、一年生だったすぎのこ学級を見守っていてくださった馬来前校長が、その授業を参観された感想を寄せてくださったものです。

過日、研究会があるのを知って私の学校の先生も二人授業をしていましたが、何となく真っ先に先生の教室へ行っていました。〝大きなかぶ〟なつかしい国語の授業、その劇化その一貫した先生のたくましい表現力を目ざしての造形に打ち込む迫力ある雰囲気に私はただうれしくて、泣けてくるのでした。子どもたちは私を見つけ（当然ですが、むしろ話しかけたいくらい）たので気が散ったらと立ち去りました。それでもあとの方でまた見に行った時、驚きました。実に素晴らしいでっかい表現、一人一人が打ち込んだ力づよい粘土への指のあと、それにがっちり結ばれた子供らしい協力のたくましさに全く打たれました。ありがとう。

とありました。

先生の葉書に、先生の温かさと、私たちのことを見守ってきてくださったことへの感謝に胸がいっぱいになりました。今もそのときの記憶を一気に思い起こさせてくれます。「大成功だったといってもよいと思う。子どもたちもみんな力を合わせられたし、私も子どもと心が一つになった気がする」、という私のメモも日記にありました。この経験は私を大きく励ましてくれ、教師としての自信をもたせてくれたように思います。

みんなの力を合わせて学習発表会

研究会から半月後には、この年新築されたばかりの講堂で初めての全学年の学習発表会がありました。すぎのこ学級は次のような発表をして、二年間の「子どもの主体性を培うため」の「個性を生かすための表現力の育成」の成果を問う発表会になったのでした。

①人形劇「大きなかぶ」　八分……粘土表現でもお馴染みの人や動物を指人形にして衣装はお母さん方につくってもらい、一〇人が陰で指人形を操り奮闘しました。せりふ役も九人。

②合唱奏　全員参加　六分……木琴・オルガン・ハーモニカ・タンバリンなど。

③作文発表　七分……四人が発表。

④音楽劇「ピーターとおおかみ」　一八分……音楽の時間と体育の時間に自由な身体表現を工夫したものを曲に合わせて上演。

以上四つの演目を男子一五人、女子一九人が入れ替わり、立ち替わり表現しました。

「大きなかぶ」を国語で読解して、せりふのやりとりを練習し、図工科で登場する人物や動物の指人形をつくり、みんなで人形劇を練習してきました。

「ピーターとおおかみ」は三学期の音楽の鑑賞曲にあったプロコフィエフの曲を、聴くだけでなく体育の時間に曲に合わせ身体を動かし、そのうちにそれぞれの役によって楽器が違うことに気づき、自分のやりたい役を選び、楽器のメロディーに合わせて表現できるようになり、最終的には講堂の壇上で全校生徒の前で発表できました。何よりみんなが生き生きと楽しく表現できました。

　学習発表会後の学級通信「すぎのこ」（一九七〇・二・二一号）によれば、「学習発表会終わる」の記事で私は次のようにお母さんたちに声をかけています。

　昨日の学習発表会はいかがでしたか。子どもたちは約一〇日間で全力をあげて仕上げました。おかあさんの中には「うちの子は目立たぬ役だからしょうがない」などとお考えになっていませんか。一つの劇を作り上げるには主役もいれば、脇役も必要です。人形劇ではみんなで作った人形が主役で、みんなが下で一生懸命支え動かしています。

　せりふ役もいます。役を決めるのはみんなの希望と推薦で決めました。だから子どもはそれぞれ十分自分の役割を心得ており、少しも不服を言うものがいないのには本当に感心しました。「大きなかぶ」の陰で頑張った人の紹介をしておきます。

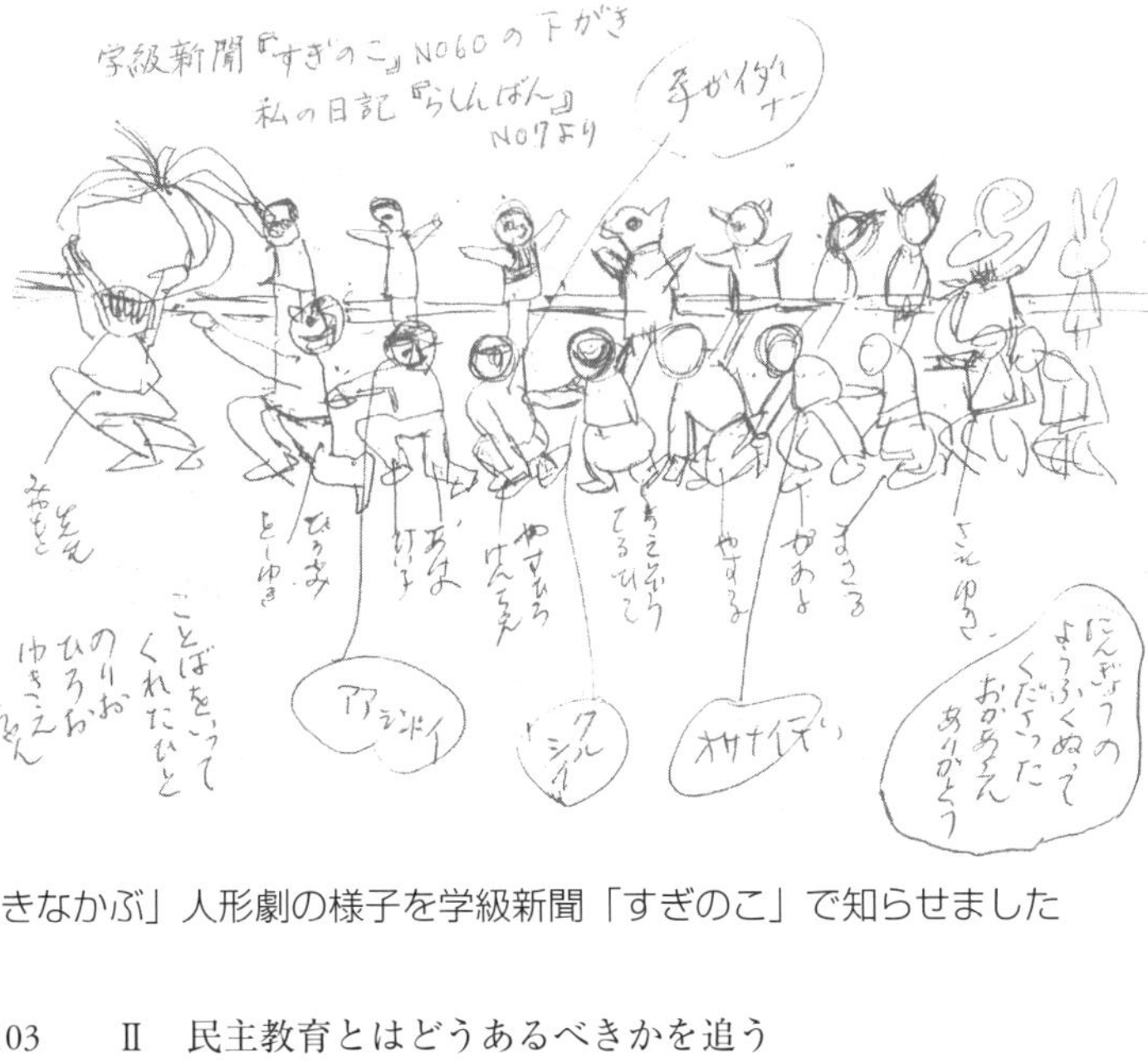

「大きなかぶ」人形劇の様子を学級新聞「すぎのこ」で知らせました

こうして「大きなかぶ」の舞台裏の私のスケッチに名前をつけて学級通信のカットにしました。学習発表会は一年生にも、上級生にも「面白かったわ」「上手やネ」と声をかけられ、子どもたちは大満足でした。

こんな形で学習のまとめができたことは私にとって教師であることの喜びをかみしめることができました。こうしたみんなが力をあわせて一つの目的をなしとげた達成感を余韻に、この年の三月末をもって西陶器小学校と別れることになりました。二年間で大きく成長した「すぎのこ」のみなさんとの別れは、晴ればれとした明るい未来への期待でいっぱいでした。

＊私の学級だより「ひまわり」と「すぎのこ」は私の宝としていましたが、何年後かの堺教育研究集会に、「学級づくりのために父母とどう手をつなぐか」という部会講演の参考にと持っていき、参加者の是非とのご希望でお貸ししたところ、その方のお母さんが間違えて廃品回収に出されたため手元に戻りませんでした。わら半紙約二〇〇枚の喪失は、そのときはあまり気に留めなかったのですが、何年かたって教え子のみなさんに物置の隅にでもないか探してと声をかけましたが戻ってきませんでした。ここに載せたカットは私の日記「らしんばん」に下書きしたものです。

2　堺市教職員組合に仲間入り

堺の新たな仲間たち

西陶器小学校は本当に民主的な良い職場でした。

半数以上は組合員だったと思うのですが、そんなこともあまり気にならないおおらかな職場でした。堺での新しい学校になじんだ翌年、金沢大学の後輩で私より早く堺の小学校に勤めていた石川怜子さんに、新日本婦人の会の「めだかの会」の集まりに誘われました。二〇人くらいでハイキングに行ったのがきっかけでしたが、同僚以外で話し合える仲間に会えたことはとても心丈夫なことでした。

何度か集まり話し合い、勉強会を始めることにしました。真っ先にテキストにしたのは米田佐代子著『近代日本女性史』（上・下　新日本新書）でした。毎月集まっては学習するとともに教育現場の問題や、日々の暮らしや子育ての悩みなどを話し合いました。

ようやく職場から外に目を向け始めたその年の秋、一九六六（昭和四一）年一〇月、日教組（日本教職員組合）始まって以来の大闘争がありました。「10・21全国統一闘争」といわれています。

これは総評（日本労働組合総評議会）の決定により、ベトナム反戦の画期的な統一行動として、総評・中立労連系の五〇〇万人の労働者が参加したということでした。日教組は大阪をはじめ二三都道府県の県教組・高教組が午後半日（東京・山梨・大分は午前二時間戦術とのこと）の統一行動に参加することになりました。

大阪教職員組合は全国唯一、府県単位統一集会を扇町プールで開催しました。ベトナム反戦も当然この集会の目標に含められましたが、休暇闘争の目標としては賃金闘争にしぼられていました。五八年の勤評闘争を上まわる規模の統一行動でした。私たちの小さな西陶器小分会からは青年部の平尾分会長を先頭に四人が参加しました。扇町プールに結集した大教組組合員は一万五〇〇〇人とのこと、その圧倒的な人また人に、こんなにも多くの仲間がいるのだとその喜びを分かち合いました。

しかしこの闘争参加者に対しての懲戒処分が全国で強行され、大阪では減給一八人、戒告一〇九九人、訓告八九八八人とのこと、私は一二月二八日付で戒告を受けました。私の分会から四人が戒告を受けました。「激しい憤りを感じている、これを跳ね返すために教師としてもっと権利を主張し、さらに権利拡大のために勉強もしていかねばならない」と日記に書き残し、雑誌『教育』一月号の宗像誠也氏の「教師の権利闘争と教育の再建」を読み、大いに学び励まされたと記録しています。私にとって10・21の体験は、その後の組合活動にかかわる契機になったようです。

翌年一〇月にまたも大きな闘争が提起されました。日教組は全国戦術会議で「給与改定の時期の完全実施」を掲げて統一実力行使の予定日を一〇月二六日とし、早朝勤務時間最低一時間カットによる市町村単位に要求貫徹集会をすることになりました。大教組は全組合員投票の結果、五七・五％の賛成で実力行使に踏み切ることになり、その日に向け堺教組でもブロック集会などを開き大いに議論をしました。そのブロックの集会で、いろいろな意見が出るうちに「行ったら他の学校から誰も来ていなかったらどうする」などという後ろ向きの意見が出たので、思わず手を上げ「自分の信念で出れば他の人はどうであっても悔いはないはず、仲間を信じましょう」とつい発言してしまいました。

　賃金闘争だけを掲げるこのストに違和感があったのに、スト参加を呼びかけたのは、六〇年安保闘争以降の民主勢力統一の高まりをさらに進めるために提起されたこのストを成功させ、その団結の力で当面する反動的な動きを何とか阻止し、現場で渦巻く婦人教職員の労働条件も少しは良くなるのではないかという思いがあったからでした。当時の日本の婦人教師が働き続けるための苦悩の一端は左の円グラフからもうかがえます。

　10・26ストは、大阪では参加組合員数は一万五〇〇〇人とのことでした。賃金闘争が中心だった要求は大阪では府労連闘争に引き継がれ、①六七年一〇月一日以降、次期昇給期間を三カ月短縮する。②新設の調整手当は、全府下一律六%とする。などそれ以降も毎年賃金の改善は積み重ねられました。

　このような闘争で六〇年代の後半から七〇年代にかけて生活のゆとりもいくらか見られるようになりました。

図　育児に苦労する婦人教師

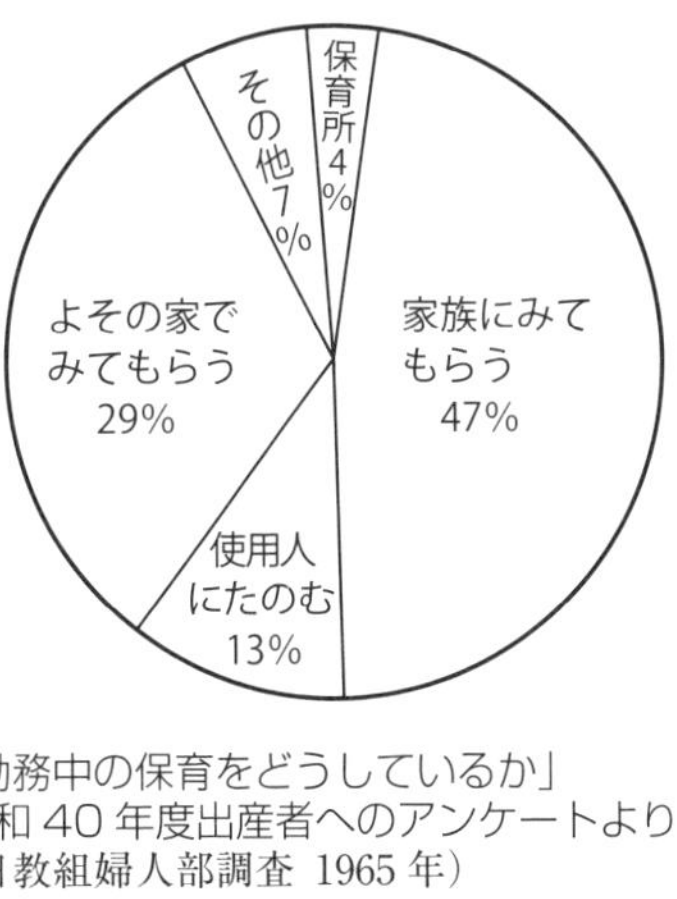

「勤務中の保育をどうしているか」
昭和40年度出産者へのアンケートより
（日教組婦人部調査 1965年）

堺教組の婦人部長に

教職員数は高度成長にともない増える一方で、とりわけ女性教職員数が急速に増大していました。その典型が大阪府であり、堺市でした。出産・子育てにともなう要求が急速に膨らんでいました。産休の延長・産休代替者の完全配置・保育所の増設など、堺教組（堺市教職員組合）の婦人部にも切実な声が寄せられるようになりました。堺教組でも問題解決に動かざるを得なくなってきたのです。仲間に入れていただいたばかりの「めだかの会」のみなさんも組合の婦人部をもっと充実させようと動き始めました。

一九六八（昭和四三）年度の堺教組婦人部委員会で、六九年度の婦人部役員選挙を行うことになりました。婦人部長には定員一のところに二人が立候補し、副部長・事務長以下常任委員には定員きっちりの立候補がありました。私は「めだかの会」のみなさんに押されて副部長に立候補しました。婦人部長だけが対立候補が出て初めて選挙になったのでした。婦人部委員会での選挙結果は三五対三五で同点になり決着がつきませんでした。婦人部委員会ではその場でいろいろ論議し、当日の婦人部長の再選挙を凍結することになりました。そして次のような対応策が決められました。

堺教組ではすでに一〇〇以上の分会があり、婦人組合員も一六〇〇人以上の大組織。今まで細則もなく、役員選出も慣例で進めてきたこれまでのやり方では全組合員の声を反映させることは難しい。そのために役員選出のシステムを変え、婦人部大会も開催するべきだという意見が出され、新年度一年かけて細則をつくるなど改革することを決定。副部長に立候補して当選していた私が部長代行になり、それを進めることになってしまいました。六九年度は私の西陶器小学校の締めくくりの年であり、組合の新たな仕事が加わり大変多忙で厳しい日々を迎えることになりました。

堺教組の婦人部長代行として、本来の婦人部活動は前年度からの事務長や常任委員に助けられて進める一方で、新たな「細則」や「選挙規約」の作成にかかりました。しかしちょうどこの時期は懸案の「育児休暇法」(当初は休業法でなく休暇法といった)が、国会に上程されるかどうかは私たちの運動次第だといわれ、国会闘争も入ってくるなど課題が山積。日教組から動員要請があり、全国の各県参加者とともにその中央行動にも参加しなければなりませんでした。四月には審議に入るとされていたのに、文教委員会での審議に入る気配もない、それを動かすための要請行動に動員されたのでした。

部長代行は大教組婦人部委員会にも出席し、大教組婦人部大会には代議員として発言し、対府交渉にも堺の現状と組合員の声を伝えるために参加しなければなりませんでした。とても大変な仕事であることがわかり、次期堺教組婦人部長はとても無理と考えていました。そこでこの間の役員選挙の選挙管理委員長として活躍してくださった川崎弘子さんが婦人部長にもっともふさわしいと考えお願いしましたが、二人の子どもを二カ所の保育所に預けるという私以上の厳しい子育て状況であるとのこと、ほかに引き受け手がなく、私が七〇年度の堺教組婦人部長に立候補することになりましたが、対立候補もなく、新しい婦人部細則のもと、全組合員による信任投票により、婦人部長に選出されました。引き受けざるをえませんでした。

初めての堺教組婦人部大会

一九七〇（昭和四五）年六月一一日、新しい堺教組婦人部細則のもとで初めての堺教組婦人部大会を開催しました。私はこの日初めて婦人部長として挨拶をしました。「今大会の成立が宣言され、嬉しさで一杯です。婦人組合員が二〇〇人も一堂に集まりこれからの活動を語り合えるのは堺教組婦人部にとって初めてのことです。昨年以来組合婦人部のあり方を検討し、できるだけ多くの組合員が参加し、意見が反映される組合になるよう婦人部細則をきめ、選挙規約もできました。それにもとづき三月には婦人組合員全員の選挙により、役員が選出されました。こうして第一回の婦人部定期大会を開催することになりました。議案の討議の中で分会の状況を語り、組合婦人部は何をすべきかともに考え、語りましょう」と呼びかけました。

経過報告では、産業界からの婦人労働者過保護論におされ、労働基準法の再検討のための研究会が設置され、労基法を改悪しようという動きが出ていること。

この攻撃を押し返すように、日教組では婦人組合員の要望を受け、六六年の日教組大会で育児休暇法立法化の運動が採択されて以来、強力に育児休暇制度獲得のための署名運動を進め、それをもって私は婦人部長の初仕事として、国会陳情に参加してきたこと。

また堺では六〇年代の高度経済成長のなかで発生した堺・泉北臨海工業地帯の大気汚染は、堺市民、老人・児童・生徒へ被害が拡大し、公害反対運動が急速に広がり、また学校給食合理化に反対する運動が市民ぐるみで取り組まれ、その一翼を担ってきたことなどを報告し、運動方針を提起しました。

堺教組婦人部の運動方針を省略してあげると、次のようなものでした。

•母性保護のために……産休一六週を条例化させ、完全実施を図るなど八項目。

•労働条件の改善のために……年休・生休・病休などの既得権が行使できる定員増を要求するなど六項目。

•民主教育を進めるために……民主的な研究サークル活動に積極的に参加するなど教研活動を活発に行うなど二項目。

•生活を守り、平和を実現するために……日米安保条約廃棄の運動を進めるなど五項目。

•母親および組織婦人との提携のために……母親連絡会に加盟し、母親運動を推し進めるなど三項目。


方針の討論では、婦人教職員にとって一番大きな問題はやはり労働条件の改善でした。婦人教職員数が増えるなか、結婚しても、子どもが生まれても働き続けられる労働条件の整備、すなわち妊娠中の労働軽減、産休の延長、さらに育児休暇制度の早期実現や保育所の増設などを求める声はこの大会でも噴出しました。

堺教組のデモのなかの仲間と私
(『はばたけ未来へ 平和·真実を貫いて 堺教組50年』より)

堺教組の婦人部定期大会の直前に開催された大教組婦人部定期大会に出席しました。たくさんの修正案が出され、それをめぐる熱気溢れる討論に大きな刺激を受けました。婦人労働者の明るい未来が開けたような感動を覚えました。その会場に掲げられた〝教え子を再び戦場に送るな〟のメインスローガンに続く、〝平和、民主主義、基本的人権を守る教育をすすめよう〟〝完全な育児休暇の制度化と保育所増設の運動を続けよう〟は、私たちのスローガンでもありました。

堺教組婦人部ではこれらの声を実現させるために、対市交渉を計画し、実情を訴え改善を迫り、大教組として対府交渉にもち込み、さらに日教組として文部省や労働省に要望をあげ実現に取り組むことになりました。それは根気よく何年も続けねばならない壮大な運動であることをこの大会の論議のなかで実感しました。

婦人教職員のうずまく要求

一九六〇年代の高度経済成長により、堺は大きく変わりつつありました。何よりも大阪湾に面する浜寺などの白砂青松の海岸は、東洋一の臨海工業地帯に変貌しました。操業にともない公害問題が大きくクローズアップされるようになりました。とくに大気汚染は深刻で、喘息、気管支炎患者が激増しました。一方泉北地区の山々は削られ、谷が埋められ、泉北ニュータウンの開発が進み、マンション建設とともに学校が次々と建設されていきました。

私が堺市に転居した一九六五（昭和四〇）年はその開発の真っ最中、しかも勤務校は泉北地区の西陶器小学校だったので、日に日に山が削られ谷が埋められ、ベッドタウンが建設されていくのを見てきました。宮山台、若松台、三原台、原山台など「台付き」と呼ばれる新設の小学校、中学校が次々と建設されました。全国から教員が募集され、七〇年代私が婦人部長になった頃の組合のアンケートをみると、婦人組合員アンケート総数一六〇六人中二〇歳代が九三一人・五八%を占めていました。アンケートには母性保護に関する要求と保育所・学童保育所の要望がうずまいていました（一一四ページの上図）。こうした調査をもとに組合婦人部として堺市長・教育委員会に要求書を提出し、毎年対市交渉をし、婦人組合員の声を行政に届けました。

大阪の婦人教職員の労働条件はどうなっていたのかを簡単に紹介しておきます。

明治・大正・昭和の戦前の頃の婦人教師は、職場であっても、家庭であっても男女差別の厚い壁に閉じ込められ、その日常生活はまさに馬車馬のようであったといいます。

そうした婦人教師の声がとりあげられるようになったのは、一九一七（大正六）年一〇月に開催された全国小学校女教員大会でした。「有夫女教員のための特別措置」に関する議題で、「産前産後休養期間」について出されたが論議されず、産前産後休養規定が初めて文部省より指示が出されたのは一九二二年のことでした。実施されたのは、産前二週・産後六週でした。

戦後の四七年四月に労働基準法が交付され、九月施行されました。産前六週以内・産後六週以内の強行規定となりました。私たちの労働条件は直接には大阪府条例や教育委員会規則によるので、私が石川県から大阪府に転勤したとき、大阪府の婦人労働者の産休は通算一四週でした。婦人労働者はすべて日本中の労基法

堺教組婦人部組合員の現状

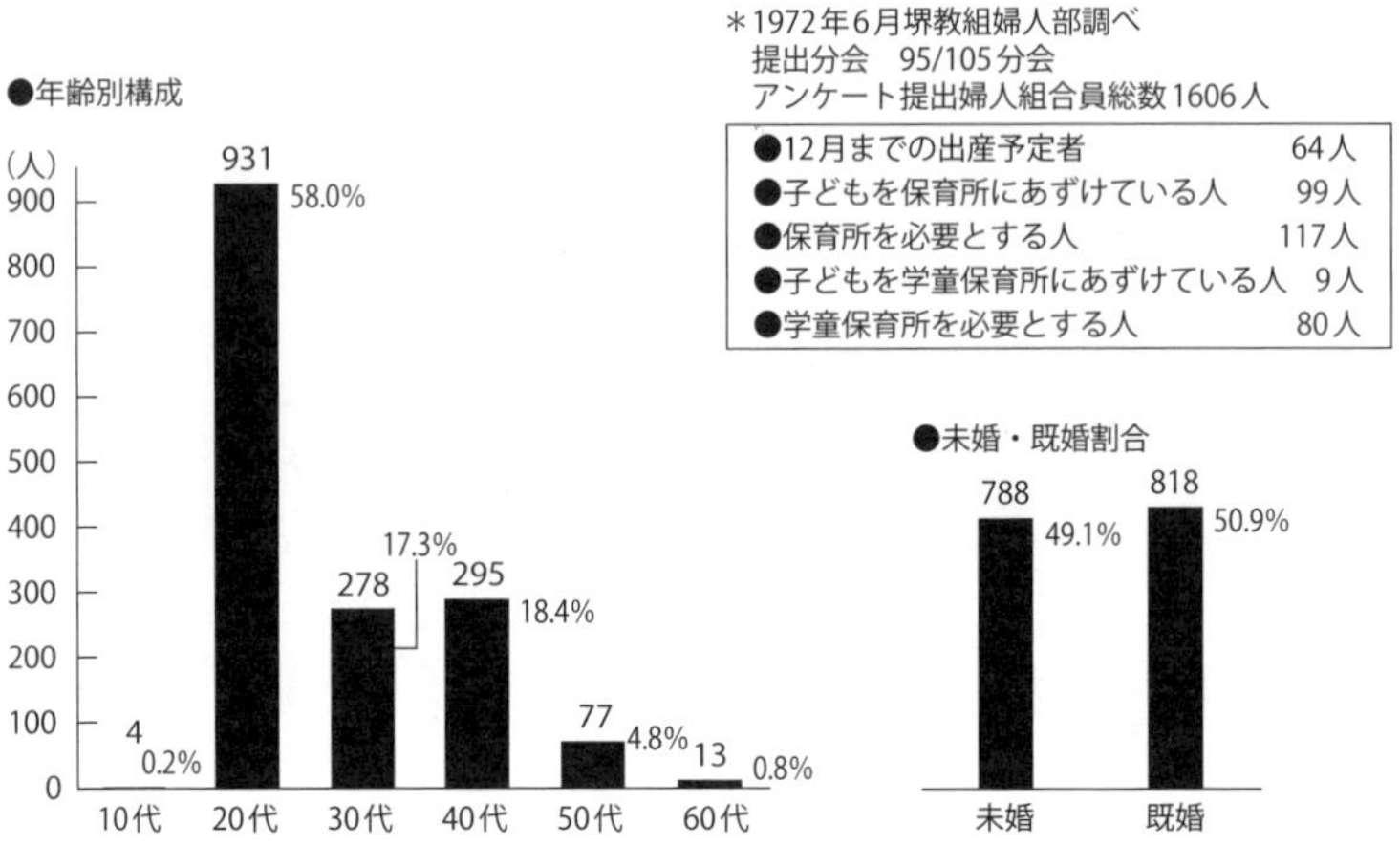

堺教組婦人部調べ（1972年6月）

母性保護に関する７つの権利

項　　目	期　　間	確認事項
①産前産後休暇 特別産後休暇	出産予定日前6週間 産後8週間以内 2週間	通算14週 出産にともなう疾病の場合
②妊娠障害休暇 （つわり休暇）	2週間以内	産前産後休暇14週のうち 2週間を使用できる
③妊娠4か月未満の流死産	2週間以内	
④流産・早死産（4か月以上）	14週間以内	
⑤通院休暇	妊娠7月までは4週間に1回、8月～9月までは2週間に1回、10月～分娩までは1週間に1回、1日以内で必要と認める時間	
⑥育児時間	1日2回、原則として各30分	本人の請求により、1日1時間取れる（勤務時間の終わりに限る）
⑦生理休暇	1回につき3日以内	

大阪教職員組合（1972年度 権利点検パンフより）

によるものと思っていたので驚きました。三回の出産はすべて産後六週間しか休めなかった私が、大阪で出産していたら、産前三週間しか取れなかったら産後一一週も休むことができたのです。「もう一人子どもを出産したい」とさえ思いました。産後は一日でも二日でも子どもに授乳したいのです。そこには各府県の組合の力の差が歴然としていました。私は婦人部の集まりでは大教組のそのような権利の違いを強調しました。

何よりも次の堺教組婦人部の要求書を見ていただければ、この頃の婦人部の要求は出産と子育てに集中していることがよくわかります。七二年度の大阪の母性保護に関する休暇は七つでした（一一四ページ下図）。七二年度に堺市の教育委員会に提出した「要求書」は次のようなものでした。

要　求　書

堺市教育委員会殿

一九七二年一二月一日

堺市教職員組合婦人部

堺市教職員組合婦人部は先に提出した堺市教職員組合の要求書の実現を心から願うとともに、そこに十分組み込めなかった母性を保護するための労働条件の改善を次のとおり要求します。

(1)妊娠中の婦人教師のための諸権利、特に新しく実施された交通機関を使って通勤する場合の特別休暇・体育実技の免除・通院休暇の利用については、その主旨を汲み取られ、その徹底と権利がとれる為の条件整備をすること。

(2)育児時間はまとめて一時間とれるよう弾力的に取扱い、さらに定期検診・予防接種等の際の休暇についても弾力的に取り扱って欲しい。

(3)産休補助講師を早期に確保し、特に事務職員、養護教諭の補助職員を完全配置すること。特に流産、切迫流産、つわり休暇の際の補充を十分考慮されたい。

(4)婦人教師に多い健康障害・妊娠障害について調査しその対策を講じること。

(5)更衣室・休憩室・男女別便所など厚生施設の整備を図ること。

(6)本務外の仕事を軽減するため、事務職員・養護教諭・図書館司書・実験助手の配置および増員を図ること。

(7)教職員の子弟の授業参観については、職免取扱いにすること。

(8)公立保育所を一小学校区に一ヶ所は設置すること。

(9)保母の増員によって保育所の保育時間の延長をはかること。

(10)すべての公立保育所で0歳からの保育を実施すること。

(11)どの校区にも専任の指導員をおいた学童保育所を早急に設置されること。

(12)人事異動に際しては妊娠、育児に考慮して本人の希望を尊重すること。

（13）母性保護の諸権利が市費職員（事務職）にも適用されるよう措置されること。
（14）産休補助教員や時間講師の身分と諸手当について十分配慮されること。

以上

以上の要求書は堺市教育委員会、学校教職員課に対して、婦人部役員と各学校分会からの婦人部代表が現場の実態を聞いてもらい、施策に反映していただけるよう迫る場を毎年設定してもらうようになりました。要求実現には、大教組の対府交渉にも参加し、府段階の解決を迫り、さらに育児休業のように法律を作らせるために日教組の運動として国会に働きかけが必要になるものもありますが、対市交渉はきわめてローカル、とりわけ保育所や学童保育の実現のためにはそれぞれの地域でのお母さんたちと手をつなぐことが重要でした。堺教組婦人部では、必然的に母親運動や保育運動で大きな役割を担うことになりました。婦人部活動は大きく手を広げていくことになりました。

転勤――高学年の図工科の専科に

教職員の人事異動は、金沢市では一応希望は提出するものの、どこへ転勤になるかは教育委員会の権限とされ、三月三一日の年度末に教育委員会前に張り出される「異動発表」を見に行くか、夕刊の新聞発表を待つしかなく、校長からの内示もないという理不尽な人事異動に、毎年度末に怒りを新たにしていました。

堺市では市教委と組合の間で一定の協議のうえ、「勤務校は最長一〇年、新任は五年の線引き」という合意事項があり、私は西陶器小学校での五年間の低学年の学級担任としての楽しい日々は、新任五年の線引きで終わることになりました。しかし留任を希望し、転勤の希望校は出しませんでした。

一九七〇（昭和四五）年四月から堺市の中心部にある安井小学校への転勤が内示され、それを受けることにしました。

転勤した最初の職員会議で担任発表があり、いきなり養護学級（現在の特別支援学級）の担任と発表されたのです。何の打診もなく思いもかけぬ人事でした。私はすぐに抗議しました。「私は障害児教育について教育は受けていないし、心の準備もできていないのにこのような重要な任務をお受けすることはできません。安井小では使えぬということならば教育委員会にお返しください」と校長に申し入れました。「あなたは何でもやれると前任校の校長から聞いている。たった一年でいいのだ」「それこそ障害児教育をないがしろにした発言です。私はこれを引き受けることは人生設計を変えねばなりません」「何を大げさな！」との応酬。私はやりだしたら徹底するほうなので「いったん引き受けたら障害児教育にのめり込むのでは」それが実感でした。

「組合では定員増、定員増と要求するが、学級担任外になり手がないため、校長を苦しめるだけの要求ではないか」と言われ、私は思い直すことにしました。

とりわけ女性教職員にとって休暇を取ったときに学級をサポートしてくれる教員が欲しいと心から願い、学級担任外のための定員増は組合の大切な要求事項でした。そのなり手がなくては困る、生きがいのもてる担任外になろうと決心しました。

担任外に決まっていた先生に養護学級担任になってもらうことにしました。「担任外に落とされるよりずっとましだ」とその先生からとても感謝されることになりました。そこで私は高学年の図工科を受け持ち、時間の空いた教師に欠勤などで教師不在の学級に入ってもらうことになりました。雑用係のような担任外でなく、図工科の授業を通して毎時間子どもに接することのできる図工専科の教師になりました。

四年・五年・六年の図工科は旧校舎の空き教室の二教室を図工室にして、木工や彫塑や焼き物にも挑戦することができるように整備しました。図工科の研究授業も積極的にさせてもらい、図工主任として学校の水準を上げたいと願い、二年目には校内研修として四年生の「学校の鳥」の観察に基づく絵画表現の研究授業を公開し、図工科の教材の構造化を研修会で提案しました。

また四年目には六年生の「自画像―ドライポイント」をとりあげ、版画のいろいろな技法の紹介や本校における図工教具教材の一覧表を作成し、教具の整備や所在を明示して活用を提案しました。粘土による焼き物制作をさせるための焼き窯を設置するなど、図工主任として環境整備にも努めました。七四年度の六年生制作の堺の歴史の木版画はどれも素晴らしく、安井小学校創立四〇周年記念誌『安井のあゆみ』の表紙を飾りました（Ⅲ章の扉参照）。

校務分掌では、小学校ではもっとも事務煩雑なため、みんなから敬遠されている学校給食担当を引き受けることになりました。校長もそれで了解し、その後の私の組合活動にも理解を示してもらえることができました。

七二年度から堺市全体の給食主任会の運営委員会を本校の教頭が担当になったこともあって、私がその運営委員長を引き受けることになり、それ以降十数年にわたり堺市の給食主任研修会の運営にかかわることになりました。

学校給食は私にとって単なる校務分掌としての係にとどまらず、子どもたちの健やかな成長のためには、何としても豊かな学校給食を社会的に保障すべきものであると考えていましたし、一方女性が働き続けるためにも全児童の昼食が公的に保障されるということはきわめて重要な条件であると考えていました。だから学校給食を充実させることは、女性が働き続けるために母性保護の権利を充実させることと同じく重要な課題であると考えていました。

こうして私は学校給食に取り組むことになりましたが、これも担任外だからこそ打ちこめた大きな仕事だったと思っています。

3　学校給食を豊かにするために

ＰＴＡとともに

　学校給食は子どもの成長にとってゆるがせにできない重要な課題ですが、教職員にとっては、お昼の休憩時間を返上し、子どもの安全に気を配りながら神経をすり減らすもっとも忙しく、わずらわしい過酷な時間が給食時間というのが現実です。

　戦後の学校給食は、焦土東京で飢餓から子どもたちを守るために、結成されたばかりの東京都教職員組合の女教師たちが、占領軍司令官マッカーサーに面会を求め、予告なしだったのですがバンカー大佐が対応してくれたので、学童への給食措置を懇願したところ、ララ物資（米軍が支給した食糧・物資）が東京の学童たちに給食として支給されることになりました。さらに田中文部大臣にも陳情行動を展開して、学校給食開始の方針を決定させました。一九四六（昭和二一）年一月から、ガリオア（占領地救済政府資金、アメリカが出資）によって東京都の学童給食が実施され、子どもたちを飢餓から救いました。これが戦後の学校給食の始まりでした。

　翌年の日本教職員組合の結成大会では学校給食実現を決議しました。その後の国民的な世論の盛り上がりで全国的に実現させてきた学校給食でした。五四年には「学校給食法」が制定され、六八年には教育の一貫として小学校学習指導要領で学級指導に位置づけられ、教育の一環として取り組まれてきたものです。

私が学校給食に深くかかわるようになった七〇年代初めは高度経済成長により食生活も安定し、むしろ飽食の時代に入っており、コッペパンと脱脂粉乳入りミルク中心の給食内容はあまり改善されず、アメリカの余剰農産物のはけ口ではないのか等の批判や、「給食の改善実施のためには、センター方式がもっとも合理的だ」という答申が出され、自校方式からセンター方式に切り替える方針が出されるなど、父母や教師の願いからかけはなれた給食の在り方に、非難の声があがっていました。

とりわけ現場の教職員の昼食時の休憩時間も保障されないなど労働条件への配慮もないなかで推し進められてきた学校給食なのに、一生懸命指導しても、子どもの食事マナーが悪くなった！　給食の内容が悪い！こんなもの食べさせるのか！　と保護者からの苦情は直接教職員に、残菜が多いのは教師の指導が悪いからと批判され、集金の遅れる親には催促もしなければならない現実に、「これでいいのか？」の批判と疑問の声があがっていました。教職員組合でも「学校給食はこれでよいのか」の討議資料をもとに問題提起されましたが、「どのような学校給食が望ましいのか」は、日々子どもと給食をともにする教職員誰もが考えさせられる問題でした。

給食担当になった私は学校給食が実施されてきた歴史的経過や、現に全国の教育現場で九〇％以上が何らかの形で実施されている学校給食の問題点を知りました。

「もっとおいしい給食を」と願っている子どもたちや、「より充実した給食を」と願う親に応えるためにも、学校の給食の直面している問題をまず保護者である親に知らせ、解決に向けどう協力し合うべきかともに模索すべきだと考えました。

ＰＴＡの組織のなかに給食委員会をつくってもらうことから始めることにしました。翌年にはＰＴＡの役員組織にメンバー五人の給食委員会がつくられました。この五人のお母さん方は一年ごとにメンバーは替わりますが、地域の交流もあるのか、どの年度のメンバーも、とても積極的に問題に取り組んでいただきました。私の力強い仲間として、助けていただきました。

雑誌『こどものしあわせ』（草土文化発行　一九七五年六月臨時増刊号）にＰＴＡの給食委員さんに寄稿していただいた報告がありますので、その概要を紹介します。

［私たちの活動報告］

給食がおいしくなったわね
――親と子と先生と調理員が力をあわせた成果――

大阪府堺市・安井小学校ＰＴＡ・母親　宮原　栄

私たちの小学校区は、堺市のほぼ中央にあり、官庁やオフィス、商店、歓楽街をかかえて、子どもの遊び場もなく、大気汚染や騒音などもひどくて、決して住みよい地域ではありません。一〇年前までは七～八〇〇人の児童数だったのが、今は五〇〇人余り。堺市の多くがマンモス化しているのに反し、過疎化の傾向になっていますが、ＰＴＡにはこの土地生え抜きの人が多く、学校に対する愛着が強くて大変教育熱心です。給食問題も、何人かお母さんが集まると話題になっていましたが、ここ二～三年前からＰＴＡの給食委員会が活発になってきました。それは給食担当の先生が、私たち母親にいろいろ問題を投げかけてくださったのがきっかけだったといえますが、給食委員に選ばれた私を含めた五人の母親と給食担当の先生で次のようなことを心がけて活動してきました。

① 母親自身が学校給食の実態や問題についてよく知ろう。

お母さんは子どもの声に耳をかたむけよう。

給食内容がよくなるよう、調理員さんや先生と協力しよう。（以下　要約）

試食会でスタート　会員全員に試食会の案内を出し、たくさん出席してもらった。話し合いには四人の調理員を紹介し、「あの調理員さんなら安心して任せられる」の声も聞かれた。給食委員会では委員会のたびに私たちだけの小さな試食会をして改善に努め、お母さんたちの代弁者になるよう努力してきました。

残食を調べてみたら　二学期には、児童の給食委員会（高学年の各学級二～三名で構成）に協力してもらい、パン・ミルク・おかずの残食を毎回学年一学級を選んでアンケートをとり、私たちが集計しました。結果を校医さんと相談もしました。以前に比べパンをのぞけば残食も減り、好き嫌いも減っていることがわかり、ＰＴＡの給食委員の呼びかけや子どもたちの給食委員会が、昼の全校放送でその日の献立の栄養について放送したことなどが功を奏したのではと喜んでいます。

子どもの声を聞く　給食週間の行事として児童給食委員、調理員、校長、教師、ＰＴＡ役員など五〇人くらいが集まり、給食委員からは残食調べの結果の報告、お母さんからは冷凍食品や添加物の不安、調理員さんには調理方法の質問が出るなどいろいろ意見が出され、「こんな給食にして欲しい」の声も寄せられました。「一週に一回でいいからご飯にして欲しい」の希望が目立ちました。「かねの食器は考えて欲しい」「うどんの時は箸にして欲しい」の声はすぐにとりあげられ、麺のときは全校生徒割り箸になりました。パンについては堺市では関係者が集まりパン改善研究会が開かれ、試食して意見を出し合いました。私もＰＴＡ代表として参加し、役所もこれだけ努力しているのかと心強く思いました。

ＰＴＡ活動はこれでいいのか　私たちは府や市の研究会に参加したり、夏休みには子どもたちのエプロンを共同作業で修繕したり一生懸命でしたが、三学期には堺市内のＨ小学校と給食委員会活動を中心にＰＴＡ活動の交流を申し入れ、お互いに勉強しあいました。このなかで私たちの学校の活動がいつも親、教師、調理員の協力で進められていることの素晴らしさを改めて発見しました。子どもの声に耳をかたむけながら、よりよい学校給食に努力していきたいと思っています。

ＰＴＡのこうした活動は学校給食を活性化させ、家庭の食生活にもよい効果をもたらしたようでした。七六年頃にはＰＴＡの給食委員会の協力も得て、空教室を利用してランチルームをオープンすることができました。一クラスずつ順番に入ってもらい、私も一緒に子どもたちと給食をいただき、その学年に合わせたマナー指導や、栄養指導ができるようになりました。このような給食委員会の活動は私が安井小学校に勤務した一〇年間続けることができました。

給食主任会の取り組み

一九七二（昭和四七）年度には、給食主任になったばかりの私は堺市の給食主任会の運営委員長を引き受けました。堺市の学校給食は中学校にはないので小学校六四校だけでしたが、六四人の給食主任が月一回集まり、研修会をもち各学校の事故のない運営と効果的な給食教育をめざし、給食主任はなにを研修すべきかをまず明らかにしたいとアンケートをとりました。

給食主任の仕事の煩雑さは校務分掌のなかでも最たるものです。会計事務、給食室管理、日々の児童の出欠に合わせた人数報告・連絡、給食指導など。それを列挙し、本来給食主任のやるべき仕事を整理し、明らかにすることにしました。

◎アンケートからは次のような要望が浮かびあがりました。

指導面だけでなく、事務内容の合理化など管理運営面も研究すべきだ。

指導面では学校全体の給食指導や児童会活動の在り方を交流したい。

他市の給食状況の見学、栄養指導の研修などをしたい。

給食の仕事で一番困っていることは毎日の給食人数の報告など。

◎アンケートをもとに毎月の研修会のテーマを決めました。

給食指導の年間計画を立てよう、月目標案を作成。

給食指導を学級担任にどのように働きかけるか、指導案を提供。

児童への働きかけの方法は――放送・掲示・プリントなど指導資料の開発。

児童の給食委員会活動の在り方。ＰＴＡへの働きかけ方を交流。

給食事務の改善――学校保健課・給食協会との話し合い。
◎一九七三・七四年度もアンケートにより、主任会の研修テーマを決めました。
栄養指導について研修を深め、指導に役立つ資料を開発してそれを全市的に共有することにしました。

昼食時の全校放送で児童に耳を通じての指導……『今日の食べもの百話』（全国学校給食協会発行）主任研修費で一校一冊配布。

児童の目に直接触れる指導資料……教室掲示用「すききらいなくたべましょう」高学年用・低学年用の食品分類表（Ｂ４判画用紙）を制作配布。

教室掲示用の大判「楽しい給食のしかた」により食事の準備・食事の後始末のマニュアルを決めて図示したものを市内全小学校の全学級に配布。

一九七五年度は学校給食にとって画期的な年になりました。

栄養職員が初めて配置されることになりました。しかし五年計画の初年度として堺市内六四校中一一校だけの配置でした。全校に配置が進めば給食主任の職務分担は大きく改善されることになり、管理面、栄養指導、事務管理は栄養職員に任され、学校給食の教育効果は格段に向上することが期待されることになりました。長年の念願が実現した年でもありました。しかし小規模校の安井小学校には配置されませんでした。

私の給食主任の仕事はまだまだ終わらず、その後も安井小学校で五年、さらに野田小学校に転勤して退職するまで続くことになりました。給食をよくする運動は、母親運動や市民運動に広がり、さらに八〇年代には政府の打ち出す臨調「行革」路線のなかで、学校給食の補助金は削減され、「民間委託・センター化・パート化」を打ち出すなど、学校給食が私たちの願いとかけ離れていくことに危機感をもち、「大阪学校給食をよくする会」が立ち上げられ、こうした運動にもかかわることになりました。

4　教育をよくするために父母・市民と手をつなぐ

母親と手をつなごう

ここに『堺母親運動の50年』（A４判）の立派な冊子があります。そこに「一九七〇年代の堺の母親運動」という私が書いた以下の小文があります。

私が母親運動にかかわるようになったのは堺市教職員組合婦人部が民主的な組合に組織改革し、初めての婦人部大会を成功させた一九七〇年の六月のことでした。〃母親連絡会に加盟し、母親運動を推し進めましょう〟が運動方針に明記されました。〝堺の母親大会には一人でも多く参加してお母さんたちと一緒に考え行動しましょう〟と呼びかけました。

第一三回堺母親大会は一九七〇（昭和四五）年六月二八日、神石小学校で開催されました。

①公害問題 ②教育問題 ③保育所問題 ④物価とくらしの問題 ⑤働く婦人の問題の五分科会が開催され、そこで出された問題は三七項目にまとめ、「要望書」として堺市に提出しました。その主なものとして次の五点を上げています。

① 泉北一区の追加埋め立ては中止してください。
② 学校給食の下請けをやめてください。
③ 0歳児保育をすべての保育所に。
④ 婦人会館を建ててください。
⑤ 各小学校にプールをつくり監視員をおいてください。

この五項目は、その後の堺の母親運動の大きなテーマとなりました。一番目の「泉北一区の追加埋め立ての中止」は、すでに「堺市から公害をなくす市民の会」が、新日鉄堺工場周辺の三宝地区周辺一〇〇〇人以上を調査した結果、七％以上の慢性気管支炎の症状があることがわかり、大阪府の追加調査で九％の有症率が明らかになり、市民の公害反対運動は大きく発展しました。ところが左藤義詮知事は泉北一区追加埋め立てと企業誘致計画を発表したため、子どもの健康を懸念した母親たちは怒り、中止の要求を第一に掲げたのでした。その怒りは大阪知事選の闘いで発揮されました。

市民に配布したパンフ

堺の母親運動は、「海を奪われた子どもたちのために、各小学校にプールを！」と声をあげ、プール建設要求はねばり強く取り組まれました。

七一年には「五年以内全校設置」を土師《はぜ》市長に約束させ、堺市議会に毎年のように陳情を繰り返し、七四年には代わった我堂《がどう》市長にも迫り、五年たっても解決しないので署名運動を展開し、一万人分を市議会に提出するなど、長い年月をかけて運動を続けました。

八四年にやっと全小学校にプール設置を実現させました。そのねばり強い闘いは堺の子どもたちとその親に大きな恩恵をもたらしました。

堺母親大会は毎年開かれただけでなく、泉北、登美丘、金岡など地区や校区でも開催され、形を変え父母と教師の教育懇談会や雑誌『母と子』や『こどものしあわせ』の読者会など各地で運動が広がり、子どもの健やかな成長を願う母親、教師、働く婦人が絆を強くしていくうえで大きな役割を果たしてきました。

一人のお母さんの悩みは、こと子育てに関するものならば多くは共通する悩みであり、どの親も自分の子どもの担任である教師と心を開いて話し合えることを望んでいます。学級ＰＴＡはＰＴＡの根幹であり、教師は親にできるだけ学級のなかでの子どもの姿を伝える努力が大切です。

多くの教師はそれぞれのやり方で父母に働きかけています。私は学級通信を毎週土曜日に発行して伝える努力をしてきました。連絡帳を活用する人、日記帳を大いに活用する人、家庭訪問を大切にする人などの方法で努力しています。しかしそれを、学校全体の問題やさらに大きな問題としてを語り合おうとするときには仲間が必要になります。それぞれの地域でそうした問題が語り合える場があったらどんなに力強いことでしょう。そうした仲間をつくり、実践することを組合婦人部としても呼びかけ各地で活動が広がりました。

私の住む堺市の北野田地区でも雑誌『母と子』の読者が集まり、月一回自治会の会館の和室を借り、読者のつどいを開き、子どもの教育について語り合いました。日曜の午後子ども連れでの集まりはせいぜい二〇人ぐらいでしたが、雑誌『母と子』の読者はこの地区だけでも一〇〇人以上にもなっていました。そしてお母さんたちのつながりは、共同保育所づくりや、私立の幼稚園の廃止問題が出たときには、堺市に幼稚園の建設を要望し実現させることができるなど、地域に子どもの問題が起きたときは大いに力を発揮しました。

堺にいくつもある教育研究サークルが集まって結成した協議会主催の〝生き生きとした学級づくりと授業をどう進めるか〟を追求する「堺教育研究集会」でも、「父母と教師」の分科会を設定して実践報告や話し合いを深めました。こうした取り組みが多くの地域に教育懇談会を広め、各地の教育問題を解決する力になりました。

大阪に「憲法」知事さん誕生！

堺・泉北コンビナート拡張反対から始まった住民運動は大阪府下に広がりました。

一九七一（昭和四六）年四月大阪府知事選挙が始まりました。美濃部東京都政の成果、公害国会といわれる環境政策の前進があり、大阪でも公害反対の府政を実現しようという世論が大きくなりました。府知事選挙は社会党と共産党の統一選挙になり、黒田了一大阪市大教授が出馬することになりました。黒田教授は憲法学の専門家であり、基本的人権擁護の立場から公害反対を掲げ、府民の信頼を得ましたが、政治的には無名といってよい存在でした。他方左藤知事は「万博知事」として、その成功をバックにコンビナートの拡張に自信をもっており、政財界やジャーナリストの多くは左藤知事の当選を既定の事実とみていたのでした。

第二期黒田革新府政の実現をめざす大阪府民総決起集会
（扇町プール 1975年）

しかし公害反対運動は全府下に広がり、「憲法知事さんこんにちは、公害知事さんさようなら」が巷に溢れ、やがて大合唱になったのです。黒田了一（革新統一候補）一五五万八一七〇票に対し、左藤義詮（自民党現職）一五三万三二六三票で、約二万五〇〇〇票差で新人の黒田了一知事が誕生したのでした。左藤の票田と言われた堺・高石両市での四万票差の革新の勝利を、左藤は「堺市で負けた」と言っています。大阪で初めて革新府政が誕生しました。黒田知事は大阪府公害防止条例を全面改正し、「大阪府環境管理計画」により、全国最初の総量規制を始めました。七四年以降、堺・泉北臨海工業地域のコンビナート増設を抑制し、開発方針の転換を進めたのです。

教育分野でも大阪府政は大きな飛躍をとげました。公立高校の増設（三年間で二〇校）が進められ、障害児教育の前進がみられました。私たち婦人教職員の要求実現からみると、この頃の大阪の婦人教職員率は全国的にも高く小学校では六七％を超え、全国でも一～二を争うくらいでした。既婚者も増加し、一校に同時に数名の出産予定者が出るなど対応に苦慮することもあるなかで、定員増を望む声が高まっていました。七一年度には産休プール制（産休補助教員を確保して、すぐ対応できるようにプールしておく制度）の確立、産後特別休暇（本人の理由書で取れる）、七二年には体育実技の負担軽減、妊婦の時差通勤（一日を通じて一時間以内）、七三年には女子率の高いところに加配増実施、七四年多胎妊娠の場合の産前一〇週実現、通院休暇の回数増など他府県に先駆けきめ細かい母性保護の改善が進められました。

七五年四月黒田革新府政はさらに府民の信頼を受け、第二期を迎えることができました。革新府政分断攻撃のなかでの再選でした。革新分断（社共の分断）が関西財界や部落解放同盟大阪府連の攻撃によって行われ、社会党が革新陣営から撤退したため、黒田氏と自民湯川氏・社公民竹内氏の三者による激しい選挙戦の結果の再選でした。住民本位の黒田府政を支持する広範な府民の世論と住民運動の発展の成果でした。その住民運動のなかでの女性たちの働きは大きく評価されなければなりません。女性たちの地道な職場や地域での運動の帰結であると確信をもつことができました。

勝利を確信できたのは知事選一カ月前の三月一日フェスティバルホールで開催された一九七五年国際婦人デー大阪集会の成功でした。

婦人問題研究会へのお誘い

一九七三（昭和四八）年一月、柴田悦子（当時、大阪市大）、金持伸子（当時、八代学院大）の両先生から婦人問題研究会へのお誘いがありました。私が仕事の合間に一人で研究してきた婦人問題を、研究者ばかりの研究会に仲間入りさせてもらえることは願ってもないことでした。組合婦人部活動のためだけでなく、母親運動や地域の教育運動を進めるにもその研究会は私にとって大きな力になりました。

月一回の研究会は、決められたテーマを第一線の研究者が報告し、みんなで論議する。それをテーマ別にまとめ、現代日本の働く婦人を後押しするための「働く婦人の講座」を出版しようという企画の研究会でした。それは刺激的であり充実した研究会でした。七二年三月に発行された、第1巻の「『働く婦人の講座』刊行にあたって」に次のように書かれています。

今日二〇〇〇万人におよぶ働く婦人が、工業に商業に農業に、あらゆる分野、あらゆる職域に出現してきたことは、女性史上はもちろん、日本の歴史の根底に、非常に深い影響を与えるものと考えられる。戦後二〇数年間、日本の働く女性たちは、質と量の両面において巨大なエネルギーを、多方面にわたって発揮してきた。

しかし今日、働く婦人の労働条件や、労働環境が戦前に比して比較にならぬ位改善されているのは、ただ今日働いている婦人の努力のみで得られるものではない。明治・大正・昭和を通じて、私たちの先輩たちが血と汗で切り開いてきた道を、さらに後に続く婦人たちが進みやすいように、整備し、改善していくという点でまさに婦人運動の長いあゆみの一段階をのぼりつつあるといえよう。

このような成果は、婦人の職域を拡大し、働く権利を社会へ向かって強く認めさせ、職場の労働条件や母性保護の獲得物を増やし、さらに働き続ける条件の一つである保育所の増設と保育内容の向上となって大きくあらわれてきている。

とはいえ、この道はけっして平坦ではない。(中略)

『働く婦人の講座』の執筆者たちは、こうした種々の苦しみや怒りに直面している当事者である。執筆者の中には、研究者ばかりでなく勉強中のもの、実践活動へ直接参加しているもの、医者、衆議院議員候補者までさまざまである。執筆者は数回の共同討議を踏まえて、自分の問題を働く婦人全体の問題にひろげ、理論化への努力をしてみた。(後略)　監修者　寿岳章子　柴田悦子

私が求めているものがほぼ凝縮された一〇巻の講座であり、婦人問題の解決をめざす願ってもない強力な陣容の婦人問題研究会でした。

私はここに述べられた「実践活動へ直接参加しているもの」として、『共働きのくらしの知恵』の一部を

執筆しました。「働く婦人の講座」一〇巻は次のような構成で発行され、多くの女性たちに読まれました。

「働く婦人の講座」　B6判上製　汐文社発行

第1巻　婦人の働く権利と民主主義　柴田悦子編
第2巻　働く婦人の賃金もんだい　歌川悦子・かなぢ伸子・柴田悦子著
第3巻　働く婦人の健康と母性保護　高木昌彦・柴田悦子編
第4巻　共働きのくらしと意識　かなぢ伸子著
第5巻　恋愛・結婚と生きがい　田中美智子著
第6巻　働く母の保育論　土方弘子・諏訪きぬ・柴田悦子著
第7巻　働く婦人の人間関係　寿岳章子著
第8巻　婦人論古典紹介　佐々木佳代・津田美穂子・金谷千慧子・柴田悦子著
第9巻　共働きのくらしの知恵　かなぢ伸子・宮本英子編

第10巻　諸外国の婦人のたたかい　　　寿岳章子・笹野良子編

右記10巻はどれも素敵な本で、働く婦人ならどれも手にとって見たくなる魅力的な表題で、文章は平易で読みやすく、わかりやすいと評判でした。

私の第九巻の『共働きのくらしの知恵』の多くは自分の実体験でした。同居の母とパートナーの家事の協働。この年、長男は高校に進学、次男は中学校に入学し、長女は小学校三年生になっていました。その子育て体験を提供したものでした。

第九巻　Ⅰ　共働きと家事　Ⅱ　子どもの問題　Ⅴ　職場や地域での協力　に執筆し、第九巻のイラストを日々の生活のなかから描かせてもらいました。

それは忙しく駆けまわる生活を見つめ直す機会でもありましたが、私にとって大変楽しい作業でした。執筆者のみなさんとはその後もいろいろな形でお付き合いいただいています。一九七五年に大教組婦人部長になってからは時には学習会の講師をお願いし、さらに国際婦人デーの実行委員長の折には集会の講演を引き受けていただくなど、折に触れ相談に乗っていただくなど私にとって今も大きな宝となっています。

コラム　わが母を語る

前略　おふくろ様

宮本　真樹

今回自分史を草稿されたとのことで、まずはお悦びを申し上げます。それにあたり、私の方にも寄稿の依頼があり、本の内容がどのようなものかも確認せずに、拙い文章を書いていることをお許しください。

大学入学後から関西を離れ、親子の会話を深めることもなく、こちらからの連絡もほとんどせずに、三十数年間好き勝手をさせていただきました。改めてお礼申し上げます。そんなことができたのも、子どもに対する深い信頼があったと思っている半面、自分のやりたいことを全うするために、そうせざるを得なかったのかもしれないと考えています。

おふくろ様で思い出させられるのは、何故か小中学校で問題を起こすと、おふくろ様の教職員組合の人脈で情報が筒抜けで、その日のうちにわかってしまう。ただ体面を傷つけられたからといって、頭ごなしに怒ることはせず、自分の頭で何が悪かったかを考えさせる姿勢は、非常に自分の今の仕事や家庭の態度に影響を受けています。

よく思い出されるのは、忙しいなか、毎朝弁当の準備のために時間が足りなくなり、いつも子どもと一緒に遅刻しそうになりながら、職場へ向かって走っている姿です。人生そのものがそうではなかったかとも考えています。いつも何かに向かって走っていたような気がします。そういう一途に走り続ける姿を見つつ、家庭での生活を見る限り、「私の家には、父親が二人いた」と過去を振り返るとそう思えます。

またその姿勢は、女性の権利向上と戦争体験に基づく平和への思いから貫かれた姿勢であったと考えています。ただ、思いが強いあまりに、考えを押し付けがましくなり、人の意見を聞かず、議論が一方通行になりがちになるため、こちらも辟易したこともあります。

その強い思いと同時に、人を引きつける性格・費やした多くのエネルギーが、多くの人を動かし、多くの賛同が得られて、今回の本の上梓にいたったといえると思います。

性格といえば、昔血液型の性格占いが流行った時期には、B型の人の性格は自己中心的・傍若無人・空気を読めない・おっちょこちょいな性格といわれ、あまりにおふくろ様と一致していたことに驚き、信じるにいたった経緯もありますが、今は人それぞれでありとの認識で、おふくろ様とは違うB型の嫁と幸せに暮らしています。この幸せな生活は、おふくろ様と生活できたことが、一役買っていると思っています。

ところで、昨年小生の赴任先のドイツを訪れた際にいろいろな場所へ連れていく機会がありましたが、「初めて親孝行してもらった」とつぶやいたそうですが、不肖の息子とはいえそんなことはないと断言できます。それでもおふくろ様だから、覚えてないのもしょうがないかと思わせるのが、逆にすごいとも思っています。
最後に今回の上梓、おめでとうございます。
草々

今回の上梓を支えていただいた方へ
このような母親を支えていただき、感謝申し上げます。

読者のみなさまへ
少々押しつけがましく、鼻につくこともあろうかと思いますが、母親の思いが伝われば幸いです。

Ⅲ

全力で駆けぬけた一七年

❖

大阪にて

6年　版画　共同制作　「堺の歴史に生きた人びと」より
上　南蛮貿易でさかえた堺港
下　仁徳御陵をつくる人びと
『安井小学校創立40周年記念誌』の表紙を飾る

1　大阪教職員組合の婦人部長に

民主化の気風あふれた一九七五年

一九七五（昭和五〇）年は国際政治のうえでも大きな転換期にありました。ベトナム人民の二〇年余の長きにわたる民族解放の不屈の闘いは、ついに歴史的勝利をかちとり、世界最大の軍事、経済力をもつアメリカの「権威」を失墜させました。

また国内では田中角栄内閣の日本列島改造論が破綻し、三木内閣になりましたが、自民党政権は国民の批判を受け後退しました。

七五年四月の全国一斉地方選挙では各都道府県で革新知事や市長が誕生するなど、革新勢力が前進した年でもありました。東京都では美濃部知事は三選を果たし、神奈川県では長洲知事が初当選し、大阪府でも黒田知事が再選を果たし、革新大阪府政が二期目を迎えました。こうした民主化の機運の満ちた時期に私は現場で授業をもちながら大阪教職員組合婦人部長になり、大阪の教育と女性運動に深くかかわることになりました。

〈黒田革新府政の第一期（一九七一年度～七四年度）に実現された公約〉

①府立高校二〇校の増設（全国一）、授業料の据え置き（全国最低額）
②私立高校生、幼稚園児などに対する授業料への助成
③在日朝鮮人子弟の民族教育に対する助成
④障害児教育の充実のための養護学校、学級の増設と教育条件の改善
⑤六五歳以上の老人医療の無料化
⑥国の規制を上回る全国一といわれた公害規制
⑦保育所、中小企業、在阪文化諸団体に対する助成
⑧春木競馬の廃止
⑨能勢ナイキ基地設置反対
⑩老人医療の無料化はとりわけ早くから取り組み、毎年改善、七四年三月から六五歳以上に適用

〈大きくひろがった住民運動〉

①大阪から公害をなくす会は各地で活発な運動を進めた（一九七一年～）
②大阪保育運動センターの設立。医療をよくする大阪連絡会結成など（一九七四年～）

七五年の第二期黒田革新府政にはさらに大きな期待が寄せられていました。

国際婦人年と女性団体の動き

第二次世界大戦の終結した一九四五（昭和二〇）年に誕生した国際連合は、四八年に「世界人権宣言」を、六七年には「婦人に対する差別撤廃宣言」を採択し、七二年には国連総会で七五年を国際婦人年とすると宣言。その世界会議は七五年六月メキシコで開催されることになりました。一三三カ国の政府代表、ジャーナリスト、民間代表など五〇〇〇人以上が参加した大規模な会議でした。日本も藤田たきを首席とする政府代表や団体代表など数百人が参加しました。ここで「世界行動計画」「メキシコ宣言」が採択され、「平等・発展（開発）・平和」をテーマにした、その後の女性の地位向上に関する指針を明らかにしました。世界共通の平和の鳩のシンボルマークも決まりました（次ページ）。

国際労働機関（ＩＬＯ）でも「職業と雇用における男女の平等の地位と機会の均等に関する決議」を採択しました。

世界の女性たちの期待が高まるなか、とりわけ日本の女性たちは閉塞的な日本の女性をめぐる環境を変革すべきチャンスととらえ、年明けとともに各地で取り組みが始まりました。

日本国内では、ただちに超党派の女性議員の働きにより、衆参両院で「国際婦人年にあたり、婦人の社会的地位の向上をはかる決議」が採択され、九月には内閣総理大臣を本部長とする婦人問題企画推進本部を設置し、世界会議の決定事項を国内施策へ積極的に取り入れる体制がとられました。

民間の女性団体、労働組合は国際婦人年を契機にそれぞれが「平等・発展・平和」を願い活発な活動を繰り広げ、中央では全国組織四六団体による「国際婦人年日本大会の決議を実現するための連絡会」（国際婦人年連絡会）を結成し、NGOとして政府に影響力を与え、全国の女性団体に指針を示しました。

大阪では一九七五年一月一日付けで早くも、「国際婦人年アピール」が出されました。田万明子（家裁調停委員）を筆頭に、四ツ谷光子（大教組婦人部長）など二五人の大阪の多彩な女性たちによる「国際婦人年大阪準備会」（通称：国際婦人年大阪の会）の呼びかけでした。そして城ゆき（『婦人通信』西日本支局長）を中心にした事務局は国際婦人年の行事を次々と企画し、国際婦人年への参加の意義を大阪の女性たちに広めました。

●三月一三日　大阪大空襲三〇周年追悼会を四天王寺で大々的に行い、一五〇〇人が参加
●六月二八日　大阪国際婦人年のつどい　商工会議所・国際ホールにて開催
　講演「世界の婦人の地位を聞く」
　大羽綾子氏（ILO協会理事）
●一〇月二～七日「明日を生きる・婦人の公害展」開催
　大阪大丸店六階一万五〇〇〇人来場

私はどの取り組みにも大教組婦人部の副部長として何らかの役割を担い参加しました。公害展では夫の憲一に講演してもらうなど協力してもらいました。

また一方で、地域婦人会、母子福祉団体、女性団体（消費者運動も）、労働組合（総評大阪地評）、部落解放同盟等三六団体が参加して、七五年二月六日には

平等＝男女平等の促進
発展＝経済・社会・文化の発展への婦人の参加
平和＝国際友好と協力への婦人の貢献

「国際婦人年大阪連絡会」が結成され、三月八日の国際婦人デーに「第一回国際婦人年大阪集会」を開催しました。こうして大阪では国際婦人年の運動が幅広くスタートしました。

七七年には「国内行動計画」が策定され、各都道府県・自治体でも婦人問題窓口が設置されました。こうした国の内外の動きに女性たちは勇気づけられ、大きな希望をもって活発に動き始めました。

大阪府では七七年「大阪婦人問題推進会議」が発足し、八一年には「女性の自立と参加をすすめる大阪府行動計画」が作成されました。行政がしっかり対応してくれることは府民にとって大きな力となりました。

国際婦人年を契機に国連を中心にした女性差別撤廃の運動は、七九年に「女子に対するあらゆる形態の差別の撤廃に関する条約」(女子差別撤廃条約)が国連総会で採択されたことは、世界中の女性たちを勇気づけました。八〇年七月コペンハーゲンで開催された「国連婦人の十年中間年世界会議」で日本政府もこの条約に署名しました。これを批准させる運動が国内でねばり強く繰り広げられました。

国際婦人年大阪の会では、七五年の大々的な記念行事以降は参加団体それぞれが団体にふさわしい取り組みを進め、「国連婦人の十年」中間年の八〇年に再び実行委員会を組み「'80年国際婦人年大阪五月集会」に樋口恵子氏を招いて講演会を開催。この時点で「国際婦人年大阪の会」は水木モリヱを代表としました。

八〇年一二月には国際婦人年大阪の会は「国際婦人年　平和を願う大阪のつどい」を開催し、世界に核兵器拡散の危機が叫ばれているなか、この会の提唱で「平和に生きよう　青い羽根」の運動の中心になり、核兵器の廃絶を訴え続けることになったのです。

青い羽根の運動はそれから約三〇年間、毎年一二月八日に合わせて取り組み、地域に家庭に広げ、学校では教師が胸に青い羽根をつけ平和教育に取り組みました。

平和と平等を両輪に

一九七五（昭和五〇）年度の途中一〇月に私は大教組の婦人部長を引き受けることになりました。すでに堺教組の婦人部長と七三年度から大教組の副部長も兼任していましたので、四ツ谷光子婦人部長が政界に出るために辞任されたことから、副部長だった私の出番となったのでした。年度途中でもあり、小学校での学級担任外だったので、この年度だけという気持ちで引き受けましたが、大教組婦人部役員をその後約一四年も務めることとなりました。専従ではなく、現場で授業をもちながらの府県婦人部長は全国的にも異例だったようでした。九〇（平成二）年五月の解任まで二〇年近い年月を学校現場で子どもたちと格闘しながら、教職員組合運動を通じて女性運動にもかかわることになったのでした。

七五年は敗戦三〇周年でもあり、大教組婦人部としてはとくに「平和」に力点をおき、戦争体験のまとめや平和教育の教材の収集・検討を呼びかけました。七月には「平和のつどい」を開催し、原爆被爆者の広島市教組の石田明氏をお呼びして「ひろしまの平和教育」を学び、東京空襲のアニメ「猫は生きている」を上映して平和教育の交流を深めました。

秋には「国際婦人年記念講座」として次の四講座を開催しました。

①一〇月　四日「私たちにとって国際婦人年とは」柴田　悦子

②一〇月一四日「母性を保護するために」　都田　夏栄
③一〇月一八日「婦人労働者の問題をめぐって」　嶋津千利世
④一一月　一日「教育の中に見られる男女差別」　和田　典子

いずれも豊富な資料と力強い講義で各単組からの参加者にとって有益な学習になりました。柴田先生からは国際婦人年の意義を、嶋津先生からは女性労働者として、それをどう生かして女性の労働の場における差別を是正していくか、和田先生からは教職員として、教育の場で子どもたちに男女平等の認識をどう育てていくか示唆を得ました。都田先生からは医者として、母性保護の大切さ、それを護るための権利のとらえ方を学び、女性労働者として働き続けるための労働条件の改善は、どうしても進めるべき課題であることが確認されました。

女性教職員として国際婦人年の意義をしっかりとらえ、女性労働者として働き続けられる環境をどう実現していくか。教師としてどう教育の場で平和教育や男女平等教育を実践化していくかを問う講座でした。この講座を契機に、大教組婦人部として教育のなかで男女平等をどう追求するかを課題として位置づけ、男女平等教育を学校の教科の授業や教科外の活動でどのように実践していくかを提起しました。こうした学習は各単組や支部でも取り組まれました。七六年度からの日教組教研集会に「女子教育もんだい分科会」が新たに設けられたことも大きな契機になり、教職員はそれぞれテーマを見つけ教育実践に取り組みました。

〝平和なくして平等なし〟は国際婦人年の標語でもありました。「平等」と「平和」を車の両輪のように大切にして運動を進めることが「発展」につながると確信し、その後の婦人部活動の重要な柱と位置づけました。

国際婦人年の大きな流れのなかで、「組合活動はどうあるべきか」深く考えさせられました。「教職員にとって組合とは何か」教育雑誌『教育』（国土社　一九七九年一二月号）にこんな特集が組まれ、そこに私の組合運動論「婦人教師にとって教職員組合とは」を書かせていただきました。冒頭に「婦人教師にとって組合とは、働きつづけるための砦であり、子どもたちのために豊かな教育を創りだす担い手たちの連帯の場、学習の場といえましょう」と書いています。それが私の実感であり信念でした。組合員として三六年を教師として働き、その現場で子どもたちに接し教師の喜びを感じながら、家庭では三人の子どもをもつ母親として大いに悩みながらの活動でした。婦人教職員の当面している問題は私自身の問題でもありました。

喜びをもって迎えられた育児休業

一九七五（昭和五〇）年、国際婦人年の婦人運動の高まりのなかで、女性の働き続けるための条件は一定の前進をみました。その第一が育児休業法の制定でした。

育児休業法は六〇年代の高度成長のなかで都市に人口が集中し核家族が増え、とりわけ大阪では婦人教職員が急激に増え、結婚、妊娠、出産した時点で働き続けようとしても保育所は少なく、仕事を辞めざるを得ない婦人教師が続出しました。その解決策として大教組から日教組に提起されたのが「育児休業」と聞いています。六六年度の日教組定期大会で保育所増設と合わせて婦人教職員の育児休業法の制度化を要求していくことを決定しました。以来、日教組は①選択性　②有給制　③先任権（原職復帰の保障）を掲げて組織内討議を始めました。その翌年度から国会への立法闘争が始められ、大阪からも葉書や手紙による要請、国会への請願行動が繰り返し行われました。そして九年、ねばり強い運動と国際婦人年の世論の高まりと超党派の婦人議員の団結により、ようやく実現したのでした。

一〇年近い運動のなかで、この育児休業制度は働く女性たちにとって最良のものか？　という疑問もありました。本来産休明けにすぐ預かってもらえる保育所の充実こそ第一にすべきことではないか。それは現場の教師のなかで議論が続けられていました。革新自治体が次々に生まれ、保育所は六〇年代で相当充実したとはいえ十全なものではありませんでした。そこは選択の幅があったほうがよいという共通理解のうえでの運動でした。

七五年七月一一日公布、正式名称は「義務教育諸学校等の女子教育職員及び医療施設，社会福祉施設等の看護婦、保母等の育児休業に関する法律」が七六年四月一日実施となりました。育児休業の期間は産後休暇の終わった翌日から、子が満一歳に達する日までの期間を限度とするとされました。満一歳まで母乳を与えることもできるなど、母親として大きな喜びをもって受け入れられました。しかし私たちの基本要求からみるなら不十分な内容でした。問題点は、①法文上無給である。②選択性、原職復帰があやぶまれる。③対象職種が一部に限定されている（事務職、栄養職員適用外）。④代替者が臨時任用となっている。⑤保育行政が後退する恐れがある、などがあげられ、ただちに運動化されました。日教組を通しての各省への働きかけ、大教組として府に対して代替者の任用期間の延長や、無給になる期間の互助組合の掛け金を府費負担にさせるなど改善させ、育児休業はただちに活用され、大阪府下では実施開始の七六年四月には一四〇人が取得。年々活用が広がり、七八年度では約一五〇〇人（出産者の五割）、八五年度には二一六五人（出産者の九割）が取得するにいたりました。

育児休業制度の充実とともに、私たちは必ず保育所の充実を合わせて求めることにしてきました。保育所増設と充実を求める運動は教職員組合運動だけで進めることは難しく、母親運動・地域の住民運動のなかで多くの教職員たちは先頭に立って運動し、成果を上げ、さらに学童保育の充実に奔走してきたことは特筆に値します。

育児休業制度の改善はその後も進められ、除外されていた事務職、栄養職員への適用が大阪府では八八年度には実現・全男女労働者対象「育児休業法」が九一（平成三）年に成立し、九二年施行されました。こうして制度は進化し続け、男性も取得できることになりました。しかし男性の取得率はまだまだ一桁にとどまっていることは問題であり、男性も子育てや家事にもっと参加できる社会の実現が問われています。

全国に先駆けた看護欠勤制度

年老いた父母が病気になった、幼い子が入院し付き添わなければならなくなった、学校を休めばみんなに迷惑がかかる。長期になれば年休も使い果たし退職しなければならない。どうしたらいいのだろう……そんな悩みが組合員から寄せられることが多くなりました。

高齢化社会の到来と不十分な福祉政策のなかで、一九七〇年代の後半、大阪では組合員の看護休暇要求がいちだんと高まりました。この切実な要求を大教組婦人部で結集し、七八（昭和五三）年には大阪府労連の対府要求項目に入れることができました。当初は短期休暇の要求でしたが、大教組婦人部では、家族介護の実態調査を行ったところ老人介護が長期化したり、子どもの長期入院などで自分まで病気になってしまったり、ついに退職に追い込まれるなど、深刻な実態が明らかになりました。

婦人部では白書を作成し、対府要求葉書、要求書、親書行動に取り組むなど長期介護休暇の実現を迫りました。八一年の夏期闘争の重点要求に組まれ、府労連の団体交渉のなかで「九月より実施」との府当局の回答を引き出すことができました。

ついに、年間六〇日（一回目三〇日、二回目三〇日、代替あり）の看護欠勤制度が実現したのでした。しかも共済組合から給料六割支給という全国初の制度をかちとることができました。組合員からは「退職せずにすんだ」との喜びの声が寄せられました。

八四年八月には期間を一〇日延長させ計七〇日となり、八五年九月からは看護の対象範囲を拡大させ、別居の父母・子にも適用させるなど内容の充実・改善が図られ、行使状況は定着してきました。それは全国的にも波及していきました。

九五（平成七）年には全男女労働者対象の介護休業制度を含む「育児・介護休業法」が成立し、九九年より施行されるようになったことを付記しておきます。

そのほか大阪では体育実技負担軽減措置の拡大、婦人科検診枠の拡大、育児時間・期間の延長などの妊娠・出産・育児にかかわる要求を毎年少しずつ実現させてきました。毎年二学期の後半、大教組婦人部として大阪府教育委員会に一〇～一五項目の要望を提出し、交渉当日は府下の四二単組代表がこの時とばかり単組の実情を訴えました。現場のみなさんの声を府に届けることによって、少しでも快適に働ける条件を整え、子どもたちと素晴らしい教育を築いて欲しいと願っての交渉でした。

その年の特徴的な要求を裏づけるデータを「大教組婦人白書」として別冊にして提示し、実情を訴えてきました。それとともに定員増、府下全域での四〇人学級早期実現、労働時間の短縮などもねばり強く府に要求してきました。そのなかで女子率加配という女子率の高い市町村へ人員配置をさせる他府県にない制度を実現させるなど、すべての子どもたちへ行き届いた教育と婦人教職員の生命と健康を守る立場から、労働条件改善と民主的権利の擁護に取り組んだ一〇年でした。

七五年一〇月に大教組婦人部長になった私は、婦人労働者の大きな一角を占める教職員組合が日本の女性労働者全体のことも把握する必要があると考え、手にしたのが労働旬報社発行の『賃金と社会保障』でした。毎年「賃金と社会保障」で特集されていた「婦人労働者読本」が、ついに八二年一月上旬

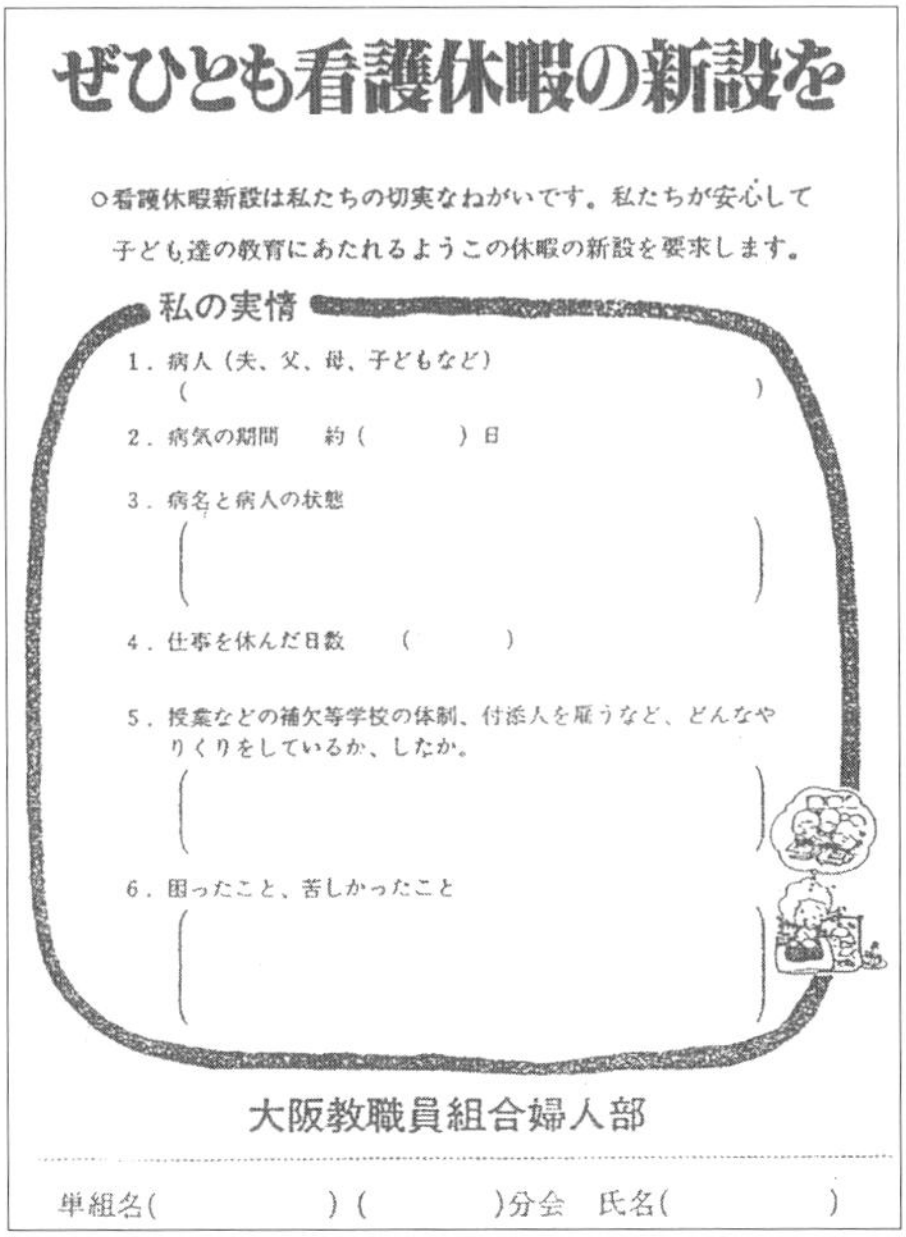
ぜひとも看護休暇の新設を

○看護休暇新設は私たちの切実なねがいです。私たちが安心して子ども達の教育にあたれるようこの休暇の新設を要求します。

私の実情

1．病人（夫、父、母、子どもなど）
（　　　）

2．病気の期間　約（　　）日

3．病名と病人の状態
（　　　）

4．仕事を休んだ日数（　　）

5．授業などの補欠等学校の体制、付添人を雇うなど、どんなやりくりをしているか、しなか。
（　　　）

6．困ったこと、苦しかったこと
（　　　）

大阪教職員組合婦人部

単組名（　　　）（　　　）分会　氏名（　　　）

号から『婦人労働問題研究』に代わりました。まさに望んでいた雑誌の創刊号でした。

その二号目の一九八二年一〇月上旬号の〝特集　婦人労働者と家庭問題〟に《現場レポート》として五ページにわたり「婦人教育労働者の職場と家庭」と題して、大阪の婦人教職員の現状を報告しました。そこに、大阪の婦人教職員の実態や、できたばかりの大阪における看護欠勤制度を獲得した経緯など、労働条件の改善に向けた取り組みを報告しました。その後この雑誌の編集委員に名を連ね、二四号まで関西から情報発信のお手伝いをしました。婦人労働問題研究会の執筆陣の研究者のみなさんには、大教組婦人部の学習会の講師だけでなく、国際婦人デーの講演依頼をお願いするなど大阪の女性運動に力を貸していただきました。

父母の教育要求をバックに

一九七五（昭和五〇）年、大阪は革新府政ではありましたが自民党の反動的な文教政策は、国家主義教育への偏向、学校の管理運営の強化と教職員に対する管理統制の強化が図られ、新たに教育現場の分断と統制、教職員の教育上の自主的な権限を抑制することをめざし、七四年には「教頭法制化法案」を可決・成立させ、さらに七五年に入り文部省は小・中・高等学校に主任制を導入すると発言しました。これに対して全国から主任制反対の声が上げられました。

一方子どもたちの「落ちこぼれ」「非行」が問題になり、「教育の荒廃」が社会問題になり、父母・国民の関心がたかまり、父母の教育要求はますます強まっていました。七五年には日教組・大教組はこうした父母の教育要求をバックに教育をよくする大運動を展開しました。大阪では一〇月二五日「ゆきとどいた教育をめざす父母と教職員の大集会」が扇町プールに一万五〇〇〇人が結集して開催されました。大教組婦人部長になったばかりの私と、林正敏青年部長の二人でこの集会の司会を担わされました。その緊張感とともにあの日の熱気がよみがえります。

「父母と教職員の力で子どもに豊かな未来を」のスローガンのもと、組合員と父母が参加し、高校増設、定員問題などの諸要求実現と、父母との連帯を強めるうえで重大な意義をもつ画期的な集会でした。私の勤務する安井小学校で日頃ＰＴＡの給食委員として頑張ってくれているお母さんも何人か扇町プールに参加してくださいました。

その二カ月後の一二月二五日、文部省は主任制度化の省令改正を強行し、七六年一月には文部省は主任制度化について各都道府県教育委員会に通達しました。

「主任制度化」の強行でした。五月までに四〇県で制度化が強行され、六月の日教組定期大会の頃は、未

ゆきとどいた教育をめざす父母と教職員の大集会（1975年10月25日）

実施は東京・神奈川・京都・大阪・沖縄の五つの革新都府県を残すのみとなっていました。

各市町村段階でも主任制反対の運動が市民もまきこんで取り組まれました。

堺では「父母と教師の合同教育研究集会」を開催。父母も含めて四〇〇〇人が参加し教育問題全体を研究するなかで主任制反対の根幹に迫る学習もしました。それ以前から堺市には教職員による自主的なサークルがいくつもあり、そのサークルが堺教育研究サークル協議会を結成して『はくぼく』という機関誌を年四回発行し、一年に一度は教育研究集会を開催してきました。私は美術教育のサークルに属していましたが、研究集会では「学級づくりのために父母とどう手をつなぐか」の分科会で助言担当し、堺教組の提起に積極的に参加しました。

子どもの幸せを願う思いが通じれば必ず手が結べます。呼びかけたのは自分のできるところから親とつながり、子どもの問題をともに語る機会をもつことの大切さでした。〝教育懇談会を広げましょう〟と呼びかけ、堺市内では三〇〜四〇の学習会や懇談会ができていました。

主任制度化反対・手当阻止は教職員共通の願い

一九七八（昭和五三）年には主任制度化にともなう、主任手当支給のための規則改正が人事院で強行されました。なぜ私たちは主任制度化に反対するのか。太平洋戦争の勃発から敗戦までの小学校教育を受けてきた私にとって、二度と再び上からの命令一下でしもじもを動かすような学校・教育現場にしてはならないと思っていました。「教え子を再び戦場に送らない」というスローガンを日教組が五一年の中央委員会で、満場一致で可決して以来の全教職員の信念としてきました。戦前・戦中の教師が、権力に屈して多くの教え子を戦場に送った、という事実に対する厳しい自己批判から生まれたものです。

政府自民党のねらう主任制度は戦前の統制と分断の支配にほかなりません。すべての教職員は主任制度化反対・手当阻止という組合員共通の要求に基づいて、各県の自発的で多様な戦術で闘われました。革新五都府県はその砦でした。しかし四月に京都府知事選で革新知事が敗れ、一二月には沖縄県知事選でも一〇年続いた革新県政が敗れました。

七九年四月の大阪府知事選挙は、自民党、公明党、民社党、新自由クラブ、それと手を結んだ社会党、社会民主連合推薦という岸昌候補に対して、「明るい会」に結集した大阪の革新勢力は黒田知事三選に全力を尽くして闘いましたが惜敗（得票率四七・九四％）、岸の府政を許してしまいました。こうして、京都・沖縄に続いて大阪も革新府政を失い、きわめて厳しい情勢のもとに置かれることになりました。中央政府からの圧力もあり、ついに八〇年度初頭の四月五日、臨時教育委員会は主任制度化のための学校管理規則改正（五月一日実施）を強行しました。岸府政になってちょうど一年目、府下の市町村にも「指導」が強められました。

主任制度は強行はされたものの六年間にわたる闘いは、民主教育の推進・職場の民主化・何よりも父母、府民のみなさんとの共同の輪が固く結ばれたという宝を残してくれました。

「主任制度化」によって「主任手当」の支給が始まりましたが、これは主任が自主的に拠出するという運動になり、組合員でない主任からも拠出され、拠出された「主任手当」は、管理運営委員会によって父母・市民・子どもたちに、また教育活動に役だつように運営されてきました。大阪教育文化センターの活動もその恩恵を受けてきました。三〇年続いた制度は変わり、新しい歴史が刻まれ始めています。

2 男女平等教育と平和教育

男女平等教育に取り組む――日教組教研集会へ

大教組婦人部が前述の「国際婦人年記念講座」の柱と位置づけ、和田典子先生を東京よりお呼びして「教育のなかにみられる男女差別」について講演していただき、当たり前として見過ごしていることのなかにある差別に気づかされました。メキシコ世界会議が「世界行動計画」で提起する平等教育は、先進国である日本ではほぼクリアしているように見えますが、私たちのまわりを見渡したとき、現実の社会や家庭のなかで歴然としてある差別に気づき、どこからきているか考えるとき、教育の果たすべき役割の大きさを思い知らされたのでした。教師はもっと男女差別に敏感であるべきであり、やはり学習していくことが大切であるということとなりました。長い歴史をもつ家庭科教育がその鍵をにぎっていました。

戦後間もなくの「新教育指針」の女子教育の理念では「女子教育のめあてとすべきことは、女子を個人とし、国民として完全に育て上げることである」として特性を否定していたはずでした。しかしその後の経済発展など情勢の変化のなかで進路・特性に応ずる教育へと変節しました。家庭科ではそれがあからさまでした。

一九六〇（昭和三五）年の改訂高校教育課程に家庭科女子のみ必修の方向が示され六三年施行、七〇年の教育課程の改定で高校女子のみ必修とされました。七一年の中教審答申では「男女が人間として平等であることは、いうまでもないが」としながらも特性教育が強調されました。それに対して男子生徒にも家庭科をと、七四年には「家庭科男女共修をすすめる会」が結成され、全国的に運動が盛んになりました。男女平等の認識を育むためには中学・高校の家庭科共学共修はどうしても必要な学習でした。しかしそれを実現させるためには長い年月と運動が必要でした。

「家庭科の共学共修の制度化」が決まったのは八九年でした。施行は中学九三年、高校九四年まで待たねばなりませんでした。その間「家庭科教育研究者連盟」は大きく貢献しました。

日教組では国際婦人年を機に、七六年度の教育研究集会（埼玉）から女子教育問題小分科会を新しく設けました。

七七年度から大教組でも教研の人権教育分科会に位置づけ、「女子教育分科会」を設けました。「基本的人権に根ざした男女平等についての正しい認識をどう育てるか」を研究目標にレポートを募集し、婦人部がその分科会の推進にあたりました。

初めての分科会に七本のレポートが提出され、家庭科の男女共修問題・高校生の意識調査・女子の将来設計・性教育の実践など小学校から二本、高校二本、単組婦人部三本のレポートが報告されました。約八〇人が参加し論議され大盛会でした。日教組教育研究全国集会へのレポートに「性教育の実践―だれにもわかる教育、ゆきとどいた教育の一環として」森田とよ子（吹田市立豊津第二小養護教諭）が選ばれました。

七七年度の第二七次日教組教研は七八年一月二六～二九日沖縄で開催され、大阪から初めて「女子教育問題」の小分科会に、レポーターの森田さんと私も含めて数名が参加しました。参加県数二九県、レポート数三六と熱気に満ちていました。討論の柱は、①女の生き方、②男女平等の児童、生徒の意識の実態と教育、③男女分業と自立をめぐって、それぞれ実態が出され、どう取り組みを進めるか論議されました。実態は共有できても、女の生き方では働くべき論で対立があったり、婦人の解放は社会運動の課題であり、それを公教育の場にもちこむべきでない、などの反論があったり、その後の教研への課題が提供される興味深い分科会でした。

偶然にもこの沖縄での日教組教研には、夫の憲一が全体会の記念講演を引き受けていました。沖縄の人たちの要望に応えてのことでしたが、夫婦で日教組教研に初参加するという思いがけない機会になったのでした。彼の演題は「人類史の中の環境問題」というものでした。「環境保全は民族の悲願――住民運動の高揚を」呼びかけるものでした。多くの人たちから「格調が高かったよ」「これは教研集会の歴史に残る講演だった」などと声をかけていただきました。

次回の日教組教研からは正式に「女子教育分科会」となり、八八年度の第三八次日教組教研までほとんど毎回大教組としてレポーターを送り、婦人部として参加し、論議に加わり追求してきました。大阪ではその後毎年の大教組教研の問題別分科会「人権と教育」に、「男女平等教育分科会」として位置づけられて開催されてきました。

教研集会では、文部省の女子教育政策の問題点、男女差別の意識はどのように形成されるか、教育活動はどの教科や分野でどう進めるかなど活発に意見が交わされ、男女平等を進める教育を学校教育のなかでどのように位置づけ実践していくか、女性をめぐる情勢もふまえて取り組んできました。

あらゆる教育活動で男女平等教育を

一九七九（昭和五四）年に国連において採択された「女性差別撤廃条約」第一〇条は「締約国は、教育の分野において、女子に対して男子と平等の権利を確保することを目的として、特に、男女の平等を基礎として次のことを確保することを目的として、女子に対する差別を撤廃するためのすべての適当な措置をとる」と述べ、ａ～ｈまで八項目にわたり同一の条件・同一の教育課程・同一の試験・同一の水準・同一の質・同一の機会など、教育施設、教育職員、教育内容など教育にかかわるすべてに男女が同一であることを求めています。さらに「国連婦人の十年後半期行動プログラム（平等・開発・平和）」が発表されました。それを拠りどころに私たちは条約の即時批准を求める運動を広げる一方で、学校現場で男女平等教育の実践を呼びかけ、組合婦人部だけでなく、女性団体にも呼びかけ、学習会や研究集会を開催してきました。こうした状況のもとで日本婦人団体連合会から『一九八一年婦人白書』に学校教育の初等・中等教育では何が問題で、どんな取り組みをしているかを報告して欲しいとの要請を受け、発表の機会をいただきました。そこで次の六点について図表を入れて報告しました。

①すすむ教育の反動化……これまでのつめこみを反省して「ゆとりと充実」を掲げながら、教育勅語の礼賛、主任制度化の強行など民主教育の切り崩しを強めている。

②男女の役割分担意識の形成……小学校六年では女子も働くべきとする子がほとんどでも、選ぶ職業は保母、教師、看護婦が大半。男子に比べ職種が狭い。

③基本的人権に根ざした男女平等教育……大教組教研の実践例（図表—A）

④進路の状況と問題点……進学率は高校・大学とも女子の方が上回っている（図表—B）

⑤婦人教師の地位……女教師の比率は全国平均五七％、都市七〇％。女校長・教頭二～三％

⑥平和教育……80年危機感をもって平和教育に取り組む（図表—C）

私は八〇年度、次の転任校の野田小学校では家庭科の専科として担当することになりました。男女がともに家庭科を学ぶこと自体が男女平等教育でした。男女平等の認識を育むことができ、私にとって家庭科はやりがいのある教科でした。

例えば五年生の教科書にある「青菜の油いためとゆで卵」という単元に入ると、調理実習に入る前に、青菜や卵を買うところから学習が始まります。材料の品質や値段から流通に触れることができます。ゆで卵は卵のどんな性質を利用した調理か考えさせ、熱によって固まるたんぱく質の性質に気づかせ、栄養の高さだけでなく、卵料理の多様性を知り応用できるようにします。この実習ではガスコンロを使いましたが、人間は何から熱を得てきたのか、人類が地球上に現れた時点から住居をつくり、暑さ寒さから身を守り、生きるため食べ物を手に入れなければならなかったこと。火の発見により人類は他の動物と違う進化を遂げたことを学びます。

理科や社会科で学んだことを日々の生活に結びつけることで、日常生活を科学的にとらえさせたいという理科の教師だった私の思いでもありました。

このように家庭科は人間が生きるための教科であり、男女ともに自立した生活者として生きていくための大切な教科なのです。小学校は全教科に男女差がなく、ともに勉強できる恵まれた時期です。男女が平等に学べることは幸せなことです。子どもたちには家庭科は女の教科だという偏見はありません。調理も裁縫も喜々として取り組んでくれます。民主的な家庭づくりの基礎をつくっていると思うと楽しくなります。この年代でこそ男女平等の認識を育てられると思い取り組みました。私の家庭科の研究授業の後の議論のなかで「こんな家庭科なら、僕もやれる」という男性教師からの声が聞かれました。とても嬉しいことでした。今、スーパーマーケットの食品売り場で、堂々と品選びして買い物する男性の姿を見るとき、かつての市場の買い物風景との違いに、家庭科の男女共修の成果を見る思いをいだきます。

図表一Ａ　男女平等を進める教育実践例

	教　科	学校	研究テーマ	内　容
教科	国　語	小	読書指導による意識改革のとりくみ	「へっぷりよめさま」1・2年 「野麦峠をこえて」3年・4年 などより教材開発
		高	国語教育で男女平等をどうすすめるか	「現国」の読解の教材の選択 女の人の書いたもの・女の生き方を意図的に取り上げる 女の子の発言・まとめに注目
	社　会	小	しっかりとした学力と正しいものの見方をもった女子の育成	1年「おうちの人のしごと」 2年「はたらくひとびと」 5年「憲法」「日本の歴史」
		中	歴史の授業を通じて社会が女性に求めてきたものの移り変りを考える	2年「歴史」の中で結婚・家族の時代背景による移り変り
		高	「倫社」をとおして民主的思想を育てる	イリン「人間の歴史」思想史の授業の中で
	英　語	高	男女平等の実現をめざして ー英語を通じて人格形成にどう寄与するかー	○Readingで何をよみとらすか ○感想文をよみあう中で
	保健・体育	小	基本的人権尊重にねざした性教育	人間の生命の尊さ・女の身体のすばらしさを科学的に理解させる
		高	「保体」をとおして身体の認識と表現力を高める	○女性と労働・母性保護 ○創作舞踊を通して積極的人格形成
	家　庭	小	小学校家庭科における女子教育のとりくみ	○教科書にみる問題点 ○「家族」のとりあつかいについて
		高	家庭科の男女共修をめぐって	○生徒の意識調査や授業の実践例
教科外	H・R 学級活動	中	中学生の進路について	将来の進路について考えさせ学習や労働について考えさせる
		高	宿泊校外学習のクラスのとりくみから	全員で「将来の生き方と学歴社会」をテーマに討議
	学年・学校行事	高	H・Rを基盤とした自治活動によって民主的な生徒集団を育てる	オリエンテーション・遠足・HR合宿・文化祭・体育祭・一月祭・耐寒行事などの中で
	その他	障	全面発達をめざす寄宿舎教育	生きる力・自治能力の育成・寮母の教育者としての身分確立の闘い
		高	女子高校から男女共学校へのとりくみ	総合選択制・男女共学・総合制など高校三原則の実現

資料：1977〜1980年度　大教組教研「女子教育分科会」に提出されたレポートから

図表一B　男女別の進学状況モデル（1980年）

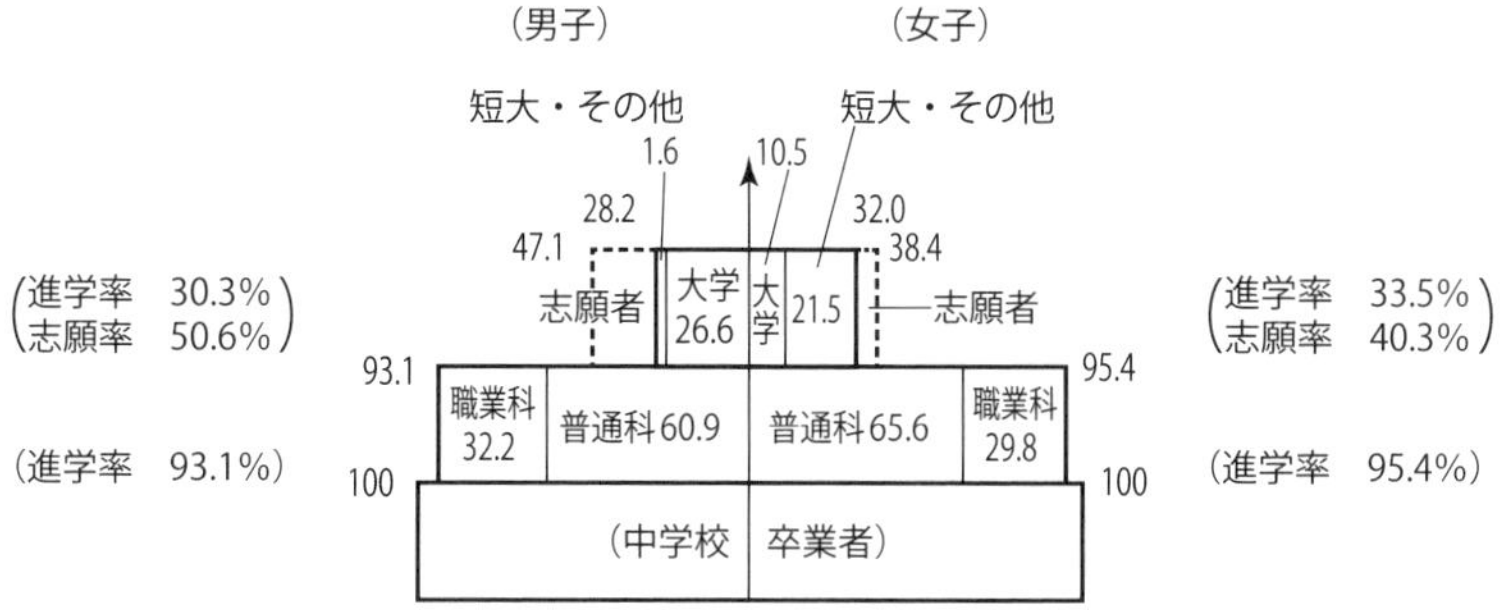

資料：文部省「学校基本調査」

図表一C　大阪における平和教育の取り組み

学校	学年	どんな形で	内　容
小	2	学級通信 図工・よみきかせ	親の戦争体験集。平和カレンダーをつくり、毎月それを実践
小	6	夏休み学習 学年登校日	父母・祖父母の戦争体験のききがき、平和登校日（8/6）映画「ヒロシマ」「原爆の子」
小	5	地域の墓石調査	社会科の人口の増減の学習と関連させ墓碑をよみとり資料とした
小	全校	夏休み全校登校日	8/6広島からのラジオ放送を流し全員黙とう。校長の戦争体験談・各学級のとりくみ
小	6	修学旅行	ヒロシマを修学旅行地にえらび平和教育をする
中	全校	演劇クラブによる劇の上演	劇「時は流れても」全校生に鑑賞させ討議させた
中	全校	年間カリキュラムをくんで	1学期　先生の戦争体験をきく・「はだしのゲン」上映 2学期　12・8　太平洋戦争開戦の日に全校放送 3学期　2・11　建国記念の日を考える・講演
高	府下ほとんどの高等学校の文化祭でのとりくみ		戦争展・戦争を考える劇の上演 原爆展・平和をテーマにした展示物など
教組のとりくみ	教材のほりおこし		戦争体験文集　第1～第3集の編集。市民・PTAと共に戦争体験文集づくり。大阪空襲の被災地図の作成、教材の研究会
	教研活動として		戦争体験文集の中からえらんだ教材で公開授業 平和教育実践交流会・大教組平和教育研究集会
	教化運動として		「わたしたちと戦争展」「ミニ原爆展」パネルの展示、映画会、平和をまもるつどい、P・T・Aと共に戦争を語りつぐ
	学習として		平和学習会、講演会

資料：1980年度　大教組教研と婦人部の平和を守るとりくみ報告

夫の留学、子どもの進学、私の手術を乗り越えて

一九七七（昭和五二）年長男茂樹は大学生に、次男真樹は高校生に、美奈は中学生になりました。みんなそれぞれ大きな夢を抱いた春でした。憲一もまた海外留学の権利を得て、ニューヨーク市にある行政研究所で約半年の研究生活を送ることになり、三月にはアメリカに向けて出発することになりました。子どもたちも一区切りついたところで、夏休みには家族でアメリカ大陸に行こうということになりました。

その三月の大変だったこと。三月八日は私には二度目の実行委員長として国際婦人デー大阪集会を成功させ、ホッと息つく暇もなく、三人のわが子の入学手続き、卒業式。憲一の海外出発の準備など、それらを見届けて憲一は三月二〇日にアメリカに向け出発しました。

春休みに恒例にしている婦人科検診を受けたところ異常が見つかり、卵巣膿腫との診断。悪性か良性かは手術をしなければわからないとのこと。いくつかの病院を訪ね診察を受けた結果、安井小学校の校区に近い、耳原病院で手術を受けることにしました。

大教組の婦人部大会を六月一日に終えた六月一六日に入院、一七日手術。「悪性でなかったですよ！」との医師の呼びかけに一安心。二、三日後からは女性団体のみなさんや同僚のお見舞いで賑わいました。六月二九日に退院することができました。

学校には七月一一日（月）より出勤。七月二〇日の終業式に向け、五、六年の家庭科・図工科の成績提出、給食事務の締めくくりなど、学期末の大行事をなんとか終え、夏休みに漕ぎつけることができました。

出産のための産前産後休暇以外の、初めての長期病休は夫の不在という状況のなかで、アメリカとの連絡をとりながらの決断でした。今のようにメールや携帯電話もない時代、連絡は手紙がもっとも思いや状況を伝えるにはよかったようです。彼が出発した直後の病気発見以来、約四カ月の間に交わした手紙は私の日記に挟んで何通か残っていますが、五〇年以上の共同生活のなかで一番深く会話を交わしていたように思います。

アメリカ家族旅行は無理だと思われるでしょうが、それをやってしまいました。

大学入学が決まった時点から英会話学校に通い始めた茂樹は、会話にある程度の自信がついたのか、七月一一日、私たちより一足先に成田空港から単身でロスアンゼルスに入り、陸路バスで大陸横断してジャズの都ニューオリンズに向かい、一五日にはデンバーから電話があり、時差ぼけでふらふらするとつらい様子でしたが、無事一人旅を続けているとのこと、二〇日には二度目の電話があり、列車でニューヨークへ向かうとのことでした。だいぶ慣れた様子で安心させられました。電話連絡だけが頼りでしたが無事ニューヨークに到着、憲一の友人、水俣病を撮影した写真家のアイリーン・スミスさんにお世話になりました。

退院して一カ月後の七月二九日、私は真樹と美奈と一緒に、留守役の母スマ子さんに送られ大阪空港を出発、成田空港を一五時にチェックイン。カナダのバンクーバーには七月二九日一一時に無事到着。憲一の出迎えに子どもたちも一安心しホテルで一休み。夕方五時過ぎ茂樹も大きな荷物を持ってニューヨークからオタワ経由で無事到着。オタワで空港警備の職員から赤軍派のメンバーの疑いで尋問されたとのハプニングがあったとのこと。家族五人が無事揃ったことを祝し、夕食は大いに盛り上がりました。

七月三〇日～八月一日まで家族揃ってバンクーバーの市街地とその周辺を散策することにしました。住宅地を歩くと、広々とした敷地は柵や生垣もなく花は咲き乱れ豊かな暮らしぶりがうかがえました。郊外に足を延ばすと、小高い山あり、湖があり、深い森があり豊かな自然が広がっています。翌日は海を渡りバンクーバー島のビクトリアへ。ブチャート・ガーデンではたくさんの種類の花が咲きほこる大庭園に驚かされ、雄大な夕日に圧倒されたカナダでした。

八月一日～四日までサンフランシスコ。五日～一三日はロスアンゼルスとそれぞれの都市を拠点に観光し、ロスでは当時留学中だった磯村隆文大阪市大教授など多くの知人・友人に会い、本場のディズニーランドやミュージカルを楽しみ、グランドキャニオンなど広大なアメリカの自然にも接することができました。教育事情を知りたくて教育関係者を紹介していただき、夏休み中でしたのでサマースクールを見学させてもらうことができました。多くの民族の流れ込むロスの教育事情を聞く機会も得て、アメリカの教育の多様さ、問題解決の難しさなどを教えていただくことができ、実り多い旅でした。私たち家族のそれぞれの新たな出発の年となりました。

大阪の女性たちの連帯

大阪に来た当初、金沢と違い人も多く女性団体もいろいろあり、それぞれ主義主張も違い妥協がなく、対立の構造が見え大変なところに来たと怯《ひる》みました。しかし母親運動は金沢でも幅広く開かれていたので、私にとっては一番参加しやすい運動でした。大学四年のときに第一回の石川県母親大会に参加し、母親たちのエネルギーに圧倒され共感した経験があり、その感覚で堺のみなさんと手をつなげるようになりました。

一九五五（昭和三〇）年に産声を上げた母親大会は、五〇年代、六〇年代に各市町村に広がり、各地の母親運動はとりわけ革新自治体の誕生に大きな役割を果たしました。

私も堺で母親大会実行委員長を引き受けたのは、堺教組婦人部長になった翌年の一九七一年でした。運動を通じて知り合った堺市の職員など働く女性や女性団体のみなさんとともに、保育所増設やプールの建設などを進めました。大教組婦人部もまた、母親とともに民主教育を守るために母親運動に積極的に参加しようと呼びかけました。大阪府下それぞれで地域に密着した活動と連帯の力が、七一年の黒田革新府政を生みだしたのだといえます。

さらに七五年の第二期革新府政を実現したのは、その女性の力に加えて、七五年の国際婦人年の「平等・開発・平和」を追求する国際的な活動に刺激されて産声を上げた、国際婦人年大阪の会準備会の呼びかけに合流した女性団体などの力です。三月一日にフェスティバルホールで開催された七五年国際婦人デー大阪集会は、さらに大きく連帯の輪を広げ、第二期黒田革新府政を継続発展させる原動力になったことを実感しました。

集会実行委員長として颯爽《さっそう》と登場した大教組婦人部長の四ツ谷光子さんがその象徴のようでした。辻久子さんのバイオリン演奏、清水好子さん（関西大学）の講演、いずれも文化的水準も高く多くの参加者に感銘を与え、大いに盛り上がった歴史的な集会でした。

1986 年国際婦人デー大阪集会開会挨拶（中之島公会堂）

草の根婦人白書発行（Part1・2）

四ツ谷さんはこの年八月、政界進出を決意され、大教組婦人部長を辞任されたため、以降の国際婦人デーの実行委員長を大教組婦人部長とともに私が引き継ぎ、七六年から九〇年までかかわることになりました。

毎年の三月八日、国際婦人デーという日は新しい年度の変わり目でもあり、春闘の時期でもあり、府下の女性団体や労働組合婦人部がそれぞれの取り組みを訴え、ともに運動を進めることを確認しあう貴重な場でもありました。

私はこの集会や国際婦人デー実行委員会の討議を通して、民間企業の女性労働者の状態を教えられ、業者婦人の日々の労働の大変さを実感し、連帯感を確かなものにすることができました。その後も毎年の国際婦人デーは素敵な講師を招き情勢にあった講演から学び、時には演劇や歌声で鼓舞され、革新を願う大阪の女性たちの決起の場となり、力強い連帯のきずなとなりました。今も三月八日の国際婦人デー大阪集会は大阪の女性たちの連帯の場として大きな力を発揮しています。

七五年の国際婦人年にスタートした「国際婦人年大阪の会」もまた大阪の女性たちの連帯の輪を広げました。水木モリヱを代表にして本格的な活動に入ったのは八五年でした。「国連婦人の十年最終年」にあたるのを記念して、国際婦人年大阪の会の参加団体はそれまでそれぞれの団体が取り組んできた成果をもち寄り、事務局体制を整え、記念事業を計画しました。三つのワーキンググループを組織して次のような活動を大々的に展開することができました。

〈出版・学習グループ〉一月『資料・国際婦人年』を出版、五月に「国際婦人年水曜講座」を四講座開催し、学習を深め白書づくりに生かしました。

〈イベントグループ〉一二月七～九日の三日間「国際婦人年'85おおさか・ふぉーらむ」を吹田文化会館メイシアターで開催することを決め、各団体で取り組みました。

●展示　・らいてう・晶子展　この一〇年の大阪の婦人たちの歩みと成果
●ワークショップ　・団体、個人がテーマを決め討論や交流する　一テーマ九〇分
三日間にわたり二八の団体がテーマを決めワークショップを開催（例　大教組婦人部は「非行・いじめの克服を」）。
●記念講演　テーマ「国際婦人年を生きる――二〇〇〇年にむけて」樋口恵子さん
〈点検グループ〉国際婦人年の目標や計画が達成されたか、それに向けて取り組んだこと、残された課題は何かを点検し、『草の根婦人白書　大阪女性の一〇年』としてを八六年四月に発刊しました。

こんな大規模な取り組みができたことは、大阪の女性たちがいかにエネルギーに満ち団結していたかの証であり誇りでもあります。どの企画もほぼ達成することができました。大阪の女性たちの連帯はますます強固なものになりました。

平和を守る大運動と第二回国連軍縮特別総会

一九七五（昭和五〇）年四月、ベトナム人民はアメリカの侵略戦争に画期的な勝利を収めました。敗北を喫したアメリカはその後も「力の政策――強いアメリカ、力による平和」を押し出し、大軍拡政策をとり続け、レーガン政権は日本にも日米軍事同盟を押しつけてきました。

自民党政府も国民の暮らしを犠牲にして軍事優先政策をとり、七〇年代前半に日本の三分の一を占めていた革新自治体をつぶし、反共中道野党を抱き込み政界再編を果たしました。社会党もまた反動攻勢により、八〇年には社公合意、ニュー社会党へと転向し、労働戦線の右傾化が進みました。

大教組の婦人部は厳しい反動攻勢のなか、多様な平和運動を取り組みました。七八年の有事立法策定の策動に反対する決議を上げ、学習会や戦争展、戦災地図づくりや戦争体験の記録づくりやその教材化など、各単組や分会で平和教育の取り組みはかつてなく進められました。八〇年からは大教組婦人部独自の〝平和を守る大運動〟を提起、九月の授業の短縮期間中の暑い午後に毎年のように平和行進しました。八一年九月八日「憲法改悪反対、核兵器廃絶、安保条約廃棄、平和をねがう婦人決起集会」を約三〇〇〇人の女性教職員の参加で成功させ、御堂筋をデモ行進して平和の大切さを市民に訴えました。毎年八月一五日と一二月八日は母親連絡会や国際婦人年大阪の会のみなさんとともに赤紙（召集令状）と青い羽根を添えてビラを配り、リレー

平和の大切さを市民にアピール

トークで平和の大切さを訴え続けてきました。国際婦人年以降、女性たちの平和を守る取り組みはますます広がりました。

八二年六月、世界各地で繰り広げられた反核平和運動は、第二回国連軍縮特別総会（ＳＳＤⅡ）へと結集され、一億の核廃絶署名と一〇〇万人デモを成功させることになりました。大教組でも三〇〇〇万国民署名と代表派遣のカンパ活動が展開され、大教組婦人部からは私が派遣されることになりました。

〈ニューヨークへ出発！　ＳＳＤⅡへ〉

第二回国連軍縮特別総会（ＳＳＤⅡ）は一九八二年六月七日〜七月九日にニューヨークで開催され、私たちはその前段で要請行動をすることになっていました。しかし出発は容易ではありませんでした。アメリカ国務省は日本の代表団に不当な攻撃をかけてきました。六月二日成田に結集した時点で日本全国から集まった代表団の三三九人にビザが発給されず、アメリカ大使館に抗議行動し、緊急集会を開きました。街頭で抗議のビラを配布して世論に訴えました。五日夕刻一二八人にビザが発給され、大阪グループにはビザがおりたのに、不当にも東京グループなど二〇三人はとうとう発給されませんでした。私たちは五日の二一時にやっと出発できました。アメリカ政府への不信と怒りが大きく膨らむのを抑えることはできませんでした。七日のニューヨークでの世界平和行進には〝ビザ拒否に抗議する〟を掲げてブライアントパークから国連に向け行進しました。午後、私たちは軍縮特別総会の開会式に運よく出席することができました。

そしてデクエヤル国連事務総長の演説は「……長い間国際社会は軍縮を求めてきました、しかし核兵器とその他の兵器をとどめることはできませんでした。四年前に平和と軍縮に全力で取り組むことが約束されたのに死文化しています」と前回の総会を総括し、世界の政治家に厳しく苦言を呈したことに共感し、感動しました。

八日には各国の首相や外相の演説。九日には日本の鈴木首相が演説、「なぜ言わぬ核兵器完全廃絶」「これが被爆国の首相か」と各新聞の評価。私たちも同感し、情けない思いをさせられました。

一〇日の国連前での署名国際共同提出の式典には世界九カ国、一七民間団体の約一億人分（日本から二八〇〇万人分）の署名簿が手渡され、国連事務総長は「署名簿は軍縮を求める国際世論の象徴である」と高く評価し、総会に反映させることを約束。日本からの総勢一二〇〇人の代表団は大きな任務を果たし感激もひとしおでした。式典でもビザ問題は大きくアピールされました。その間にＳＳＤⅡに出

ニューヨークの国際デモンストレーション、大教組の仲間と

席する世界各国の代表部に署名の主旨を伝え、その実現への協力要請にまわりました。また国際行動会議や国連ブリーフィング会議など連日開催され、可能な限り参加し多くを学びましたが、国連がまだまだ無力であることも実感させられました。国連憲章の前文で「各国の同権」がうたわれているのに大国主義がまかりとおり、経済大国日本の鈴木首相に開発途上国の各代表が押し寄せて握手を求める姿にもそれを痛感させられました。

一二日の国際デモンストレーションは感動的でした。朝からの晴天、日本代表団はゼッケン、横断幕、のぼりなどを準備してハマーショールド広場へ。三々五々歩きながら声をかけ合い、折鶴を手渡し、バッジをもらい交流しながら会場へ。「We never send our pupils and students to war」（教え子を再び戦場に送るな）と刷り込んだ折鶴はまわりの人々に話しかけるのにとてもいい働きをしてくれました。道一杯の隊列が「ノーモアヒロシマ・ノーモアナガサキ」と日本人もアメリカ人も声を合わせ、セントラルパークに向けてビルの谷間を平和の奔流となって進みました。メインステージを囲み五〇万とも七五万ともいわれる群集が舞台からの呼びかけや音楽に耳を傾けました。アメリカの人々の平和への熱意は地域ごとに、職場やサークルごとに、あるいは家族で、個人でといろいろな形の核兵器反対の意志の発現が一〇〇万人をニューヨークへ結集させたのです。「人類の平和への願いは一つだ」、私を送り出してくださった組合員の思いと一つになったことをひしひしと実感させられた集会でした。そしてこの経験を平和学習会や報告会で語り、各単組や地域に運動の輪を広げることができました。

八〇年代のわが家では

一九八〇（昭和五五）年四月、私は最後の勤務校になる堺市立野田小学校に赴任しました。八〇年代に入りわが家の子どもたちも大人の仲間入りをしました。長男茂樹は大阪経済大学を卒業し、京都生活協同組合に就職。八三年には結婚、三恵子と新生活をスタートさせました。美奈は八四年日本福祉大学に入学し、名古屋で次男真樹と共同生活を始めました。八六年に名古屋大学経済学部を卒業した真樹は富士電機に就職して東京で自活することになりました。家には母スマ子さんと私たち夫婦だけになりました。

堺のわが家の門前にて
母スマ子さんと３人の子ども、私たち夫婦

八七年、スマ子さんは体の不調を訴えるようになり、検査の結果甲状腺に異常があることがわかり、年明けにはホームドクターの宮崎医師から手術を勧められたのでした。私たち家族は高齢での手術に不安を感じ反対でしたが、三月のスマ子さんの傘寿のお祝いの折、「手術をすれば長生きできるよ」と宮崎医師に励まされ母も決心しました。六月二五日に手術と決まったのですが、手術に対するストレスからか六月に入り食欲は減退、肉も魚も嫌、食べ物を口に持っていくだけで吐き気がする状態になり体重は三〇キロを大きく下回り、トイレもやっと。二〇日に入院しましたが手術は見合わせ、回復を待つことになりました。私は時間が空けばバイクで病院へ。七月は学期末の採点業務そして評定と多忙の時期でした。

約三週間体力の回復を待って、七月一四日に三時間の手術が行われました。手術は順調にいき、声帯、神経、動脈は触らなくてよかったので支障はなく、組織は大きく気管を圧迫して骨まで押し付けていたので切ってよかったとのことでした。手術当日から数日間は私が病院に泊り込むことにしましたが、病院から直接出勤、勤務後病院へ。憲一と交代して大教組書記局へ行くこともありました。こうして病人が出ると大変だと実感。日頃のスマ子さんの協力に改めて感謝する大きな出来事でした。

こんな事情もあり、次の八八年度婦人部の役員人事では、婦人部長は田中洋子さんに就任してもらい、私は常任委員に降ろしてもらいました。

3　激動の労働戦線と私たちの選択

「保護ぬき平等」と闘う

一九七五（昭和五〇）年七月には、総評大阪地評婦人協議会が「婦人差別撤廃大阪集会」を開催し、職種を超えた女性労働者全体の問題として、差別撤廃条約を労働条件の改善の運動にどう生かすべきかなどを論議しました。社共対立の厳しい論戦も闘わせながら、こうした活動に大教組としても積極的に参加し、女性労働者の労働条件改善のための学習活動や運動をともに進めてきました。しかし八〇年代に入り、女性差別撤廃条約の批准を機に雇用における男女平等をかちとろうとする私たちの運動に対して、政府は男女平等を逆手にとって、女性労働者の保護を切り捨てる労基法の改悪を打ち出してきました。これにきっぱり対決しない総評に私たちは路線の違いを大きく認識していくことになりました。

八〇年七月、「国連婦人の十年中間年世界会議」がコペンハーゲンで開かれ、「女子差別撤廃条約」の署名式が行われ、日本も署名しました。この国際的な大きな流れと婦人労働者の強力な闘いのもと、労基法改悪の動きは一定とどまったかに見えましたが、国家公務員に対しては七八年の労基研報告の内容を先取りする形で人事院規則一〇―七の改悪を一方的に行いました。これに対してさらに運動を広げるため大阪では民主法律家協会など民主団体や他労組とともに「労基法改悪に反対、真の男女平等法制定をめざす大阪連絡会」を八〇年七月に結成しました。「働く婦人の悩み一一〇番」(毎月八日)を設置し、未組織労働者の問題解決にも乗り出すなど運動も広がりました。

一方、八〇年には日本母親大会実行委員会に総評、日教組が不参加という事態が起こりました。それはこの間労働組合の右翼再編が進み、総評参加の民間団体が、同盟・中立労連等と全民労協に結集する状況が生まれており、母親運動からの総評、日教組の脱落も労戦問題と無縁でありませんでした。八一年には労働戦線統一推進会は「基本構想」を発表、年末には右翼再編の「労戦統一準備会」を発足させました。総評の右翼再編の流れは大阪地評にもおよび、ローカルセンターとして労働者の願いに十分応えられない状況になっていました。

八二年三月、関西経営者協会は「労働基準法の改正に関する意見書」なるものを発表、「男女差別の禁止は、女子を不利に扱うことは勿論、母性保護（妊娠、出産）を除いて、女子を有利に扱うことも禁止することにある」と述べ、女子の時間外勤務・深夜業規制の緩和など労基法の法的規制の緩和を打ち出した危険な内容でした。

こうした情勢のもとで、労使協調路線による労戦統一を許さず、財界のねらいをはね返すために、統一労組懇婦人連絡会が発足しました。八二年以降の「労基法改悪に反対し、実効ある雇用平等法制定のたたかい」の前進に大きな役割を果たすことになりました。

大教組婦人部はこうした女性の連帯活動にも参加し、婦人組合員の働く権利を守り、平等を進め、平和を守る運動を前進させるよう努めました。

八二年八月には九日～一二日まで四日間にわたる「真の労働戦線の統一を考える全国教職員懇談会」全国学習大交流会が東京の九段会館を中心に開催されました。大阪から約二〇〇人が参加し、一〇〇〇人を超える全体会の議長席には大教組副委員長の小西康英先生の姿があったと思います。この集会は私たちに日教組の右寄りの動きやそれが労働者の今後にどう響いていくかを討議し考えさせ、労働組合はどうあるべきかを本格的に迫るものでした。

一〇月三～五日には統一労組懇（統一戦線促進労働組合懇談会、以下統一労組懇）の秋の学習交流集会

「婦人特別講座」が静岡県の修善寺で開催されました。そこにも参加し全国の婦人労働運動を交流しました。ここで、「階級的ナショナルセンター」という言葉がぐんと現実味をもって迫ってくるのを感じさせられたのでした。

こうした学習を経て、大教組婦人部では八三年末から開かれる国会に男女雇用平等法が上程されるという山場に向け、署名活動、はがき行動、府下一斉の街頭宣伝、政党や弁護士との学習交流会などに取り組みました。

八三年一〇月には「軍拡臨調路線粉砕、労基法改悪阻止、男女雇用平等法制定、婦人教職員権利拡大10・27大教組婦人部決起集会」を開催し、集会には三〇〇〇人が参加。各政党・婦人少年問題審議会・大阪婦人少年室・知事・教育委員会に申し入れ行動を行い、デモ行進で市民に訴えるなどあらゆる方法で働きかけました。

日教組・総評に対しては、労基法改悪反対を明確にするよう働きかけつつ、提起される運動には積極的に参加しました。しかし八四年度の総評中央の方針からは前年度まであった「労基法改悪反対」が消え、運動の提起のないなか、大阪統一労組懇婦人連絡会は「労基法が危ない！　労基法改悪に反対し、実効ある雇用平等法制定を目指す3・31大阪婦人決起集会」を守口市民会館に一三〇〇人を結集して成功させることができました。田中美智子衆議院議員の迫力ある国会報告に勇気づけられました。いよいよ舞台は国会闘争にもちこまれました。

労基法改悪反対・実効ある雇用平等法制定を求めて

国連婦人の十年の最終年の一九八五（昭和六〇）年、政府は国際的な流れと女性たちの熱い声に押され、「女性差別撤廃条約」批准にこぎつけました。これを批准するためには雇用における男女平等法の制定など国内法の整備が必要でした。政府は女性たちの平等要求を逆手にとり保護抜きの「雇用機会均等法」を制定し、「労基法の女子保護規定」の改悪を強行しようとしました。これに対して女性労働者はかつてない闘いを繰り広げました。

前項では大阪の運動を中心にその動きを述べましたが、日々変化する国会の動きで追ってみましょう。

七八年に労働基準法研究会が「婦人労働法制の課題と方向」と題する報告書を提出、それは妊娠・出産にかかわる直接的な保護だけを認め、それ以外の生理休暇、深夜業、危険有害業務規則などについては解消を打ち出しました。

八二年の男女平等問題専門家会議（労働省の諮問機関）は、「保護抜き平等」という使用者側の基本姿勢を貫き、関西経営者協会、東京商工会議所が「女子保護廃止」の意見書を出すなどの動きに拍車をかけるのに、労働組合側の運動は立ち遅れていました。日教組・総評に対して労基法改悪反対を明確にするよう働きかけ、反対運動の強化を呼びかけましたが、これに対する総評を中心とする労働側の運動は右翼再編とかかわって鈍いものでした。日教組、総評は八三年末に国会上程が日程に上がっているにもかかわらず、総評中央の方針から「労基法改悪反対」の文言が消えたのです。

八四年度を迎えたばかりの四月一四日、桜も満開の日比谷野外音楽堂で「労働基準法改悪反対、実効ある男女平等法の制定を求める中央総決起集会」が開催されました。既存のナショナルセンターが労基法改悪反対を明確に掲げないなかで全国から七〇〇〇人が結集して、「母性保護切り捨てを許すな、実効ある平等法を」と女性労働者の切実な声を上げました。これは統一労組懇婦人連絡会が呼びかけ開催したものでした。大教組からは一七六人が参加し、私は司会者として壇上に立ち、この歴史的な集会に立ち会うことができました。統一労組懇婦人連絡会などの呼びかけのこの集会の成功は、同盟、総評などのナショナルセンターがなしえなかった中央総決起集会を成功させたことの意義は大きいと言わなければなりません。

この日は労働省で赤松良子婦人局長に直接申し入れし、集会後の請願デモ行進で雲ひとつない青空のもと、力強くアピールすることもできました。大阪からの参加者も大いに満足した中央行動で、その後の運動に大きな力になりました。

司会者として壇上に

八四年五月一四日「雇用の分野における男女の均等な機会及び待遇の確保等を促進するための労働省関係法律の整備等に関する法律案（男女雇用機会均等法）」が一〇一国会に上程されました。「雇用の均等」はうたってはいるものの差別に対する罰則もなく、財界の意図に添うもので受け入れがたいものでした。法案上程後も大教組として「労基法改悪反対、実効ある雇用平等法制定」を掲げ、請願署名や国会議員要請葉書を組合員に訴え、府民への街宣行動に取り組みました。

七月、衆議院の社会労働委員会では、社会・公明・民社・社民連四党は共同対案を提出しましたが、形だけの対案で採決の対象にならず、共産党・革新共同の修正案も否決され、法案は参議院に送られましたが、継続審議になり、成立を阻止することができました。

一〇二国会に向けてさらに請願署名や参議院議員への要請行動が毎月のように組まれました。八五年二月、三月には中央決起集会、三月二八日には大教組婦人部独自の中央行動を四〇人の代表で国会請願、人事院・労働省への申し入れ、社会労働委員会の傍聴などかつてない運動を繰り広げました。年度内の審議は許さなかったのですが八五年度に送られました。四月一一・一八・二五日の参議院社労委で審議されたが野党の足並み揃わず、自民党多数に押し切られ、法案は五月一〇日参議院本会議で可決され、衆議院社労委にまわされ、共産党を除く野党が採決に合意し、審議抜きで採決を許し、五月一七日には衆議院本会議でつ

集会後国会へ陳情に（大阪グループと）

いに可決成立を許してしまいました。

「雇用の分野における男女の均等な機会及び待遇の確保等女子労働者の福祉の増進に関する法律」と「労働基準法の一部（女子関係）改正」という法律として強行成立しました。この間に、時には日帰りで国会傍聴や要請行動に参加して国会の政治地図がわかってくるにつれ、右傾化する政党やナショナルセンターに怒りをつのらせるばかりでした。私にとっては大教組の婦人部長在職中に直面した最大の闘争でした。

大阪教職員組合あげての闘いに

一九七八（昭和五三）年の労働基準法研究会報告「婦人労働法制の課題と方向」の発表以来、約七年にわたる大闘争は婦人部だけの問題ではないとして、大教組全体の位置づけで取り組まれました。八四年二月には機関紙「大阪教育」号外で全員配布の職場討議資料が発行されました。四ページ仕立てで〝労基法改悪阻止・男女平等法制定　今すぐ声を、行動を〟の見出しで、一面には東谷委員長の主張「労基法の改善をこそ」が掲げられ、「ますます進む母性破壊――今国会で改悪ねらう」情勢分析が掲載され、二面と三面全体に「女子保護規定の廃止は、働く者の労働条件悪化の第一歩」とする主張を大教組婦人部の役員である私と田中洋子さん（大教組中央執行委員）、稲田常子さん（大阪市教組城北婦人部長）の三人が労働法の本多淳亮先生（大阪市大教授）を囲み、問題点を話し合った座談会が掲載され、大々的にアピールされました。大教組婦人部にとってかつてない力強いバックアップでした。

労基法改悪反対葉書行動や「労基法改悪反対・実効ある男女雇用平等法制定をめざす要請署名」は全組合員で取り組みました。

大阪地評婦人協もまた関西経営者協会の婦人保護廃止の「意見書」に抗議し、学習会や申し入れ行動や「労基法改悪反対・差別撤廃条約批准大阪行動」を呼びかけ、婦人少年室交渉も地評の参加組織としてともに学習し、ともに運動を広げてきました。

大阪の運動を強化するために労働組合だけでなく、母親連絡会など多くの女性団体や民主団体が結集した「労基法改悪反対大阪連絡会」が発足し、学習会や討論集会、街宣行動など運動は大きく広がりましたが、前述のように八五年五月の一〇二国会で可決成立を許してしまいました。

八五年度は「男女雇用機会均等法」と「労働基準法」改悪が強行されたことに抗議するとともに、それが直接現場に適用されないよう、労働省の省令・指針に歯止めをかけるなど新たな闘いが始まりました。労働省への抗議、審議会への要請行動を総評・地評とともに取り組み、さらに統一労組懇のさまざまな取り組みにも参加するなど多忙な日々でした。

政府はこうして女性労働者に痛みを押し付けながらも、男女平等を装い、女性たちの「条約批准を！」の声に押され、国連婦人の十年最終年である八五年六月、「女子差別撤廃条約」を批准しました。七月のケニアのナイロビ世界女性会議に日本からも多数参加し、日本の現状と運動を報告してきました。この会議では八〇年代に入り「核」をめぐり緊張が高まる世界情勢のなか、被爆国として核兵器廃絶を大いに訴え活躍しました。

採択された「ナイロビ将来戦略」では核廃絶の努力こそ「平等・開発・平和」へ道を開く基礎となることが明文化されました。またこの「将来戦略」の「勧告」にはきわめて詳しく、例えば「勧告六……代表的団体は、それぞれ西暦二〇〇〇年までに男女の平等参加を達成するため、指導的地位に就く婦人の割合を、一九九五年までに少なくとも三〇％にまで増やすという目標を目指し……」とあり、婦人の地位向上のための戦略がきわめて明確に示され、私たちに大きな期待を抱かせてくれました。

その戦略の実現に向け私たちはあらゆる場で主張し、努力を重ねてきました。しかしこのような国際的な勧告について日本政府はいかに無視を決め込んでいるか、残念ながら三〇年近い後の日本の現状を見れば明らかです。

アメリカ教育視察団に参加して

雇用平等法制定と労基法改悪反対の闘いが熾烈な最中に、ＡＦＴ（アメリカ教員連盟）招待による日教組アメリカ教育視察代表団の参加が呼びかけられました。

一九八五（昭和六〇）年一月早々に橋口日教組副委員長を団長として、ブロック代表を含む九人のメンバーが発表されました。思いもかけず近畿ブロックから私が参加することになりました。八五年三月一五日から二八日まで、アメリカ各地の学校訪問とＡＦＴの訪問、役員などとの会談、交流に参加することができました。小学校、中学校、高等学校を何校も訪問し、授業参観、教職員との交流、施設見学など、教育視察団なればこその有益な恵まれたスケジュールで多くを学ぶことができました。

代表団の構成：団長・橋口和子副委員長、事務局長・伊藤正則国際部長、団員・池田武明教研部長、町田治雄（北海道）、大浦与三吉（石川県）、船田ゑみ子（神奈川県）、宮本英子（大阪府）、中村田恵子（沖縄県）の各教組委員長、婦人部長、以上六名。通訳・本山和雄。

日程は以下の通り

三月一五日　成田発→シカゴ（経由）→シカゴ発→デトロイト着　デトロイト泊

三月一六日～一七日　デトロイトにてＡＦＴの地域会議、執行部懇談、デトロイト市内見学

三月一八日〜一九日　ＡＦＴ本部訪問　ワシントン市内見学　学校訪問　ワシントン泊
三月二〇日〜二一日　オルバニー　学校訪問　ニューヨーク州の教育改革に関する会合オルバニー泊
三月二二日〜二三日　ニューヨーク市へ　ＡＦＴシャンカー会長、教育専門家たちと懇談
学校見学　ニューヨーク泊
三月二四日〜二五日　ニューヨーク発→ロスアンゼルス着　ロスアンゼルス泊
三月二六日　ロスアンゼルス発→ホノルル着　自由行動　ホノルル泊
三月二七日　ホノルル発　三月二八日　成田着

〈アメリカの学校視察で感じたこと〉

ワシントン近郊とニューヨーク州のいくつかの学校を訪問し、まず感じたことはどの教室に入っても白人、黒人、スペイン系、東洋系と多種多様の人種のるつぼのようであり、その生徒らの経済的、文化的な背景の違いの大きさを考えるとき、教育上のさまざまな問題が派生してくるのは当然です。行政も学校も教師も、人種差別、学力差、怠学、非行など解決すべき多くの問題で苦慮し、それがアメリカの教育改革が活発に論じられる由縁でもあるといいます。各州、教育区ではそれらを克服するためのさまざまな教育が試みられていました。

教育区の住民の人種別の比率に各学校を平均化しようとするところ、出席率の悪い子どもたちが喜んで学校に来るように、教室を壁で区切らずカラフルな開放的な校舎にしているところ、オルバニーのある教育区では一カ所に高校一校、中学校二校、小学校五校を集中して建設して、一三〇台のバスで区内

各地から生徒を送り込むなど、常識を破る大胆なやり方が見られ、アメリカの人々の教育をよくしようとするエネルギーを強く感じました。

ニューヨーク市では、全市から集められたエリート高校では学力優秀な生徒はどんどん進級させる飛び級制があり、普通の中学校でも学力がついていなければ落第させるなど能力主義の徹底に驚かされました。児童生徒の学力が平均して低いことが教育改革の大きい論点で全国一斉学力テストが論議され、各州ごとの一斉テストも増えているとのことでした。能力別の授業のためには全米最高の三四人学級では教育は十分でないとして、ＡＦＴでは一学級の児童数減と教職員の賃上げなど、社会的地位の向上を要求しているとのことでした。

アメリカは地方分権の国であり、教育行政について州が責任をもち、さらにいくつかの教育区の教育委員会が権限をもっており、多くの区では住民によって選ばれた教育委員が住民の意見を代弁します。六・三・三制のような教育年限から教員の給与、労働条件まで教育区ごとに決めるなど、住民の自治による厳しい歯止めがあり、中央集権的な日本と大きな違いがあります。アメリカの地域に根ざした教育風土、それは教育委員会の公選制など教育行政を民主化し、教職員・父母・住民の意見を行政に正しく反映させることを願う私たちにとって学ぶべきところです（宮本英子「アメリカの学校視察で感じたこと」『アメリカ教育視察団報告書』日本教職員組合　一九八五年）。

このような感想を私は『報告書』に投稿しています。

代表団の構成はこの当時の日教組内の主張の違いに配慮したものであり、近畿ブロックからは無難と見られ大教組の婦人部長の宮本が指名されたと思われます。私は僭越ではとも思いましたが、アメリカの教育現場がたっぷり見せてもらえるまたとないチャンスと考え、参加することにしました。神奈川・沖縄の婦人部長とも親しくなり、そのうえ石川県教組の委員長は、私の金沢時代の新堅町小学校の同僚でしたのであまり抵抗もなく快適な旅を楽しみました。

私にとってはアメリカの教育をたっぷり見学し、みなさんに伝えたいことがたくさんありましたが、その成果は労働戦線の対立が激化する前節で述べたような厳しい情勢のなかでは広くお伝えする機会もあまりもてず残念でした。

すでに七七年のアメリカへの家族旅行の際に、夏休み中のロスアンゼルス市で教育事情の一端に触れることができました。八一年には四~五月の約二週間、イギリスでの国際住宅・都市問題研究会議に参加する機会を得たので、大教組委員長から堺市教職員課に申し入れ、許可を得て研究会議に参加し、堺の都市化のなかでのマンモス校の実態を報告することができました。その際、ロンドン郊外の小学

アメリカの教育事情を視察
（前列中央 橋口和子団長 左端 宮本英子）

校や、その後訪れたイタリアのフィレンツェの小学校で、授業だけでなく、学校給食を見学させてもらい、学校と地域の取り組み方などを見聞きしてきていたので、アメリカとヨーロッパの違いについて、いろいろ考えさせられ、その後の世界の動きを判断する折の大切な指標となっています。

労基法改悪反対など組合の当面の運動に追われ、まとめることもできず、私の見聞はときどき要請される各単組の学習会や近畿ブロックの各県教組婦人部などで講演する折に話をさせてもらうくらいでした。給食問題の学習会で話す機会が多く、いくつかの地方へも出かけ、日本の給食の在り方や教職員の仕事の在り方などについて問題を提起することができました。三〇年後の今、アメリカで起こっているウエスコンシン州などの新自由主義のもとでの競争教育の歪みを耳にするにつけ、三〇年前のアメリカで、すでに始まっていたことを思い起こし、教育現場でみた児童や生徒たち、そして教師たちの姿が目に浮かびます。どのように変わりつつあるか、もう一度訪ねたい思いに駆られるこの頃です。

中曽根内閣の臨調「行革」と「教育臨調」路線

ここまでは労働戦線の右傾化の進むなか、女性労働者が団結して取り組んできた労基法改悪反対と、実効ある男女雇用平等法実現をめざす運動をとりあげてきました。

私たちの闘いは、一九八〇年代に強化されてきた日米軍事同盟への自民党の迎合、野党の「社公合意」による政治全体の右傾化のなかでいっそう厳しいものになりました。

一九八二（昭和五七）年中曽根首相は就任早々の日米首脳会談では「日米運命共同体」「日本列島不沈空母化」などの発言で明らかなように、アメリカ追随の戦後第二の反動攻勢のなかにありました。

八一年三月には第二次臨時行政調査会を発足させ、前経団連会長の土光敏夫を会長に第一次答申が提出されました。軍事費と大企業への優遇措置を拡大する一方で、福祉・教育に対する政府負担の軽減、公共事業の抑制、公務員給与の抑制と定員削減などを求め、それを具体化するための答申が次々と出され、八三年三月には最終答申（第五次）が出されました。

最終答申を受けた中曽根内閣は、臨調「行革」を進める権限をもつ委員会などを発足させ、国鉄の分割・民営化の推進など軍拡推進路線を強引に推し進めました。ところが労働者・国民を犠牲にする臨調路線に対決して、生活・権利を守らねばならない労働組合は、同盟主導の「全日本民間労働組合協議会」（全民労協）にみるように政府・財界の進める臨調行革路線に呼応するものであり、元総評幹部のなかからも厳しい批判が出されましたが、総評は一言の批判もせず全面屈服したのでした。

八四年三月には中曽根内閣は「教育臨調」を〝戦後政治の総決算〟の重要な柱と位置づけ、首相直属の「臨時教育審議会（臨教審）設置法案」を提出、八月には反対を押しきり、成立させ、九月には委員の国会承認手続きもせず「臨教審」を発足させました。

臨教審は八五年六月の第一次答申以来八七年の最終答申まで、四次にわたる答申を首相に提出しました。答申のもくろみは能力主義の徹底、学校・公教育の縮小と教育の民営化の促進、受益者負担主義の強化、生涯学習管理、大学の再編成と自治の抑圧、産・官・軍・学協同の推進、教科書制度の改悪、そしてこうした反動教育の忠実な担い手となる教員づくりにありました。

このように、「臨調行革」・「教育臨調」と反動化が進むなか、それに対決するべき総評と日教組は臨調行革路線に取り込まれていくなか、組合はいかにあるべきかが強く問われることになり、「統一労組懇」や「教職員あり方懇」で独自に学習が進められました。

八五年八月には「全国教職員あり方懇学習大交流集会」が福島市で三日間にわたり開催され、婦人部からは田中洋子、野津米、宮本英子の三人が参加しました。全体会、分科会の講演などの情勢の分析から、闘いの方向などみんなで大いに話し合いました。

こうした教育攻撃のなか、大教組は「教育臨調阻止」の闘いを運動の柱として積極的に取り組みました。婦人部でも毎年九月に行っている大教組婦人部平和行進を「教育臨調反対・教え子を再び戦場に送るな」を掲げて、炎天下二七〇〇人が中之島から梅田まで府民に訴えながら行進しました。

一〇月には「国連婦人の十年連続講座」として次の三講座を婦人部として開催しました。

①一〇月一二日「平和と教育臨調」中道保和大教組教文部長

②一〇月一七日「国連婦人の十年と男女平等教育」和田典子氏（家庭科教育連盟会長）

③一〇月二二日「国連婦人の十年と日本の婦人労働者の課題」米田佐代子氏（女性史研究家）

「教育臨調」と反動化の情勢を中道教文部長から大阪の現状に即しながらしっかり学び、和田典子先生には七五年の「国際婦人年記念講座」に引き続き、その後の男女平等教育の進展状況を資料に合わせながら学び、米田佐代子先生からは「男女雇用機会均等法」と「労基法改悪」が強行された現状をどうとらえ運動を進めるかを学び合いました。

こんなかで『大教組婦人部のあゆみ「国連婦人の一〇年と私たち」――平和・発展・平等を追求して』（B５判一二八ページ）を婦人部役員のみなさんの総力で原稿を書き、編集して八六年度大教組婦人部定期大会に出版し、各単組婦人部に配布できました。これは婦人部活動を進めるうえで資料となり、財産になりました。

「大教組婦人部のあゆみ」

この眼でみた日教組の空白の書記局

一九八六（昭和六一）年四月、日教組田中一郎委員長の不用意な言動に端を発して〝四百日抗争〟が起きたのでした。当時落選中の自民党文教族の西岡武夫氏の選挙激励会で、田中日教組委員長は「……この三年間ぜひとも西岡さんにいてほしかった。……復帰されたときには二倍の仕事をしていただきたい」などと挨拶したことが、全国の組合員から批判、抗議、公開質問状が日教組本部に寄せられたのでした。西岡氏はかつて主任制度化の立案・強行の中心人物でした。単位組合から抗議の声が高まり、日教組の内部抗争が表面化して、八六年一〇月から日教組は機能麻痺に陥ったのでした。賃金・教育予算など秋季年末闘争も、臨教審答申の具体化である教員統制のための初任者研修制度などに反対することも放棄、この異常事態に対する組織内の抗議で、八七年三月一三日神戸で臨時大会を開催して、七月までの闘争方針と予算が何とか計上されました。

五、六月に全国の各都道府県教組がそれぞれで開催した定期大会では、田中委員長への批判が広がりました。また総評の推進する労働戦線の右翼再編反対、総評解体反対の声が広まりました。しかし八七年七月開催の総評定期大会では、総評執行部は反共主義と体制擁護の全民労協の連合体化を支持して、これに吸収合併される道を「全的統一」として提案。日教組はそれに対して態度が決定できず、日教組内は三つに分かれ、田中委員長らの「右派」原案賛成、中小路書記長ら「左派」は保留、あり方懇に結集する代議員は統一労組懇加盟四単産提出の共同提案賛成となりました。こうして総評は連合に吸収合併され、解体の道を選びました。

日教組がこうした紆余曲折を経て第六四回定期大会が福島市で開催されたのは八八年二月でした。これが俗にいう〝四百日抗争〟です。ここに書いたことは、当時は一般の新聞や組合からの情報で知ったことを本稿を書くにあたり組合の運動史などで確認しながらいきついた私の認識です

この〝四百日抗争〟の最中、私は日本教育会館の日教組の書記局に入る機会がありました。広い書記局には人影もなくガランとして静まり返っていました。この重大な時期に頼りにするべき日教組の姿に衝撃を受けました。「これでは日教組は信頼できない、我々は決断するべき時だ」と初めて実感したのでした。日時ははっきりしませんが、同じ日本教育会館にあった日本母親大会事務局を訪ねたとき、元日教組婦人部役員

で日本母親大会の役員だった山本あやさんの案内だったことは覚えています。

さてこのように混迷し、運動放棄した日教組に対して婦人部は打開策をどう模索していたのでしょうか。八七年一二月一八日、日教組婦人部総会はいつも日教組定期大会の前日に開催されているのに、定期大会に先立つこと一カ月半前に総評会館で開催され、大教組としても出席しました。

仁木ふみ子婦人部長は開会の挨拶で「どう誹《そし》られても仕方のない状況、組合民主主義に立ち返って構築されなければならない。自らの弱点を抉《えぐ》り出して再建していく、これを女からはじめよう」と語り、日教組本部からは橋口和子副委員長が出席「総会の開催が遅れて申しわけありません」と謝罪し、「心配いただいた日教組問題も新しく一致結束していくことになりました。来春、大会を開くことになりました」と報告、労働戦線をどう考えているかはほとんど語られませんでした。「教育改革運動の構築を母と女教師の運動の中で……」という方針には納得できませんでした。労働戦線の右翼再編に組み込まれた日教組は臨教審路線と闘うことができないことは明白なことでした。

反論が東京、京都の各県教組から討論で語られました。対決姿勢の総会になり私も討論にたち、国会で出されていた四党提案の全労働者適用の育児休業法の不備を指摘し、よりよいものにする運動の強化を求め、総評を解体する「全的統一」に反対しました。七五年以来毎年参加してきた日教組婦人部総会でしたが、私にとってこれが最後の日教組の婦人部総会になりました。

八八年二月一日から三日間にわたって開催された、第六四回日教組定期大会に提案された運動方針案は、重点課題の第一に、臨教審との対決を打ち出しながら、労働戦線問題では臨教審路線を推進する右翼再編、

「連合」との全的統一を支持するという矛盾したものでした。

大教組では各単組、支部、分会の団結を固め日教組に「連合」と手を切り、臨教審路線ときっぱりと対決するようにと決議や要請を行いました。

婦人部独自で八八年九月、例年通り「9・8臨教審具体化反対・教育反動法阻止」を掲げ、大教組婦人部決起集会を中之島で開催し、炎天下二五〇〇人が参加し、横断幕を掲げ歌声やシュプレヒコールを響かせ大阪駅までデモ行進し、府民に教育の危機と合わせて消費税反対を訴えました。

新たな階級的ナショナルセンターの実現

臨調路線のもと、軍事費と財界補助金を大幅に増やし、自立自助の名のもと、医療・教育・福祉予算は大幅に削減され、消費税導入や小選挙区制の容認など、戦後最悪の反動政治に組み込まれていく労働組合の姿を見せつけられた私たちにとって、寄るべきは労働者の切実な諸要求実現と資本・政党からの独立を条件として闘っている統一労組懇しか選択肢はありませんでした。

一九八九（平成元）年七月二八日、大教組として「新学習指導要領白紙撤回、諸要求実現、階級的ナショナルセンター確立『全国連絡会』運動強化をめざす7・28大教組決起集会」と銘打った集会が開催されました。前年臨教審路線に基づく戦後最悪といわれる新学習指導要領の具体化など、反動文教政策が進められ、一月七日昭和天皇死去にともなう元号の強制、「日の丸」「君が代」の扱いをめぐる次官通知や指導要領の

「指導書」など、反動的で重大な問題があり、その白紙撤回を掲げ、合わせて階級的ナショナルセンターの確立の声をあげたのでした。婦人部独自では「9・8大教組婦人部学習決起集会」を開催し、一〇〇〇人の婦人教職員は新学習指導要領の問題点を増田孝雄東京都教組委員長から学び、決意を新たにしました。

全国的には八月二七日「教職員組合全国連絡会交流決起集会」が東京の日比谷公会堂で開催され、私も大教組のみなさんとともに参加しました。会場びっしりの二七〇〇人の参加とのことでした。帰りの列車のなかで、会場でいただいた感想文用紙に書いた決意が、私の日記「らしんばん」に貼られています。

この集会へは私自身が日教組との訣別すべき決意を固めるための参加でした。教職について三〇年以上、日教組組合員になって石川県教組九年、大教組二十数年は組合運動にかかわりながら教育活動を続けてきた私にとっては、日教組との訣別は大変な痛みをともなうことでした。六氏の日教組中執の辞任の決意は私にとってこの日の一番大きな贈り物でした。みなさんとともにすっきりとした気持ちで新しい組合づくりに邁進します。

と書いてありました。

もう一枚には次のような感想が書いてありました。

今日の集会は、きわめて感動的なものであった。しかし今気がついてみると、壇上には女性の登壇者を見かけなかったことに気づいた。今までの役員体制や、現在寝食も忘れて新しいナショナルセンターづくり、教職員組合づくりを進めてこられた全国トップのみなさんということになれば当然のことかもしれない。しかしやはり残念に思う。過半数の婦人組合員を抱える、もっとも民主的だと信じる教職員組合でこれなのだ、と今さらながらの女性の地位を思い知らされた。
退職間近い私としては、新しく生まれる労働組合で女性たちがもっと大きく羽ばたいて欲しい、あの壇上の半分は女性たちで占めていただきたい。女性教職員よ羽ばたけ‼　と思わずにいられなかったのでした。

全日本教職員組合協議会（全教）のスタート

全日本教職員組合協議会（全教）は一九八九（平成元）年一一月一七・一八日、東京山手教会で結成大会が開催されました。それは右翼団体の宣伝車を動員した異常な妨害をはねのけて開かれたとのことです。第一号議案「全教の結成について」が満場の拍手によって採択されました。組織の名称について次のように意義づけられています。

「『全日本』としたのは、私たちの組織が、労働組合としての当然の初歩的原則（資本・権力からの独立、政党からの独立、一致する要求にもとづく行動の統一）をつらぬき、日本全体の教職員と教職員組合にひらかれた組織であることを現すものです」として、「全教結成」を確認し、「結成宣言」を採択し、「行動綱領」「規約」「運動方針」が満場一致で確認されました。私は全教の結成総会には出席しませんでしたが、翌日の一九日、全教婦人部結成総会で三上満議長から結成総会の報告を聞き感激をもって受け止めました。

全教婦人部結成総会は八九年一一月一九日、東京の浅草・ゴロゴロ会館で妨害も受けず開催されました。会場一杯の全国からの参加者のなかに大阪からの三〇人も興奮の面もちで座っていました。冒頭の婦人部長

全教婦人部結成総会で挨拶する田中洋子さん（1989年）

挨拶は大教組から送り出した田中洋子さんでした。

「みんなで創った『全教』に誇りをもち、『教え子を再び戦場に送るな』を掲げ、いっそう明るく、堂々と前進しましょう」と呼びかけられました。

田中洋子さんはわが大教組の中央執行委員であり、婦人部役員としても、長年非専従の私に代わり実質上婦人部の先頭に立ち活躍されていました。全教からの要請を受けて全日本教職員組合協議会初代婦人部長に就任されたのでした。送り出した大教組としては誇らしい総会でした。

「当面のとりくみの方針」に関する件の議事では、全国の代議員から「とりくみと決意表明」があり、全国で女性教職員が、連合日教組の分裂攻撃を撥ね返し、生き生きとさまざまな創意を生かした運動を広げていることが報告されました。私も討論に立ち、大阪でも各単組、分会で「連合日教組」が仕掛けてくる分裂策動を撥ね退け「たたかうセンター」をつくろうと頑張っていること。一〇月、大阪プールに一万人の仲間が集まり成功させた決起集会が重要な起爆剤になり、各職場での組織づくりが急速に進んでいることを報告しました。

記念講演は川口和子さん（婦人労働問題研究者、労働者教育協会常任理事）の「輝く明日をひらく――これからの婦人部活動」は、全国の仲間たちに夢と勇気を与えていただきました。最後にアピールを採択して大きな確信と夢をもち前進することを誓い合い、第一歩を踏み出しました。

「たたかうナショナルセンター」である全国労働組合総連合（全労連）の結成大会が一一月二一日に東京日比谷公会堂で開催されました。「全労連は『大いなる可能性へ』の第一歩を本日ただいまから歩み始めます」という挨拶で始まった大会は「結成宣言」を確認した後、「行動綱領」「規約」「運動方針」「90春闘方針」を全会一致で採択しました。規約で「産業別全国組合および都道府県別組合で構成する」として両面から結集することにした点は、わが国のナショナルセンターとして初めてであり、全労連の労働戦線統一の母体としての特徴を示すものになったとのことでした。大会にはＩＬＯや世界労連をはじめ多くの国際組織や各国の労働組合からメッセージが寄せられたとのことです。

大阪教職員組合の決断、そして私の決断

私の日記「らしんばん」に一九八九年一〇月一九日付の朝日新聞の切り抜きを貼っている。「大教組も分裂へ――新「連合」参加をめぐり臨時大会」との見出し、それには、

大阪教職員組合（篠浦一朗委員長、五万五千人）は一八日、堺市内で臨時大会を開き一一月に発足する日本労働組合総連合会（新「連合」）に反対の教組とともに「子どもと教育・くらしを守る教職員組合全国組織」を結成し、連合参加の日教組とは、たもとを分つことを決めた。しかしこの方針に出席代議員の四割強を占める「連合」支持勢力が反対し、大会終了後、独自の集会を開いて、「日教組運動の継承、推進」を確認、大教組は事実上、ほぼ真二つに分裂する事態となった……。

と報じられている。

一〇月一八日大教組は臨時大会を開き、新「連合」参加をめぐり激しい論議のうえ、連合参加の日教組と袂を分かつことになりました、一〇月二八日には「守ろう子どもと教育、つくろう『たたかうセンター』」を掲げて大教組総決起集会を大阪プールで開催しました。大阪府下から一万人の教職員が参加し、歴史的な闘いの第一歩を踏み出しました。私ももちろん参加しました。あの大きいスタンドを埋めつくした仲間を見て、のぼりや横断幕の言葉に勇気づけられました。こうして大教組は全教が結成される前にすでにたたかうナショナルセンター参加に踏み出していたのでした。

大教組の婦人部は労働戦線の歴史的な動きの後も、活動は大きく変わることはありませんでした。全教になって初めての婦人部委員会を一二月一日開催しました。

第一議案として、①「たたかうナショナルセンターへのとりくみ」をあげ『連合』への不参加を報告し、今まで通りの活動をよりいっそう進めることを確認し、これからの取り組みを話し合いました。

続く議案は、②臨教審路線反対のとりくみ　③婦人の働く権利確立強化月間のとりくみ　④新学習指導要

領撤回のたたかい　⑤対府要求闘争は一二月五日に対府交渉　⑥平和のとりくみ　12・8平和街宣　青い羽根カンパ平和教育等でした。
大教組婦人部の日々の活動は、今までと変わることなくスムーズに力強く進めることができました。それぞれの単組や支部によっていろいろな困難を克服しなければなりませんでした。分会も机を並べた同僚と袂を分かつこととなりつらいこともあったと思います。私の職場である堺市は全教に加盟する組合員が大勢を占めているので、職場も一つの分会として活動でき、日々支えられたことは幸せでした。

1988～90年度大教組婦人部長を担った３人
(左から宮本・朝倉・田中　岩手にて 1988年)

この一九八九年度をもって、私は大阪教職員組合婦人部役員を降りることになりました。九〇年五月三一日　第四七回大教組婦人部定期大会が開催されました。そこで私は辞任の挨拶をさせてもらいました。
第四七回のこの大教組婦人部定期大会が四六回とは全く質の異なった大会であることを痛感しています。この大会が一昨年以来の激しい労働戦線の闘いの中で「連合」とこれに屈服した日教組の右転落路線ときっぱり訣別して新しく生まれ変わった最初の記念すべき大教組婦人部定期大会であります。

大教組婦人部が新しくスタートするに相応しい新しい陣容の役員体制が確立し、力強くあゆみだしています。私はこの機に足掛け一五年にわたる大教組婦人部役員という重責を降りることになりました。

と報告し、七五年度途中の八月に辞任された四ッ谷光子さんの後を、副部長だった私が、従来どおりの授業を担当する現場職のまま婦人部長を引き受けることになって以来の、一五年に近い年月の数々の運動と感慨を話させてもらいました。「国際婦人年という女性の世界史的転換期であり、黒田革新府政の第二期を生み出した熱気あふれる時代に運動の最先端で働かせていただいたことを感謝し、一五年の体験を大切に、現場で、地域でみなさんとともに歩み続けることを約束します」。

そしてバトンは八五年以来、婦人部役員として支えてきてくださった朝倉みどりさんに手渡されました。

4 三六年の教師生活に悔いなし

〈教師群像〉の一人として

一九八〇（昭和五五）年四月、一〇年勤務した安井小学校から私の住居に近い野田小学校に転勤することになりました。悔いのない教員生活を完結したいという思いで新任式に臨みました。まだ大教組婦人部長という重責はありますが、家庭科の専科教師として十分職責を果たすことができるという自信をもって赴任しました。五年生四クラス、六年生四クラスの週二時間ずつの授業を担当することになりました。児童の委員会活動では給食委員会の指導に当たり、クラブ活動では手芸クラブを担当し、高学年の児童全員と学び接触することができることになりました。校務分掌は長年経験してきた給食主任に決まりました。

・着任した当時の野田小学校の教育目標は「教育基本法に則り、主体性と協調性のある心身共に健やかな児童を育てる」

・本校の児童像「明るく元気な子・よく考えやりぬく子・人とものを大切にする子」

・本校の教師像「子どもへの愛情と情熱あふれる教師・互いに信じあい、生かしあい、協力し合う教師・学校運営の担い手としての自覚と連携」

当然のような目標ですが「教育基本法」を掲げるなど私には新鮮な印象で、ここでならやれると納得のいくものでした。

野田小学校に転勤して一年たった五月の中旬、あゆみ出版からフリーライターの亀山利子さんが小学校に見え、一日密着取材されました。私の家庭科教育の一端が教育雑誌『子どもと教育』一九八一年の七月号に「《教師群像31》家庭科教育と女性解放の道を歩む」として紹介されました。九ページにわたる楽しい読み物になっていました。

その記事から導入部と締めくくりを紹介します。

「あなたたち、家庭科って家のお手伝いの教科と思っているんでしょ」。四月、最初の家庭科の時間、子どもたちにこうたずねる。五・六年生の男の子も女の子も、口々に「そう」「そう」と肯定する。

そこで宮本さんはロビンソンクルーソーの話をする。「もしあなたたちが、だれもいない無人島にたどりついたとしたら、まずなにをする？　そんな島で生きて行くのに必要なことはなんかしら？」

食べ物をさがす、魚をとる、ねる所をさがしたり、つくったりする……と、子どもたちとの応答の中から、衣、食、住の概念をとり出してゆく。

家庭科はお手伝いの科目とちがうんよ。どこへ行っても自分でちゃんと生きてゆけるための教科なんよ」

華奢でスリムなからだつき、やさしい面長な顔立ちのどこにそんなエネルギーがひそんでいるか不思議なほど、きついスケジュールを、さして肩をいからせることもなく、次々とこなしてゆく。私生活のうえでも、大学生、高校生の三人の子どもを持つお母さん先生。「私は教育と女性解放運動の接点を生きていると思うんです」と自分を語る宮本さんにとって、家庭科は意味ある、やりがいのある教科である。

「自分流の家庭科なんですけど…」青菜の油いためとゆで卵、という教科書にある献立で授業、調理に入る前にキャベツや卵の値段から物価に目を向けさせ、卵のどんな性質を利用する料理か考えさせ、熱によって固まるたんぱく質の性質に着目させる。みんなで作り、味わう楽しさだけでなく考えさせる材料はたくさんある。

宮本さんの家庭科室の正面の黒板の上に大きな日本史年表がはってある。調理で使う熱はガス「ねえ、ガスはこの年表のどの辺から使い始めたと思う?」石器時代から始まる長い年表の中で、人間がガスを使ったのは新しい出来事なのを発見する。まきや炭というものの存在を思いつくまで時間がかかる、そして長い歴史の中で、人間の営みを支える大事な存在だったことが理解できる。宮本さんは語った。大学時代に取得した免許状は理科と美術。中学校でこの二科目を担当したし、小学校で全教科を担当する学級担任もやってきた。それらの経験が独自の発想や、アプローチを思いつかせる。自然科学と社会科学のその両方の認識を生活化するのが家庭科だと考える。

固定した性別役割分担にとらわれず、男も女も自立して生きていける能力をつける科目。幸い、小学校の家庭科は男女共修である。宮本さんの腕のふるいがいがあろうというものだ。男の子たちも喜んで授業についてくる。

学校給食にも宮本さんは力を入れている。はじめは校務でやむを得ず引き受けたが、大阪婦人問題研究会の人々から「昼食の社会化ぐらいやってのけなければ、婦人の解放される理想社会はやってこない」といわれ、給食の意義にめざめた。改良したいことは山ほどある。「できることから、少しずつ少しずつ」働きかけてゆきたい…　ふだんものやわらかだが、ゆずれない大事な原則や許せないような不正義、不合理には、別人のような強さをみせる。「みんなから支えられながら、いつもめいっぱいやってきました。でもそれほど苦労したとは思ってないいんです」と、あくまで肩を張らない宮本さんである。

この雑誌を何人かの恩師や教え子に送ったところ、いろいろの反響がありました。

・小学校時代六年間担任だった荒瀬君子先生からは、「『子どもと教育』贈っていただき有難う、何度も何度も教師像読ませていただき、自由奔放に活躍のあなたの姿が目に見えるようです。私ももう七〇歳、年を取りました。次の世代にあなたたちが頑張ってくださると思えば安心です」とありました。

・大学時代のゼミの天羽先生からは長いお手紙が、「『あくまで肩を張らない宮本さん』という結びがいかにもあなたらしく気に入ったのでつい長くなりました」とありました。

・金沢の新竪町小学校の教え子の多山（佐野）さんも長い手紙が、「一言で感想を言うのなら〝いろいろな意味で素晴らしいということ〟 1. 先生の活動のバイタリティーにたいして 2. 夫婦のあり方に対して 3. 生き方というか考え方に対して この三点です。

正直いって小学校の時から先生をめざしてきたつもりですけど、到底かなわないなあと思いました。本をいただいて、たて続けに三度読み返しました」と書かれていました。

・堺市の指導主事だった広瀬月江先生からも長いお手紙でした。

「素敵な記事の贈り物をありがとうございました。益々哲学をお持ちになられての教科経営と拝察いたしました。

かねてから、「火」の歴史の取入れの授業のことも鮮明に記憶に残っておりましたが、改めて、二ケ年間の系統的な柱としての歴史の扱いに感服しました。丁度私たちも二〜三年来中学校での家庭科の研究として、柱を通した学習内容を試みていますので。私は先生の家庭科観を、このような自分の体験に類推した側した。

面を強く感じました」とありました。私流と思いながらの実践を評価していただき意を強くしました。

この記事のおかげで私の伝えきれない日々の姿を、私を育ててくださった方々にお届けすることができました。

職場の仲間への限りない信頼

新しい職場の同僚には心の通じ合えそうな顔ぶれも多く希望をもってスタートできました。その後この同僚たちに支えてもらうだけでなく、多くを学ばせてもらうことになりました。その一つの体験は、赴任一年目の初夏のことでした、子どもたちにとって待ちに待ったプール開き式典に神主が祝詞《のりと》をあげることが計画されていることがわかったとき、養護学級担当の若い女性教師が、子どもの前でそれをすることは憲法・教育基本法に反することであり、反対しようと分会に提起したのです。彼女は敬虔なクリスチャンでもあったのです。

分会のみんなはそれに同意し、彼女が趣意書を作成して校長にみんなで提出して申し入れしたのでした。その結果、児童のいない場でそれは執り行われることになりました。君が代・日の丸には敏感な私自身が、慣習だからと見過ごしてきたことがこうして正されるべきこととして指摘され、分会の総意として行動に移すことができたのでした。この経験はみんなの大きな確信になりました。職員会議でも誰かが発言すると、それをカバーする発言が必ず出る。安心して口火を切れる職場でした。

しかし私は一一年在職した間に四人の校長のもとで仕事をしましたが、どの校長も理解しあえるものでないことを、次の校長に変わったときに体験しました。その校長は学校の最高責任者である自分がすべて思うようにことを進めていけるとの考えをお持ちでした。職員会議ではよく意見が対立しました。職員会議は討議する場ではなく、伝達の場にしようとされ、私たちの発言を封じようとされたのです。「あなたが反対するからみんな反対するのだ」「それは失礼です、他の先生を冒瀆する言葉です」と言い返さねばならない職員室になりました。

一九七九（昭和五四）年の大阪府知事選で革新が敗れ、岸知事が登場。「主任制の制度化についてはできるだけ早期に実施されるよう教育長にも強く要望している」と発言したので、教育行政への不当な介入であり容認できないものとして批判されたのでした。八〇年四月、大阪府教育委員会は主任制度化にともなう学校管理規則改定を強行しました。

野田小学校の校長の言動もまた、この反動的な教育行政に

夏休みの親睦旅行 野田小学校の仲間たちと（ほぼ真中でしゃがむ私）

忠実たらんとするための、焦りだったのでしょうか。校長問題で分会として堺市の教職員課と交渉もしました。職場の教職員の信頼を失い、校長は体調不良を理由に退職されました。

私も美容院で「どうしたのですか、円形脱毛症ですよ」と言われ、思い当たりました。それから間もなく消えましたが。その後の職員会は日の丸掲揚問題などで対立することはあっても、発言は封じられることはなく自由に話し合えました。校務も授業も伸び伸びと実践できるようになったことは幸せなことでした。職場の仲間に感謝！

家庭科を通して子どもたちと向きあう

小学校の家庭科は五年生と六年生の高学年の男女ともに一週二時間もうけられた教科で、「衣食住などに関する実践的な活動を通して、日常生活に必要な基礎的な知識と技能を習得させるとともに家庭生活についての理解を深め、家族の一員として家庭生活をよりよくしようとする実践的な態度を育てる」(学習指導要領)ことを目標としている教科です。

思春期を迎えつつある子どもたちにとってとても重要な教科であり、とりわけ男も女も自立して生きていける心がまえと最低限の生活技術を身につけさせたいという願いが家庭科教師にはあります。多くは家庭生活で取得されるべき「生きる術」のお手伝いをしたい、そんな思いで日々の授業に取り組みました。

子どもたちはとりわけ手仕事や調理実習が大好きです。私は中学校の理科と美術の教師の経験があり、生

さあ、調理実習スタート

活を科学することの大切さを感じていたので、それを家庭科の衣・食・住のどの分野でも活用できたことは幸せな体験でした。私が赴任した頃は特設の家庭科室はなく調理実習には理科室を借りるなどの苦労がありましたが、四年目には北館の東端に調理室・準備室を備えた大変立派な家庭科室が新設されました。その公開もあり何回か研究授業をさせていただく機会がありました。

一九八五（昭和六〇）年一月、「新設なった家庭科室を見ていただくと同時に、専科であるために家庭科にご縁のうすい先生も多いので、この機会に家庭科の内容や重要性を理解していただき、子どもが生活に根を下ろした生き方ができるように日頃のご指導のご協力を」ということで、「わたしたちのおやつ」を題材に本校のこの年の研究テーマ「平和教育」の一端として、五年生の研究授業を公開することにしました。

「家庭科で平和教育ができるのか。私は生命と暮らしを大切にすることを学ぶ家庭科そのものが直接的、間接的な平和学習であると考えている」として授業しました。
・よく食べるおやつ調査のグラフからみんなのおやつの傾向を知る。（グラフにする）
・家族から昔のおやつを聞いてくる。（砂糖の消費量のグラフ）
・甘いものについてどう考えたらいいか発表。
・砂糖の一日の摂取量や、塩分の摂取量を知る。（菓子袋の成分表を読み取る）
・好ましいおやつの選び方をまとめる。
ここ二年間の本校の平和教育で教材として学んできた国語教材（一つの花・川とノリオ・トキ子のカボチャなど）の話など思い出させ、食物の大切さに気づかせる。

八五年七月一〇日には堺市の初等教育研究会の研究授業を引き受け、最新の家庭科室の在り方を検討していただくこと、題材は「家庭の仕事と協力」を選び、五年生の授業を公開することにしました。八五年は「国連婦人の十年」の最終年でもあり、七五年以来国連レベルだけでなく、日本政府も大阪府においても「女性差別撤廃条約」の批准に向けて条件整備が進められてきているが、現場で一番関係の深い家庭科の共修問題も小学校の教育現場ではあまり意識されていない現状がありました。そこへ一石を投じたいという思いもあり、初等教育研究会の研究授業を引き受けたのでした。

「最近の子どもは家庭でお客様的存在にされ、そのことが生活力を低下させている。五年生になってはじめての家庭科の時間で『家庭とは』の初期的導入をして、衣・食の領域の学習をし、家庭生活に目がむきだしたところで四〇日間の夏休みに入るので、子どもたちが家族の一員として家庭に根を下ろした生活ができるように願い、この題材を設定した」として次のような課題を設定しました。

・家事の分担調べから気付いたことを発表しあう。表にして分析する。

・なぜそうなるのか、どうしたらいいか話し合う。

・お父さんも子どもも家事にどう参加できるか話し合う。

・家族が協力している様子をスライドで見て何ができるか考える。

・毎日する仕事を選び、家庭科学習ノートに記入し、実践を約束する。

以上二例を挙げましたが、男女平等の認識を育む教育実践の大切な教科として日々工夫を重ねて、家庭科は私の教育実践の主流になっていきました。

ふたりの母との別れ、そして退職

一九九一（平成三）年七月、富山の実家から私の母信の危篤の知らせが届きました。翌日富山へ駆けつけました。母は小康状態に入っており、すぐ翌日堺の自宅に帰りました。ところが宮本の母スマ子さんが三九度の発熱状態。これにはびっくり、すぐ主治医に往診してもらったところ、七月の暑い室内にいてもクーラーを嫌って利用しなかったために熱中症を発症しているとのこと。翌日老寿サナトリウムへ入院させてもらうことになりました。八七年の甲状腺手術以来のピンチでした。

心臓が弱ったスマ子さんはしばらく入院ということになりました。八月からは、堺市のベルランド病院に転院、八月下旬には目覚しい回復ぶりに安心し、入院中は弟夫婦に頼み、私は富山の母を見舞いに、母はもう意識もなく一カ月以上点滴で命を保っており、声をかけても反応がない状態に永遠の別れが近いと覚悟を決め、後は妹や弟に任せて新学期に向け帰宅しました。九月五日〝母死す〟の報が富山よりあり、六日いったん学校へ出勤。午後、憲一と美奈とともに富山へ行き、通夜に出席。葬儀。骨あげ、繰り上げの初七日を済ませ、もう一泊して帰宅しました。

堺でのあわただしい日々が始まりました。スマ子さんは快方に向かい九月中旬退院となり、ますます忙しい日々が続きました。ヘルパーさんに頼もうにもこの頃はまだ介護のシステムはほとんどなく、市の福祉課へ、家政婦会へとまわっても、簡単に来てもらえないことがわかり大あわて。この機会に声を上げて応援を求めようと決め、憲一の三人の弟の家族にSOSを発しました。スマ子さんの三男憲光さんの妻の香代さんに一週間、四男武憲さんの妻瞳さんに次の一週間応援に来てもらうことができました。

シルバーセンターでやっと六〇代のヘルパーさんに来ていただけるようになりましたが、喜びもつかの間スマ子さんの容態が変わり、夜眠らずにウロウロし、日中も幻覚症状があるのか空ろな表情で家の中を歩きまわったり、立ったり、座ったり落ち着かない様子。ヘルパーさんもお手上げ、私たちも限界。知人、友人にも応援を求めましたが長くは無理。下関から見舞いに来てくれたスマ子さんの姪にまでしばらく応援を頼むなど、一〇月いっぱいやっと乗り切りました。主治医の宮崎先生にまたお世話になり、老寿サナトリウムに受け入れてもらえることになりました。

「君たちはよく頑張った、後は僕に任せなさい、この急激な落ち込みはうつ病が重なっていると思われる。奥さんも学校を辞めなくてもいい、頑張りなさい」と励ましてくださって一安心。私としては長年にわたり母に助けられて、学校での激務や時間外の組合活動に専念させてもらったことを思うと、今こそ全力をあげて介護しなければ人の道に反するという思いでいっぱいでした。

一一月には来年度の異動希望調査が始まったので、意を決して退職の意志を管理職に伝えることにしました。母は老寿サナトリウムでもっとも信頼を寄せる宮崎医師に見守られて心安らかに過ごしていましたが、体力の衰えは徐々に進み一二月一六日早朝、突然の電話で呼び出しがかかり、病院に駆けつけたところすでに息を引き取った後でした。幸いなことに美奈が家に帰っていた日であり、憲一は何日か前に海外の調査から帰ったばかりのところで、家族を呼び寄せてくれていたのだと強い絆を感じさせられたのでした。通夜にきてくれた同僚たちからは「退職しなくてもよくなったのでは」と声をかけてもらいましたが、いったん覚悟を決め退職後の夢を描き始めていた私には、退職への迷いはありませんでした。

長年のスマ子さんのサポートに助けられてきた私にとっては、これから楽しんでいただこう、一緒に旅にもお連れしたいと思っていたのに、あまりにも早い死の訪れに悔しいやら、悲しいやら、そして何より「ありがとう」の言葉を捧げるしかありませんでした。

学校給食をよくするための取り組みを最後に

野田小学校での校務分掌は前任校と同じく給食主任を引き受けました。給食主任は、校内の給食人数確認、調理場・調理員さんの折衝、給食協会への学校行事によって生じる人数変動の連絡など業務も多く、一般的に敬遠される校務です。しかし私にとっては子どもたちの健やかな成長のために、そして女性が働き続けるためには、せめて昼食が社会的に保障される社会にすべきだという考えをもっていたので、学校給食をよくする努力を惜しまず、続けようと引き受けました。堺市には、各学校の給食主任の研修の場として給食主任研修会があり、その運営委員会に安井小学校の頃からかかわっていましたので、引き続き給食主任研修会の運営にも参加していくことになりました。

野田小学校では、給食教育をどのように進めたらいいかを模索し、実践しました。本校で実践したことを研修会で提案して、堺市内全校で実践できるように主任会として取り組みました。そうした努力を評価していただけたのでしょうか。一九八九（平成元）年度の大阪学校給食優良校学校賞を受けることになりました。『楽しい学校給食――野田小学校の給食指導――』という五〇ページの冊子にまとめ、堺市全小学校に配布させてもらいました。

こうした実績をあげることができたのは、私が野田小学校に赴任した当時は孤軍奮闘でしたが、学校長に、ＰＴＡにも給食活動にかかわってもらえないか検討していただき、八二年度からＰＴＡの学級委員さんで構成されている親睦部で、六人の委員で構成する給食小委員会を設置してもらえたからです。そのお母さん方に知恵と力を発揮していただきました。待望の米飯給食の開始にともなう「はし」の導入にも、親の声やアンケート調査に協力してもらいスタートしました。

月一回の給食小委員会では、試食して献立についてもどんどん意見を聞かせてもらい、献立についての意見も反映することができました。給食についての勉強を深めることができました。また月一回ですが「給食便り」も発行しました。そうした取り組みを八三年度の大阪府の学校給食協議会の給食指導部会で報告することができました。

八五年度には待望の学校栄養職員が配置されることになりました。どこの学校にも配置されるものではなく五校に一校ぐらいの配置のところ、白羽の矢が当たったような嬉しい出来事でした。優秀な栄養職員の配置は、野田の学校給食にとっては幸運なことでした。私の学校内の給食主任の仕事は大幅に緩和されました。ＰＴＡの給食小委員会の活動も充実したものになりました。校舎の増築もなり、教室の余裕もできたので、ランチルームの活用に取りかか

給食主任研修会で公開したランチルームタイム

ることにしました。

八五年九月から北校舎の多目的室を活用してランチルームを開設することになりました。ＰＴＡの給食小委員会の協力を得て児童机・椅子の高さを揃え、テーブルクロスや黒板カーテンをつくり、ランチルームを整備しました。各学級順に入ってもらい、給食主任と栄養職員が指導に当たることにしました。八八年四月からはより明るい南校舎に移転し給食室に近くなり、いっそう充実したランチルームとなり、子どもたちからも喜ばれるようになりました。こうした取り組みを給食主任会で報告させてもらい、他市からの見学者に来ていただくこともありました。何よりも栄養職員さんとともに取り組む児童の委員会活動は充実したものになりました。子どもたちの笑顔が溢れることが何よりも幸せでした。

専科で学級担任外の私にとって、ランチルームでの子どもたちとの充実した日々は楽しい時間でした。私のこうした給食教育の実践も一九二ページのⅢの３で述べたように中曽根内閣の臨調「行革」と「教育臨調」の推し進められるなかで、学校給食も自校給食からセ

離任式―PTA 給食小委員会のみなさんと上間学校栄養職員（右端）

ンター給食に、さらに民間委託への流れが全国的に進められるなかでのささやかな取り組みであり、私なりの精一杯の抵抗でもありました。

一九五六（昭和三一）年四月にスタートした私の三六年間の教職の日々は九二（平成四）年三月三一日をもって終わりました。六〇歳の定年まで二年残しての退職でした。そのまま走り続けたというのが正直な実感です。在職中もずっと追求してきた教育問題と女性問題をさらに追求することに夢を抱いての退職でした。

四月九日の野田小学校最後の日となる離任式は、涙もなく希望に溢れる明るい離任式でした。私の第二の人生がスタートしたのでした。

コラム　わが母を語る

一言で言えば「とんでもない奴」

宮本　茂樹

こんなタイトルを書くとネガティヴに取られるかも知れませんが、一言で母・英子を表現すると、これが一番ふさわしい形容詞のような気がします。つまり、良きにつけ、悪しきにつけ、こんなに規格外というか、想定外のことを自然に（天然で）やらかしてくれる人を私も五〇歳を超えますが見たことがありません。この得体の知れない魅力があるから父・憲一とも長き夫婦生活が続いているように思います。このような出だしを書くと「アンタええ加減にしいや」といつものセリフが聞こえてきそうなので若干オフィシャルに、この「とんでもない英子さん」に謝辞を息子として述べたいと思います。

まずは超一級品の健康体を授けていただいたことに心より感謝をいたします。多分、これは私たち兄弟全員が思っていることと思います。父・憲一は繊細な心身を意志力でコントロールしてハイパフォーマンスを保つタイプですが、私たち兄弟は母・英子より「神様のお恵み」とも思える頑丈な「体：カラダ」をまずいただきました。近眼と虫歯以外、非の打ち所がないタフなボディーです。本当にありがとう。おかげさまで、みんな五〇年近く大きな病気もまったくせず、どのようなシチュエーションでも体力的に引けを感じずにスタートラインにつけています。

次に「心：ハート」、あなたの「メデタイ」とも思える天真爛漫さのもとで、われわれ兄弟妹三人は育ち「なんとかなるさ」という楽天的性格を身につけることができました。このおかげで、何処で何をするにしても楽しんでことに当たれます。「好きこそものの上手なれ」、良い結果を導く原動力になっていると感じています。

最後に「度胸」、よく周囲の人たちから「おまえ良くそんなことやる度胸あるな？」とか「守備範囲が広いな？」とか言われますが、私たちに言わせると幼い頃から身近に世間の想定外のことを日常的にやらかす人と過ごしていたわけですから、たいていのことに直面しても動じない「度胸」は備わった気がします。振り返るに「英子さん」は国際社会といわれる以前から、グローバル人材だったのかも知れません。茂樹の友人関係で「おふくろと似ているな？」と感じる人に外国人が多いのもそのせいでしょう。きっと感覚が「日本人サイズ」ではなく「地球サイズ」なのでしょう。おかげさまで海外の方との距離感も最初から隔たりを感じず対処できたと思います。弟・真樹も長年、海外畑でストレスなく仕事ができているのも（当時植民地だった台湾生まれ・育ちの父・憲一の影響ももちろんありますが）母もある意味グローバルだったからでしょう。

以上三点、先天的条件として母・英子よりいただいたことに感謝します。これから先は、われわれが後天的に努力して瀬戸内寂聴さんがおっしゃる「定命」を社会のために全うする努力をしたいと思います。あえて今回は「とんでもない英子さん」についてのエピソードは書きません。今回の本は「自分史」ということなので、お手に取っていただく方の大半は母・英子と交流があり、「とんでもない」いくつかをすでに共有いただいている方々でしょうから。

今後は「頑丈な天然もの」だっただけに、母・英子は「心身のメンテナンス」をしてきていないような気がします。八十路を過ぎたのですから、他人の忠告も素直に聞いて健康な老後を送ってください。

私も父・憲一みたいにはできませんが「うるさく注意する　⇩　おおらかに見守る努力」に切り替えたいと思います。

今までの社会的な活動ご苦労様、今後も一緒に楽しく過ごしましょう。引き続き、想定外の良いことをいろいろやらかしてください。

「とんでもない英子さんへ」

その血を引き継いだことに感謝し始めている　茂樹より

Ⅳ

第二の人生のスタート

❖

教職を終えて二〇年

ナイアガラの滝（ホテルの窓からのスケッチ）

1　子どもたちの明るい未来を拓く民主教育を

男女平等教育にかかわり続けて

(1)全教の教育のつどい

一九八九（平成元）年は怒濤の一年でした。日教組本部は九月に鳥取市で開催された日教組定期大会で、無記名投票の結果、連合加盟の方針を決定しました。大教組にとってこれが日教組との決別になりました。一一月に全日本教職員組合協議会（全教）が結成されました。

九〇年三月一日〜四日、京都市で八九年度の教研全国集会が、全教・日高教・全国私教連・京教組で構成する実行委員会の主催で開催されることになりました。右翼の反対行動を口実にした京都府当局の会場妨害をはねのけての新しい出発でした。

それ以降、全教の教育のつどいは埼玉・和歌山・東京・長野・大阪・札幌など開催地を変えながら二〇〇三年度まで毎年一月に開催してきました。〇五年度からは八月開催となり大阪・埼玉・広島・京都・東京と年を重ね、それぞれの地域と交流も深めながら、真に教職員・父母の願いにこたえるための教育研究集会として新しい発展をめざしました。私は九二年三月をもって退職しましたが、退職後は大阪教育文化センターの研究員として毎回参加し、今まで私たちが取り組んできた「男女平等教育」は「両性の平等と教育」そして「ジェンダー平等と教育」と分科会名を変えながら、ジェンダー平等をめざす教研活動は発展しています。

私が退職に踏み切った頃「ジェンダーバックラッシュ」といわれる攻撃が起こりました。

一九九二年度、小学校の保健と理科の教科書に「性に関する指導」が具体的に導入され、「性教育元年」といわれました。その背景には文部省、厚生省にはエイズ感染者増加への危機感があり、性教育を推進しようとした動きがあったようです。しかし「どこまで教えるべきか」の論議が起こり、二〇〇二年には先進的な民間教育団体の「人間と性教育研究協議会」がバッシングの対象にされたり、〇三年には東京都立七生養護学校の「こころとからだの学習」を過激な性教育と決めつけ、教職員を処分するという事態が起きました。この性教育に対する攻撃に、保護者、教職員三一人が東京都などに起こした裁判は「ここから裁判」と呼ばれました（二三二ページ Ⅳの1の(3)参照）。

こうした二〇〇〇年代前半のバックラッシュは、自民党山谷えり子議員による国会質疑が大きなきっかけとなったのです。〇一年第五三回国会文部科学委員会で、家庭科教科書の性の記述に関して、自己決定権について批判したことに始まり、〇二年五月には全国の中学校に配布された性教育に関するパンフ『ラブ&ボディ』を批判し、配布された中学校から回収させせました。さらに、〇五年三月には国会での質問の際、大阪吹田市教育委員会が独自に作成し、市内公立小・中学校のすべての児童・生徒に配布していた「副読本」を過激な性教育として問題にし、見直されることになりました。吹田市民の一部からも批判があったため廃止に追い込まれたのでした。いまだこの副読本は復活していません。

「ここから裁判」は最高裁で勝利したとはいえ、こうした一方的な攻撃でダメージを受けた性教育は現場での実践が敬遠されがちです。実践するためには、多くの検証と実践をつみ、共感する仲間を広げていかねばなりません。性教育は男女平等教育の重要な柱とされるべきなのに残念なことです。一日も早く、どの学級でも胸を張って学べる性教育実践を構築しなければなりません。もちろん男女平等教育は性教育だけにとどまってはおりません。男女平等教育の実践は各教科、教科外のすべての教育活動で配慮されなければなりません。毎年の大阪の教研集会である〝教育のつどい大阪〟では、いろいろな分野からの現場の実践報告から、議論を展開してきました。

〝教育のつどい大阪二〇一三〟の人権と教育B（男女平等教育）分科会のレポートを紹介して現状の報告とします。

①世界が広がる性教育～障害のある青年の性のセミナーに取り組んで～
大阪発達支援センターぽぽろ　千住真理子
②生徒と共に学ぶ性と生
元府立高校社会科　金子真知子
③家庭と家族
府立門真なみはや高校　松崎康裕
④ジェンダーと子どもの視点から憲法を学ぶ　私立英真学園高校　山田真理

こうしたレポートが教研集会に出てくるまでには、次にあげる大阪教育文化センターでのほぼ月一回の両性の平等教育部会の地道な研究会での活動があります。

私は今も大教組が毎年開催する〝教育のつどい〟と全教など実行委員会が主催する全国集会の〝みんなで二一世紀の未来をひらく　教育のつどい〟にできるだけ参加してきました。現場の先生たちには「女性差別撤廃条約」や「子どもの権利条約」に掲げられた理念を、日々の学習や生活指導に生かした実践を重ね〝教育のつどい〟に、ぜひ反映させて欲しいと願っています。

(2)大阪教育文化センターの活動

一九九二（平成四）年に退職してから、九〇年に設立したばかりの大阪教育文化センター（以下、大阪教文センター）の教育研究部会の研究員として、男女平等教育に関する部会を設定していただき、木田淳子先生（当時大阪教育大学教授）を中心に研究活動を進めることができました。その部会では、大阪教文センターが取り組む「子ども調査」や「教師調査」、さらに「家庭調査」において、私たちの部会の課題をそのなかから見つけ調査を分析し、勉強させていただきました。九四年から取り組まれた「教師の多忙化調査」は、長年組合の婦人部活動を通じて、組合員の声を聞き、対府交渉のなかで待遇改善に取り組んできた者として、調査結果をいろいろな角度から分析することはきわめて興味深いものでした。「教師の多忙化とバーンアウト」の学習資料版『子どもをはぐくむ教師のゆとり』の編集を担当できたことは嬉しいことでした。

九七年から取り組んだのは「家庭調査」の分析と報告書『豊かな人間性を育む家庭生活』の作成と、その学習資料版の作成でした。これは私たちの部会総出の大事業でした。木田淳子先生の明晰な分析と温かいご指導で、私たちもこれらをもとにした現場での平等教育の発展を期待していました。ところが木田先生が病に侵され、二〇〇四年五月一五日、私たちの切なる願いもむなしく逝去されたのです。私たちは指導者を失い挫折せざるを得ませんでした。

私たちはその後現場で素敵な実践をされている現役の先生を見つけ、報告していただき、そこから学び、それを普及することに力を注ぎ部会活動に取り組んできました。こうした活動から教研集会のレポートを発掘して全国にも発信してきました。他の部会の報告、教育相談、共同研究集会など大阪教文センターの取り組みは、私たちにとって開かれた学習の場でもあり、退職しても教育現場とつないでくれる大切なツールです。この大阪教文センターを今後も大切にし、大きく育って欲しいと願っています。

大阪教文センターは、今まで主任手当拠出金に支えられてきた財政基盤を失うなど、いろいろな状況の変化を受け二〇一四年度に新たな体制で発足しました。みなさんのカンパなどのご協力で子どもたちの未来を拓く民主教育の拠点である大阪教文センターを発展させていかねばなりません。

(3)民主教育研究所「ジェンダーと教育」研究委員会

男女平等教育を進める私たちをリードしてくださったのは、全国教育文化会館に本部を置く民主教育研究所のみなさんでした。設立時唯一の女性運営委員だった米田佐代子先生が中心になって「両性の平等と教育研究会」ができました。その後橋本紀子先生が研究の中心になり指導していただき、メンバーには日教組時代から婦人部委員会などで親しかった吉村妳子（東京都高教組）・和田章子・池田靖子（東京都教組）・三宅良子（埼玉県高教組）さんなどが参加されており、大阪の私もお誘いを受け仲間に入れていただき、創立当初から参加してきました。今は「ジェンダーと教育」研究委員会の通信研究員として、全教の教研集会や民研主催の全国教育研究交流集会、研究委員会独自の研究会など一年に何度か参加して刺激をいただいてきました。

この研究会の後押しで二〇〇三（平成一五）年九月には『いまを生きる　ジェンダーと子どもの権利の視点を重ねて…』を右記の四人のメンバーと私の五人で共同討議を重ねて出版することができました。私は討議に参加するとともに、第二部の「日本の女性教職員のあゆみ」の執筆を担当しました。巻末には年表だけでなく、教育実践レポートや女性教職員の権利も掲載した女性教職員向けの有益なテキストでした。しかし教育現場は管理体制がますます強まるなか、これを活用しての学習会や授業実践は私が期待したほど広がりませんでした。しかし五人の討議は楽しく有意義なものでした。何よりも得がたい友情を育み、それぞれの課題をその討議のなかで深めることができました。

「ジェンダーと教育」研究委員会は、当初は現民主教育研究所副代表の橋本紀子先生を研究委員長としてスタートし、その後井上恵美子先生を研究委員長として委員会独自のパンフレットを次々刊行してきました。

一九九七年一月の『両性の平等と教育——これまでとこれから』を皮切りに、『ジェンダーと性の教育』『両性の平等と教育の現状』を発行。二〇〇〇年には『Women and Men in Japan——日本のジ

ェンダー統計』〈日本語版・英語版〉、〇二年にはそのNo.2を発行するなど活発に研究成果が発表されました。

二〇一〇年八月には『ジェンダー平等の豊かな社会をめざして―性教育・ジェンダーバックラッシュをのりこえる』（CD―ROM付）が発行され、この冊子には大阪からの報告として大阪教文センターの門晶子・紅谷章子・宮本英子が「橋下府政のジェンダーバッシング」を寄稿し、大阪の現状を発信しています。

この冊子は全国的に起きた性教育攻撃の象徴である「七生養護学校の性教育・ジェンダーバッシングをのりこえる」の七生裁判の教師と弁護士のシンポジウム特集でした。この裁判はその後一二年一一月二九日付で「性教育非難は不当な支配　都議らへの賠償命令確定」と報じられました。最高裁が原告と被告双方の上告を退ける決定をしたことにより、七生養護学校の「ここから裁判」の勝訴が確定したのでした。

裁判の勝利は多くの教訓を残しました。民主教育研究所が発行する季刊『人間と教育』八二号（二〇一四年夏号）には一〇年にも及ぶこの裁判闘争を支えてきた「こころとからだの学習」裁判を支援する全国連絡会事務局長の小林和さんの総括が載せられていました。七生養護学校「こころとからだの学習」裁判が問いかけるもの「子どもに寄り添う教育実践の勝利」とありました。

「ここから裁判」の勝因はまさにそれだと思います。続けて次のように述べられています。

いま、管理統制によって息が詰まるほどの教育現場から、教師は教育の危機的状況を保護者・市民に向けて、訴えることができなくなっている。保護者のなかにも「学力」や「競争」を前提にする教育観が広がっている。ことあるごとに学校や教師、あるいは教育委員会への不信が、政治的意図を伴いつつ振りまかれている。このような中で「学力」・「競争」を基底とした教育観に対抗する形で、子どもには「学ぶ喜び」があり、それは「子どもの権利」である、という認識が、専門家である教師の教育実践・教育活動を通して市民に広げられ定着することが、大切なのではないか。

と語りかけておられます。これは知的障害児だけの問題ではありません。

私が自分史を書こうと思ったのは、私の「子どもに寄り添う教育ができた幸せ」を書き残したかったからです。私が教師として伸びやかに生きた時代をなんとしても再生し、発展させて欲しいと願っています。そのための教育研究集会であり、そのための民主教育研究所であり、大阪教文センターであって欲しいと願っています。

(4)「男女平等をすすめる教育全国ネットワーク」

一九九六(平成八)年度の全教の教育研究全国集会が神戸で開催された九七年一月、「両性の平等と教育」の分科会終了後、有志による懇親会がもたれました。「家庭科の男女共修」は九四年度に実現しましたが、教育現場ではもっと実効性ある男女平等教育を進めることが切実な願いになっていました。「今求められているのは、男女平等をすすめる教育の内容・方法の整理、行動計画の策定、多様な取り組みや成果・経験を交流し、行動目標・計画について合意を図ることのできる全国ネットワークが必要である」として、個人加盟の全国組織への参加が呼びかけられたのです。異存はなくその方向に進められることになりました。九七年三月一四日、東京渋谷女性センター・アイリスで「男女平等をすすめる教育全国ネットワーク」結成総会がもたれることになり、私も大阪から参加しました。三十余人の参加者を迎えて、呼びかけ人・規約・世話人体制の承認を得てスタートすることになりました。私は世話人を引き受け、関西のまとめ役のような役割を引き受けることにしました。呼びかけ人の中心だった和田典子先生には、大教組婦人部長になったばかりの七五年に大阪に講演に来ていただいて以来ご指導をいただいてきました。呼びかけ人には関西から朴木佳緒留（神戸大学教授）や紅谷章子（元大阪女学院校長）など力強い方々がおられ、大いに励まされました。

この会は年四回機関紙を発行し、国レベルの国際婦人年連絡会（中央の有力女性団体三九団体が加盟）や日本婦人団体連合会などに参加・協力して、男女平等教育の課題をいつも果敢に提起し運動化していくなど行動力を発揮しています。関西の私たちは大阪の情勢を発信させていただくなどして全国のみなさんとつながっています。二〇〇〇年に世話人代表の和田典子先生を失いましたが、現代表の橋本紀子先生の鋭い人権意識と北欧での研究に裏打ちされた性教育やジェンダー問題の研究成果を次々と発表し、全国ネット会員の研究をリードしていただいています。

女性教職員運動史に取り組む

(1)「全国婦人教員研究協議会の研究」を発表

私の女性教職員運動史のスタートは、一九八五年「国連婦人の十年と私たち」として、大教組婦人部のあゆみを作成したことに始まります。

私は一九九二（平成四）年に教職を辞した時点から、学制発布以降の日本の公教育における義務教育で働く女性教師の姿を追い続けてきました。神戸大の船寄俊雄先生の講義を聴講させていただいたり、先生から推奨していただいた木戸若雄著『婦人教師の百年』（明治図書　一九六八年）や、学生時代からなじんできた本を読み返したり、戦前の良妻賢母教育を多角的に研究された深谷昌志著『良妻賢母主義の教育』（黎明書房　一九六六年）や深谷昌志・深谷和子共著『女教師問題の研究』（黎明書房　一九七一年）の初版のコピーされたものを大切に読んできました。

そして船寄先生にご指導いただき、九七年に初めて論文にしたのは、戦後の日教組の婦人教師が一大決起した「全国婦人教員研究協議会」の顚末でした。『日本教育史研究』第一六号に「研究ノート」として発表することができました。

この研究は戦後間もなくの一九五二（昭和二七）年三月、全国の婦人教師が、戦後の困難な教育現場の日頃の思いを声に出し、変革を訴えた決起集会のような様相を呈した第一回の大阪市で開催された協議会の開催の経緯と、三回で終わった経緯などを明らかにしたものでした。

私がこの研究に着手した動機は、水木モリヱさんでした。水木さんはこの協議会のきっかけをつくり、第一回の大阪での大会成功に協力した大阪市の社会教育課婦人係長さんでした。集会の熱気まで私に伝えてくれた人であり、この集会の壇上から会場を見守っていたという人物でした。幸い彼女は、私が七五年からかかわってきた国際婦人年大阪の会の代表だったこともあり、そのときの経緯や感想を直接聞くことができました。そのうえ雑誌『教育』読者会を大阪で主催してくださっていた青木一先生のお宅に「全国婦人教員研究協議会」（略称・「婦研協」）の第一回から三回までの資料が残されていることがわかり、研究に取り組むことができました。

水木モリヱさんが大阪市の職員になったのは戦争中のことでしたが、それまで勤務していたのが愛媛県の小学校でした。そのとき一九一七（大正六）年から戦前まで続いていた「全国小学校女教員大会」の第一八回松山大会を三八（昭和一三）年に開催した経験をもっており、戦後こそ婦人教師たちに自らの力で決起して欲しいとの思いから、当時の大教組婦人部に婦人教師だけで全国集会をもつことを薦めたということでした。

一九五一（昭和二六）年日米安保条約が調印され、文部省は国旗掲揚・君が代斉唱の通達を出すなど、すでに教育の「逆コース」が始まっていました。こういった状況に危機感をもっていた日教組は、大教組からの進言を受け全国婦人教員研究協議会の開催に踏み切ったのでした。

「婦研協」は大成功に終わり、参加者の強い要望もあり第一回で終わらせず、継続して開催することを決議し、第二回、第三回までは開催されました。

先輩女教師たちの活躍ぶりに私も励まされ、これからの後輩教師に伝えたいと思って論文にしました。

〈どのような意味をもつ協議会だったのか〉

戦後間もなくＧＨＱが出した、民主化五大改革の第一にあげられた「婦人解放」は、「学校教育民主化」とともに女性教師にとって大きな期待でした。賃金の男女差撤廃を真先にかかげ、一九四六年以来、次々に各府県で賃金の男女差が撤廃され、一九五二年頃までには、日本の教育労働者は賃金のうえで男女平等を実現することができました。

しかし、日教組の日光で一九五一年一月に開催された第一回全国教育研究大会の参加状況は各県代表五〇三人中女性三四人（内二九人は幼児教育分科会）という実情でもわかるように、依然として保育所など社会的な整備が遅れる中で、女性教師には家事負担が重くのしかかり、研修の機会をはく奪され、職場でもお茶くみ、宴会の飲食準備、宿直室のふとんの整理など一方的に担わされ、教育研究活動を男性と同じようには進められないなどの悩みを抱えていました。とりわけ、この年の年度末には全国的に人員整理の嵐がふきあれ、真先に女性が退職勧奨を受けるなど、この不平等を何とか克服したいという切実な願いが女性教師たちの間に蓄積されていました。

こうした閉塞的な状況のもとへ、それを打破しようと、「婦研協」開催の呼びかけが日教組からあったのです。

第一回の「婦研協」（一九五二年三月二八日〜二九日大阪市中央公会堂）の様子をさらに追うと次のようになります。

午前九時半開会、全国から二〇〇〇人を上回る参加者で溢れんばかりであった。来賓挨拶の後、①「教育の民主化のために」②「社会改善のために」③「平和のために」三テーマについて順次全体で協議が進められた。その様子を当時の婦人部役員はのちの座談会で次のように語っています。「……言いたいことがあまりにもあったんですよ。みんなめいめい発言する。……要約すれば、権利の問題と平和の問題にわかれたですね」（千葉千代世）。当日講師として出席していた森昭（大阪大学教授）は「……時折涙が出るような激しい感動をおさえることができませんでした。これまでは他の日本女性と同じように男性のたんなる脇役としての地位しか与えられていなかった婦人教師が、今や立ち上がりつつある状態を今日見届けたからです」と講評のなかで語っています。

参加者の強い要望で第二回は一九五三年二月二一〜二二日、千葉県鴨川町の鴨川小学校を中心に開催され、第三回は第三次静岡教研集会の前段の五四年一月二二〜二三日、静岡市で開催されました。教研集会をさらに発展させるために「婦研協」の役割はここまでとして、これが最後になりました。

三回にわたる「婦研協」の意義は大きく、私は次の三点をあげ、まとめとしました。

1　父母とともに子どもを守る運動の起点となった。

第三回「婦研協」で採択されたアピール〝お母さんに訴える〟は日教組婦人部の一九五四年度から展開される〝母と女教師の手をつなぐ運動〟の提起となり、さらに五五年第一回日本母親大会（豊島公会堂）の開催に発展しました。

2　世界の婦人運動と手を結んで平和を守る運動を国際的に展開していく基盤をつくった。

3　女性教師が教育者として目覚め、自己変革を遂げた。

その後の日教組婦人部の運動に大きな影響をもたらした集会でした。

この論文の完成は私にとっては大きなステップになりました。

(2)大阪女性史研究会に仲間入り

退職後大阪女性史研究会に参加し、私は女性史の視点で女性教職員に焦点をしぼった研究を進めることにして仲間入りしました。

大阪女性史研究会の歴史は、一九七一（昭和四六）年一一月に発足。それは大阪大学大学院の女性院生が、女性史の研究会をつくりたいと考え、興味ある人に呼びかけて集まり、学習会を始めたということです。その後大阪歴史科学協議会の提起で戦後年表づくりに取り組み、七五年八月『大阪女性史年表（戦後編）』を『戦後大阪市年表』とともに完成させました。当時のメンバーは八人のうち作田孝子、樋上恵美子、山田裕美、石月静恵の四人が今も研究会の中心メンバーです。私は退職後の参加ですが、すでに二〇年以上研究をともにしてきたことになります。

七七年九月「全国女性史研究交流のつどい」（第一回愛知県名古屋市）でこの年表づくりについて発表し、その後第一一回二〇一〇（平成二二）年の東京開催まで毎回研究会のメンバーが参加し、研究会の成果を報告したいという意欲が活動の継続につながったようです。私が参加してからは、大阪女性史年表はこのつどい開催に合わせ、〇一年には大正編、〇五年には昭和前期編、一〇年には明治後期編を発行してきました。それぞれの年表の史料紹介は、自分の取り組んでいる課題を掲載しました。私は女性教職員運動史のなかから選んで掲載しました。こうして私の女性教職員運動史は大阪女性史研究会のみなさんとの二カ月に一回、名古屋から車で駆けつけてくる石月静恵さん（桜花学園大学）を中心に長年積み上げてきたものです。

もう一方で私が研究を続けてこられたのは、教職員グループのなかで女性史に関心のある人五～六人と月一回集まって一緒に勉強し合えたことでした。コスモス女性史研究会と名づけ、はじめは大阪市の婦人会館の一室でスタートし、のちにドーンセンターの小会議室を会場に、明治期から大正期、そして昭和期の戦前の女性教職員がどんな働き方をしていたのか、彼女たちは何を願っていたのか、社会からどう見られていたのかなど、私が報告し、みなさんがその時代をどう認識しているかを話し合いました。昭和一桁生まれの私と明山さん、そして片野、井上、志村、山根さん、みな戦争の何たるかを知っている世代の退職教職員です。

しかし私の運動史は、総評解体、日教組分裂という労働戦線の右翼再編の執筆をするには苦痛をともない、いったんは筆を折らざるを得ませんでした。そしてまずは自分史をと取り組むことにしました。今なら女性教職員運動史を書き遂げられるという気持ちになりました。今から挑戦しようと思います。

(3)「戦前の女性教職員の要求とその実現」

前述の水木モリヱさんが戦前経験された「全国小学校女教員大会」というのはどんな会議だったのか、女教員に何をもたらしたのかを研究し『日本教育史研究』に投稿したのですが不採用となり、二〇一〇（平成二二）年の大阪女性史研究会の研究冊子『大阪女性史年表（明治編）』に掲載しました。

一九一七（大正六）年、この会議を提唱したのは、デモクラシーの機運高まるなか教育改造運動の発展を支えたと評価されている沢柳政太郎でした。「帝国教育会、第一回全国小学校女教員大会を開催（一六〇人参加、産前産後休暇等六項目につき協議）」と『日本教育史年表』に記載されています。この大正期の小学校女教員大会についての研究は、一九八〇（昭和五五）年『女教員会に関する教育史的研究』として埼玉大学の川合章・佐藤一子・新井淑子の共同執筆で発表されていますが、研究書として出版されていませんでした。私は滋賀大学図書館にもなかったので検索していただき、奈良県立奈良図書館からコピーしていただいたのでした。この時期の女教員の置かれている状況と要求を知ることができる貴重な資料です。全国小学校女教員大会だけでなく、第二章　全国小学校連合女教員会や第三章　各道府県、市の女教員会なども記載されており、どうしてこんな貴重な研究が本にならなかったのか残念に思っています。

一九一七年から四二年までに開催された二〇回におよぶ小学校女教員大会と太平洋戦争下の三回の全国女教員興亜教育研究会のなかで、繰り返し声をあげ続けたのは、①産休延長をはじめとする母性保護の要求。②管理職の登用や男女教員の男女初任給差別撤廃など待遇と地位の改善。③公民権・参政権の要求。③は第一一回大会に出ただけに十分な論議することもなかったようです。さらに既婚女性教員が抱えていた〈職業と家庭の両立〉問題が、「部分勤務制」として第六回と七回に提案され、大いに論議され可決されましたが、これらの要求はほとんど実現することはなかったのでした（二〇一四年、この問題を深く研究された齋藤慶子著『「女教員」と「母性」　近代日本における〈職業と家庭の両立〉問題』（六花出版を参照）。

産前産後休暇だけは一九二二年九月文部省訓令一八号を発し、①分娩後六週間休養と医師の診断による分娩予定日前二週間の休養などが認められました。文部次官通達で産休補充教員設置について指示、さらに女教員の月経時や妊娠時の過激な運動や職務を軽減または免除するよう指示しました。画期的な指示でしたが、この規定は各県宛のもので財政難の市町村では受け入れられるものではなく、その実現は戦後の労働基準法と教職員組合の運動に待たねばなりませんでした。しかし一九一七（大正六）年に端を発した全国小学校女教員大会で声をあげ続けた戦前の女性教職員のねばり強い要求の記録は私を励ましてくれるものでした。

二〇一〇（平成二二）年九月の「第一一回全国女性史研究交流のつどい」（東京）に、大阪女性史研究会のメンバーとともに私たちの研究冊子を持ち込み販売し、各地域女性史のみなさんと交流することができました。

安倍首相の「教育再生」と橋下維新の会の「教育こわし」

二〇〇六（平成一八）年九月、安倍晋三が初めて首相になり、一〇月には「教育再生会議」を設置し、ただちに教育基本法「改正」に手を下しました。一二月にはもう教育基本法が改悪されてしまいました。その後の政変で民主党に政権を奪われましたが、自民党の政権復帰が現実味を帯び、安倍が再び自民党総裁に復帰した一二年一〇月には、安倍総裁直属の「教育再生実行本部」を設置し、急テンポで教育改革案づくりを進めました。一二年一二月一六日の衆院総選挙で自民党は単独過半数を獲得し、三年三カ月ぶりに公明党との連立で政権復帰を果たしました。

教育改革案のもと、教育の国家統制に向けどんどん施策は進められています。「世界トップの学力水準」を掲げ教育内容や方法にまで立ち入り、教科書検定に圧力をかけ、「全国学力テスト」で生徒間・学校間・

自治体間で競わせようとしています。「教育再生実行本部」は「いじめ対策」として道徳の教科化など教育内容への国の介入を進めました。首長が教育委員会を牛耳り教科書採択をねらい、偏った価値観を植えつけようとするなど教育行政と国家干渉の行政管理の強化は、民主主義の破壊行為です。

「戦争の準備は、学校教育から始まる」、それは歴史の教訓です。子どもたちは自尊心を傷つけられ、自己肯定感をもてなくなり、いじめ、不登校、引きこもりが増え、自殺など命にかかわる事態が増え、子どもの権利は踏みにじられています。教師もまた過酷な労働、同僚との信頼関係が崩れ、慢性的過労のための体調不良や、精神疾患や休職が増加している現実があります。安倍政権の集団的自衛権行使容認に反対し、「戦争する国」づくりと「戦争する人」づくりから子どもを守らなければという思いでいっぱいです。

大阪では〇八年一月〝子どもたちが笑う大阪〟を掲げて当選した橋下知事と維新の会は、「府民泣かせ」「教育こわし」の七年でした。その都度大教組をはじめとする教育関係者や女性団体や母親たちが果敢に批判し反対運動に取り組み、全国にも発信してきました。

〇九年からは橋下維新の会の学校教育への発言が目立つようになりました。「全国一斉学力調査」の結果の公表を迫り、点数競争をあおっています。また進学実績の高い高校一〇校の学区を取り払い、超エリート校として「進学指導特色校」にするなど、競争主義と格差拡大の教育を強化してきました。

一一年、知事四年目の一斉地方選挙で、維新の会が府議会で多数の議席を握ったため、〝君が代〟を強制する「大阪府の施設における国旗の掲揚及び教職員による国歌の斉唱に関する条例」と「教育基本条例」・「職員基本条例」の二条例の制定を強行し、無理やりに条例の力で教育支配を推し進める暴挙に出ました。

府内四〇万人以上の反対署名、府立高校全職員の九割を超える反対署名が集約され、府教育委員五人全員と府教育長が条例に反対を表明しました。さらに府立学校の校長会と府内小中の校長会でも反対の声が上がりました。そのうえ学力テストの学校別公表に対して府内四一市町村の教育長全員が反対を表明するなど、知事に対する闘いの共同が広がっていきました。「教育こわし」を許さないオール教育関係者の共同の広がりは府民にとって力強いことでした。

一一年一一月には、大阪市長選挙に現職の市長に対抗して橋下徹氏が知事を辞職し、大阪市長選挙に立候補し、知事に維新の会の松井氏を立候補させるという思いもかけない暴挙ともいえるW選挙になったのでした。結果は橋下大阪市長と松井大阪府知事の誕生を許してしまったのでした。橋下大阪市長はまず労働組合や職員を「思想調査」の手法で攻撃し、さらに攻撃（改革）を職員から市民へと広げ、一二年度の「市政改革プラン（素案）」は保育・教育・文化・医療など、市民生活全般にかかわる、暮らしを根こそぎ破壊するような素案でした。

私たち女性に対しても男女共同参画センター五館の廃止が打ち出されました。女性たちも反対に立ち上がりました。それぞれの団体がそれぞれの方法で運動を展開し、一定の歯止めはできたものの多くの場合は縮小を余儀なくされ、今も運動は続いています。大阪市の教育現場でも提起された学校選択制を、地域ぐるみの大きな反対運動で半数の区では導入していません。一三年五月の橋下市長の「慰安婦は必要だった」発言は女性すべてにとどまらず、人間すべてへの冒瀆であるとして、国内外から批判の声が上がりました。

二〇〇〇（平成一二）年一二月安倍自民党は政権復帰を果たし、「教育再生」のねらいである大企業に役立つ人材づくりのため、エリート育成教育を押し進めました。

大阪でもそれにならい大阪入試制度を〇二年より今まで府内全域四学区だった普通科を府内全域一学区にしました。競争をあおり、教育現場では教職員をはじめ保護者、生徒に混乱と動揺を与えています。

学区全廃は「できない子」の切り捨てにつながり、学校つぶしにつながりかねません。この維新の会のやり方を見るとき、国会でも多数を占める維新の会がどのように安倍政権の補完勢力として〝戦争への国づくり〟そして〝戦争への人づくり〟に加担していくかを注視しなければなりません。

2　女性が生き生きと活躍できる社会を

「住友」の女性と国連へ

一九九四（平成六）年一月には、住友系メーカーの女性たちが、国連の女子差別撤廃委員会（ＣＥＤＡＷ）に自分たちの実情を直接訴えることになりました。私たち国際婦人年大阪の会から民間企業の女性労働問題に取り組んできた正路怜子、通訳の尾川寿江、そして私宮本英子の三人がサポーターとして同行することにしました。

「経済大国」日本において女性はいくら長く働いても、住友のような大企業の職場でも定年近い女性の賃金が入社三年目の男性と同じだというのです。女性の賃金は男性の半分という事実を告発し、カウンターレポートとして女性弁護士と働く女性とで作成して『日本からの手紙』として女子差別撤廃委員会の二三人の審議委員に前年にすでに送付してありました。住友メーカーネットワークの矢谷康子、石田絹子、西村かつみ、白藤栄子、そして住友銀行から荒川加代子の五人が直接、差別撤廃委員に訴えることになりました。審議委員のみなさんは訴えをしっかり聞いてくれました。

この行動はマスコミにも大きく取り上げられ、その後の運動に大きな力になりました。九四年三月には、住友系メーカー（住友電工・住友化学・住友金属）の女性たち一二人が、大阪婦人少年室に「男女社員の間で昇格や昇進に不当な差別がある」として、男女雇用機会均等法に基づく調停申請をしました。資料提供の申し入れにも応じない労働組合に対しては、簡易裁判所に申し立てを行いましたが、物別れに終わりました。

住友の５人の女性たちと（中央宮本、左から２人目 尾川寿江 ニューヨークにて）

大阪婦人少年室では九月から日本で初めての調停開始が決まりました。こうして道なき道を踏み分けるように、住友系メーカーのみなさんの長い闘いが始まりました。そのスタートに立ち会え、何よりも彼女たちの毅然とした信念と行動力に日本の女性の未来が見えました。その後の裁判や行動提起にできるだけ参加しながら、私も育てていただきました。

その体験を私は『女性労働問題研究』（一九九四年六月下旬号）に「国連女子差別撤廃委員会（CEDAW）への要請行動」として報告しました。

九五年八月開催の北京の世界女性会議には、裁判に踏み切った住友の女性や支援する弁護士、そして私たちをはじめ大阪の女性団体から参加した面々が、大挙してワークショップに出席し、日本の男女差別の実態を報告し、裁判に立ち上がったことを世界に発信しました。

九五年秋には住友の女性たちやそれを支援した人たちでWWN（ワーキング・ウィメンズ・ネットワーク）を立ち上げました。国内だけでなく国際的なネットワークとして、働く女性の支援活動が活発に取り組まれるようになりました。

私もWWNの会員になり、裁判を起こした住友電工・住友化学・住友金属三社の女性たちを支援してきました。二〇〇〇年七月に出された大阪地裁の判決は、「男女別の採用は憲法一四条の趣旨には反するが、当時の社会意識の下では公序良俗違反とはいえない」という憲法も国際条約も無視した判決で全面敗訴でした。涙を振り払って彼女たちはただちに控訴しました。支援する大阪の女性たちは裁判所を囲む人間の鎖を成功させ、司法に抗議の声をあげました。さらに国連など国際機関に判決の矛盾を訴えました。

二〇〇三年八月に国連女子差別撤廃委員会で、日本政府レポート審査があり、住友の彼女たちもレポートを提出し、ロビングに出かけ訴えました。

女子差別撤廃委員会は日本政府に対してコース別管理が間接差別に当たるとして厳しいコメントを出しました。裁判所より和解の提案があり、彼女らはそれぞれ協議に応ずることになり、〇三年一二月に住友電工に裁判所から格調高い和解勧告が提案され、和解が成立しました。こうして住友化学、住友金属ともに原告勝訴の和解が成立したのです。この裁判闘争での宮地光子弁護士をはじめとする、女性弁護士の活躍はすばらしいものでした。

ＷＷＮは今も政府の労働政策に目を光らせ、とりわけ民間企業の女性労働者の実態をよく把握し、いち早く申し入れや抗議行動をするなど、全国的な運動を展開、ホームページもあり、国際的に活躍しています。公務員労働者であった私はＷＷＮの運動にかかわることによって民間企業の労働者の厳しさや企業論理の在り方などを学ばせてもらってきました。

国際婦人年大阪の会の新しい出発

国際婦人年大阪の会は、一九八五（昭和六〇）年「国連婦人の十年最終年」を機に団体会員と個人会員による会員制としました。スタートした国際婦人年大阪の会の機関紙「えぼるあーど」（エスペラント語で発展を意味する）もいまや一三〇号になります。四〇団体と約三〇〇人の個人会員で今日にいたっています。

八五年からは白書づくりのために「国際婦人年大阪の会　第一期水曜講座」と名づけた講座を政治・労働・教育・福祉等テーマを決め、四回開講して学習し合いました。その後毎年のように水曜講座を重ねました。こうした学習や、日々変わる情勢の変化をとらえて、大阪府と交渉するようになったのは八六年からでした。、何か課題が出てきたら要望書を提出して、婦人政策課とも懇談しました。行政もともに女性政策の向上に取り組んだ活気溢れる時期でした。

九四（平成六）年には、待望の大阪府立女性総合センター（ドーンセンター）が開館しました。その設立と運営に私たちも一定かかわることができました。

八五年、大阪の女性の実態と活動を『草の根婦人白書―大阪の女性の一〇年』として発行しました。それをＰＡＲＴ１として、『草の根婦人白書　大阪の女性は今ＰＡＲＴ２　一九九〇年版』を一二月に発行しました。「国際婦人年日本大会決議を実現するための連絡会」が作成した「民間行動計画」の五つの分野（政策決定参加、教育・マスメディア、労働、家族・福祉、平和・国際協力）で大阪の現状を五つのグループに分けて点検したものでした。

九五年にＰＡＲＴ３、二〇〇〇年にＰＡＲＴ４、二〇〇五年にＰＡＲＴ５まで、五年ごとに事務局が中心になり編集し、各分野で活動するみなさんの協力で発行することができました。

この白書のそれぞれの最後尾に「平和をめざす女性のあゆみ」として、国際的な動き・国内の動き・大阪の動きを年表にして掲載して、活用してもらってきました。

『草の根女性白書』には毎回、大阪市立大学名誉教授の柴田悦子先生に巻頭言を寄せていただき、大阪の女性たちにとって大きな励ましになってきました。しかしインターネットの普及などにより、白書はPART5で終わりとしました。

大阪府ジャンプ活動助成金交付事業を九六年度と九八年度の二年度にわたり受け、五分野、六五人の大阪の女性の証言を『聞き取り　大阪の今を築いた女性たち　パート1』として一冊にして発行できました。パート2には三五人の新たな証言と、第二部として明治の始まりから九五年までの「大阪の女性運動のあゆみ」と各ページに「女性に関するミニ年表」を大阪女性史研究会の協力で記載することができました。

九九年四月の大阪府知事選で横山ノックが再選され、こともあろうに、その選挙中運動員の女子学生へのわいせつ行為の容疑で起訴されました。私が、国際婦人年大阪の会の「ノック辞めさせよ」の要望書をもって大阪府庁に行っていた日でした。知事は翌一二月二一日辞意を表明しました。

二〇〇〇年二月六日の大阪府知事選で太田房江が当選。全国初の女性知事誕生は私たちにとって〝誇り〟とはなりませんでした。同じ女性でありながら、女性の地位向上などの施策は立候補したときから期待できる言葉は片鱗もありませんでした。太田知事は関西財界の全面支援を受け、その要求の実現を推進し、「オール与党」体制を復活させました。住民の暮らしや福祉を守るという自治体本来の責務を捨て、府民に背を向け、女性の期待を裏切るものでした。しかし在任八年の間は、財政難のなかで辛うじて女性関連予算は、今までの水準を維持してきたことを良しとしなければならないのでしょうか。

そして次に登場したのは、維新の会の橋下知事でした。二〇〇八年二月でした。

国際婦人年大阪の会の平和の取り組み

(1) 〝平和に生きよう青い羽根〟運動

国際婦人年大阪の会が発足以来力を入れて取り組んできたのが「平和」の取り組みでした。この会の発足に大きくかかわった城ゆきさんは、「平等・発展（のち開発）・平和」のなかでもとくに平和の取り組みをもっとも強く推し進めました。二〇一三（平成二五）年に一〇二歳で生を全うされるまでの足跡はこれからも語られるでしょうが、国際婦人年大阪の会に彼女が残したものは平和を守るための情熱でした。長年国際婦人年大阪の会が中心になって取り組んできた〝平和に生きよう青い羽根〟運動は、一九八一（昭和五六）年国際的に取り組まれた「平和の波」に呼応して、城さんの提唱で大阪でスタートした運動でした。〇八年まで毎年一二月八日を中心に駅頭街宣だけでなく、地域で、学校で、職場で広げ、戦争反対、核兵器廃絶を呼びかけるのに大きな力を発揮しました。青い羽根が水難防止のシンボルとしてすでに登録されている旨指摘され、やむなく終了せざるをえませんでした。

(2)アメリカのコードピンクに連帯した平和の行動（沖縄行動）

国際婦人年大阪の会が力を入れて独自の平和運動を展開してきたのは、平和担当の尾川寿江さんがアメリカのコードピンク*と交流するようになったことがきっかけでした。彼女がコードピンク大阪として活動するようになり、国際婦人年大阪の会の団体会員になり、アン・ライト**さんをお呼びしての平和の行動に取り組むようになり、ともに頑張ってきました。

二〇〇八（平成二〇）年五月「九条世界会議・関西」が舞洲アリーナで開催されアン・ライトさんも参加されるのを機に、国際婦人年大阪の会が中心になって「アン・ライトさんを迎えて連帯を！」実行委員会を立ち上げ五月七日集会をもちました。会場溢れる参加者は次々と自分たちが地域や団体で取り組んできた運動を紹介し、発言したので、アン・ライトさんは感激し、集会は大成功に終わりました。

続けて五月一一日からは大阪で募ったメンバー八人と尾川さん、アン・ライトさんの総勢一〇人で沖縄基地と戦跡めぐりに同行しました。もちろん私も同行しました。

大阪から同行する八人は一一日午後二時那覇空港に降り立ち、新潟から講演を終え到着するアン・ライトさんを沖縄の実行委員会の高里さんらとともに「ようこそ沖縄へ」を掲げてお迎えしました。その夜は沖縄市くすぬち平和文化会館でアン・ライトさんの講演会があり、東門美津子沖縄市長をはじめとした女性たち五〇人余と熱気ある交流ができました。講演後海兵隊の兵士の起こした事件現場にも案内してもらい、基地の危険をひしひしと感じさせられました。そして大阪グループと沖縄のみなさんとアン・ライトさんを囲み、沖縄料理店で膝つき合わせて楽しみました。

次の日は沖縄平和委員会の事務局長さんにガイドしていただき、「軍事基地調査資料」を手に基地や戦跡をめぐり、多くを学び心に焼きつけました。

① キャンプハンセンへ、隣の公的な体育館の非常階段から基地の全貌が見渡せ、砲台や戦車、それと同じ色の大小のトラックが整然と並ぶ基地、いったいどこに向けて発進する心算でしょうか。

② 嘉手納基地と道を隔てた「道の駅」の屋上より見る基地は広大でその果ては確認できませんでした。次々と飛行機は飛び立つ。何処へ。

③ 普天間基地へ、これはまた民家や学校に囲まれた危険がいっぱいの基地、右手に墜落事故のあった沖縄国際大学も見えました。

④ そしてこの日最後に訪れたのは南風原町《はえばるちょう》の戦跡、「沖縄陸軍病院南風原壕群」でした。沖縄戦の最中、傷ついた兵士、それを看護する女子学生たちがたくさん犠牲になった、生き地獄だった壕です。胸の締めつけられるような圧迫を感じたのは私だけではないでしょう。近くの資料館は小さいながら戦時中の遺物や村の地図など貴重な品々

アン・ライトさんを迎えて　沖縄行動（中央　アン・ライトさん）

を収録し、沖縄戦の実態を雄弁に語りかけてくるようでした。

⑤　次の日はいよいよ辺野古の海岸を訪れたのでした。快晴の青い空に青い海が真夏のような太陽が照りつけるなか、私たち日本人を拒否するためにぐるぐる輪を描くように張られた鉄条網に、私たちは細く裂いた布きれに、「この海は渡さない」「辺野古の海は日本の宝」など、思い思いの怒りや願いを書いて結びつけるというささやかな意思表示をしてきました。米兵の姿もなく、白い砂浜がえんえんと続く向こうに見える岬と煙突が基地の印という。ここに新基地が建設される予定だが、測量のための調査船が出ると、それをさせまいとしてカヌーで身を挺して漕ぎ出す反対派のみなさんの抵抗で当時はまだ手つかずでした。ここで阻止を続けるウェットスーツ姿の平良悦美（当時七三歳）さんは「非暴力が私たちの武器」と明るく力強く語ってくださいました。このジュゴンが棲むという海をなんとしても守らねばという思いを深くしました。

沖縄での三日間、アン・ライトさんは厳しいお顔でしっかりとガイドさんや尾川さんの説明に耳を傾けていました。アメリカの軍事基地が沖縄の住民にどんな問題をもたらしているかを理解していただけたと思います。それが草の根の日米連帯の平和活動を前進させると確信しました。

＊コードピンクって？

コードピンクは草の根で平和と社会正義を求めてアメリカで女性たちを中心に展開しているダイナミックな運動です。政治への抵抗を創造をこらした非暴力直接行動という形で行っています。二〇〇二年一一月一七日にコードピンクを立ち上げました。いまや全米各地に一〇〇以上のローカルグループがあり、海外にもいくつかのグループをもっています。大阪にも「コードピンク大阪」というグループがあります。

＊＊アン・ライトさんの略歴

元米国陸軍大佐。退役後アフガン・モンゴルなどで代理大使として外交官を務める。二〇〇三年三月、ブッシュ政権のイラク侵攻は、国連安全保障理事会の決定に基づかない国際法違反として、コリン・パウエル国務長官に辞表をつきつけ、それ以来今日まで、世界各地で反戦・平和運動を続けている。

(3)アメリカのコードピンクに連帯した平和の行動（グアム行動）

国際婦人年大阪の会では二〇〇九（平成二一）年一月には平和講座を開催して、前年末にブッシュを追い落とし、政権に就いたオバマ大統領に戦争終結を迫るアン・ライトさんたちの新たな闘いに学ぶため、アメリカに出かけて交流を深めてきたコードピンク大阪の尾川さんと、大阪原水協の田中洋子さんからお話を聞き学習しました。

〝オバマ政権で戦争から平和にチェンジできるの？〟がテーマでした。その後米国務長官の来日に合わせ、日米両政府はグアム新基地建設協定に調印し、沖縄の辺野古での新基地建設が明記されました。このような米軍基地の再編・強化を日本の国民も、グアムの先住民のみなさんも望んでいません。今こそ日本、グアム、アメリカの平和を願う市民が連帯して反対の声を上げよう！　再度アン・ライトさんに日本に来ていただくことになりました。

○九年七月に再び日本母親大会の要請でアン・ライトさんの来日が決まりました。沖縄の基地のグアム移転問題が、日本にとって、沖縄にとって、グアムにとって何をもたらすのか、それを究明するために、私たちもアン・ライトさんとグアムをあるき、現地のチャモロの人の話も聞こうというコードピンクの尾川さんの企画で、私たちでグアムにアン・ライトさんを出迎えに行き、一緒に島をまわろうということになりました。

大阪を中心に一七人が参加することになりました。七月一八日夜関西空港を出発。一九日深夜にグアムに到着し、ホテルへ。翌日の午後島内の戦跡など見学。二〇・二一日アン・ライトさんとともにチャモロ・ネイションと交流、米軍基地・戦跡めぐり。二二日アン・ライトさんをともない日本に向かうという強行スケジュールでした。

参加者の一人、元衆議院議員の藤田スミさんは、戦争中南方の戦線でお父さんを亡くされていることもあり、戦跡の訪問にはとりわけ心をこめて行動されてい

グアム行動　チャモロの人たちとの交流会
日本からの18人とアン・ライトさん（右端）

ました。チャモロからも国会議員クラスの方も参加されていたし、現地のマスコミの取材もあるなかで、藤田さんはいつも適切な堂々たる発言をしてくださる心丈夫な存在でした。こんなにも遠い南の島で命を落とされた多くの御霊に思いをはせ私も胸がいっぱいでした。とりわけ島民が犠牲になった慰霊碑は戦争の過酷さをいつまでも島の人々に思い起こさせる大切な存在となっているようでした。

チャモロの女性たちは知的で積極的で民族の誇りを感じさせられ、圧倒させられました。アメリカの半植民地的な扱いをどう撥ね返していくかの思いが言葉の端々で感じられました。こうして七月一八日〜二二日のグアム島スタディツアーを成功させることができました。

帰国した翌日の二三日に「アン・ライトさんを迎えて　グアム米軍基地　現地調査報告と講演の夕べ」を大阪市内のいきいきエイジングセンターホールで開催しました。たくさんの人に参加していただきました。

七月二五日・二六日は第五五回日本母親大会の京都集会の全体会・分科会でアン・ライトさんにも大活躍していただきました。

二五日京都は雨でした。濡れた体で全体会の会場で座り込むのは大変でした。全国から集まったみなさんの熱気も大変でした。アン・ライトさんはゲストとして全体会でご挨拶されました。二六日の分科会は、「国際シンポジウム　NPT再検討会議へ」はアン・ライトさん、安斎育郎さんなどをシンポジストとした会場は五〇〇人を超え、大盛況でした。私もここに参加して、グアム島スタディツアー体験をもとに発言しました。この行動を通じて、日本の立つ位置がはっきり見えてきたことは私にとって大きな収穫でした。アン・ライトさんの平和行脚は大阪での豊中集会、対談　アン・ライト&天木直人「平和と戦争について語る」（七月三〇日）。堺市の泉北集会（八月一日）ではアメリカでの平和運動は非常に困難で、何度も逮捕されたアン・ライトさんのお話を聞き、日本国憲法の大切さを実感したとの声も寄せられました。

グアム島スタディツアーに参加された梅田章二弁護士のCDによる報告はみなさんに新たなアメリカと日本の歴史的な関係を気づかせ、レジャーのメッカとしてのグアムの印象を払拭させたようでした。この集会の成功のため奮闘中に藤田スミさんが病に倒れられ、この集会にはお見えになれなかったことが悔やまれます。グアム行動を中心にした一連の平和行動を参加者としてずっと行動をともにしていただいた弁護士の梅田章二さんには、CDの「アン・ライトさんと行くグアム・スタディツアー」の制作までしていただくなど協力していただきました。

アン・ライトさんはさらに広島市での原水禁国際シンポ・原水禁世界大会（八月二〜六日）にも海外ゲストとして出席し、貴重な発言を残し、最後の講演の地、北海道（八月七〜一一日）では矢臼別・札幌・旭川の九条の会や女性平和基金の会のみなさんの要望に応え、精力的に語り励まして八月一二日に帰国の途につかれました。

国際婦人年大阪の会のこれから

二一世紀を迎えるにあたり、国際婦人年大阪の会では存続も含め論議し、検討した結果、日本の女性の地位がまだまだこのように低い状況ではやめるわけにはいかないとの結論に達し、二〇〇一（平成一三）年には陣容も改め第二のスタートをあゆみだしました。私は一〇〇歳の水木さんに代わり会の代表になりました。

ところが二一世紀に入って、ジェンダーや性教育をめぐるバックラッシュの嵐が常軌を逸するほど激しく吹き荒れました。さらに〇八年の橋下府知事の登場以来、民主主義そのものを破壊するような維新の会が進める人権無視の諸政策が大阪でまかりとおり、今まで活動を保障してくれていた大阪府政も、理念なき女性政策で活気を失わされました。専門性を高く評価されてきたドーンセンターの予算の大幅削減など橋下知事の見直し方針に、女性団体が集まり「好きやねんドーンセンターの会」を発足させ、知事に要望書を提出し、府議会に働きかけるなど行動を起こしました。署名運動も全国に広がりましたが、民営化・売却はまぬがれたもののドーンセンターの機能は縮小され、〇九年には事業費は三分の一にされました。

一一年一一月、この維新政治が大阪市にまで及んだのでした。

二〇一二年一二月の衆議院選で民主党が大敗北を喫し、自民党が再び政権に返り咲きました。そして一三年七月の参議院選で大勝利した安倍自民党政権は、憲法九条を変え日本を海外で戦争できる国にしようとしています。

世界中の平和を求める人たちとともに九条の意義を考えようと、一三年一〇月一三・一四日、九条世界会議が大阪で開催されました。三たびアン・ライトさんをお迎えしました。会場でアン・ライトさんとお会いでき、〇九年の日本母親大会の写真を手渡しました。今の世界情勢のなかで九条を世界の平和のために生かし、九条のもつ意義を広め「日本国憲法九条」を守りぬく決意が私たちに問われています。

安倍内閣の次々打ち出す政策にどう対決していくか。特定秘密保護法は大きな反対の声が押しきられ、集団的自衛権行使を可能とする憲法解釈変更を閣議決定してしまいました。憲法九条・二四条を変えさせてはならないと女性たちは学習を広げています。現憲法を変えさせないための前哨戦が熾烈に闘われています。世界の良識ある声に耳を傾け、身近な人々の胸に届く運動をもっともっと広げねばなりません。

メキシコシティでの「国際婦人年世界会議」後、四回にわたる世界女性会議の開催などにより、全世界の女性をめぐる情勢は大きく進展しました。日本では今世紀に入りその進展を拒もうとする逆流がみられます。一四年一〇月、世界経済フォーラムが「ジェンダーギャップ指数二〇一四」を発表しました。それによると日本は一四二カ国中一〇四位となりました。なんという情けないことでしょう。しかし私たちはそれにめげず、国連の勧告・警告に励まされながら女性差別撤廃に向けて、政府の女性政策の改善を求める活動と、憲法を改悪させない闘いと併せてこれからも声をあげ続けていかねばなりません。

「平等・開発・平和」の課題は、重くなる一方の情勢を、国際婦人年大阪の会としてどう切り開き、新しい運動を構築していくかが問われています。これからは、そのための学習を呼びかけ、ともに行動したいと願っています。

3　退職後の新しい出会いと学び

大阪退職教職員の会の仲間と

私は一九九二（平成四）年三月に退職し、堺の退職教職員の会に入会し、その翌年には九一年に結成した大阪退職教職員の会の幹事を引き受けることになりました。すでに山下喜久枝さん、下川ツタエさんの先輩が活動を始めておられました。翌年には大教組の婦人部で苦労をともにしてきた野津米さんが加わり、その若さで引っ張っていただきました。女性のために、気軽な楽しい集いや、教養豊かな講座、散策、会合など次々と企画していただき親睦は日々深まりました。大退教としても学習会や歴史探訪など、そして海外旅行などを企画していただき忙しくも楽しい日々でした。

九四年に企画された〝北欧の旅〟はもっとも思い出深く楽しいものでした。憧れていた北欧は期待通りに素晴らしく、充実した福祉施設の見学や雄大な自然に触れ、実りあるものになりました。総勢一四人の旅でしたが、いつも同室で付き合ってもらった片野敏子さんとはそれ以来二〇年、いいお友だちになりました。

私は長く婦人部長を務めましたが、大教組の中央執行委員ではないので、俗にいう親組合の幹部の方々は遠い存在でしたが、退職者の会で親しくお付き合いできたのは幸せなことでした。初代の副会長の山下喜久枝さんが「女性サロン」を企画され、たくさんの学習の場を設けてくださいました。東谷元委員長には組合の歴史を何講座も回を重ねてくださったことが忘れられません。

長い大教組婦人部の仲間とも、思いがけずそれ以上の長い年月を退職教職員の仲間としてともに活動できたことは幸せなことでした。一〇周年、二〇周年の節目のイベントもこれからのいい思い出になることでしょう。大退教は私の大切な学びの場でもありました。

二〇一三年五月をもって大退教の役員は終わりましたが、これからも一会員として折に触れ参加させていただきたいものです。

福祉事業に関心を寄せて

退職した一九九二（平成四）年四月、国際婦人年大阪の会をともに取り組んできた大阪保育運動連絡会の横田

大阪退職教職員の会のみなさんと歴史探訪
（あごひげの東谷元委員長も　一心寺にて）

昌子さんから、大阪福祉事業財団の理事になりませんかとお声がかかりました。財団の理事など私には縁のないもののように思いましたが、福祉には関心をもっていましたので財団綱領を読ませてもらい、その理念に共感してお引き受けしました。「大阪福祉事業財団のすべての施設と事業は、国民の人権と幸せを守るためにあります。私たちは、常に利用者・国民の立場にたち、日本国憲法に明記された生存権・基本的人権を守り発展させる事業と運動をすすめます」とありました。この理念のもとに各施設ではそれぞれが施設の特色を生かして運営されているとのことでした。

その施設の数と多様さに驚かされました。いまや大阪市には城東地区に本部と老人ホーム、知的障害児施設、乳児院、保育所、医療施設など九主要施設を置き、さらに旭・生野地区に知的障害児施設、保育所など三施設。府下の高槻・羽曳野《はびきの》・枚方《ひらかた》・貝塚地区には救護施設、児童養護施設、知的障害者施設など一〇施設、主なもので合計二二施設はあります（二〇一四年松原市立から民営化移管した保育園が加わりました）。

何よりも乳幼児から高齢者まで、障害をもった人もおり、二四時間見守らねばならない職員のみなさんに、同じ労働でも日中だけで終わる教師であった自分の労働と比べその過酷さがしのばれ、心服しています。綱領の学習なども徹底しており、施設に何か問題があったときは論議を徹底されているようで、信頼しています。

後援会組織もしっかりしており、福祉まつりなどに見るエネルギッシュな職員や家族の姿にこちらが勇気をもらいます。地域のみなさんの参加もあり、地域に根づいていることが実感されます。福祉切り捨ての安倍政権のもと、後援会のみなさんに負担がますます大きくなるようにしてはなりません。「軍事費を削って福祉へ」の声をもっと強く推し進めなければ、日本を戦争する国にしてしまいます。「もっと福祉を充実せよ！」と声を上げましょう。

引き受けたのにはもう一つ理由があります。国際婦人年大阪の会ではすでに一九八五（昭和六〇）年に発行した一冊目の白書『草の根婦人白書――大阪女性の一〇年』に大阪の婦人保護事業を守る会から生野学園の「大阪府の婦人保護事業」について提言を寄せていただきました。

生野学園は五一年大阪府を設立主体とし、大阪福祉事業財団に委託経営されていた施設でした。「売春防止法」ができ、五七年四月から婦人保護施設として運営されていました。七六年には「現代のかけこみ寺」とも言われていました。八〇年代に入り大阪府はその役割は終わったとして、生野学園の現地建て替えの要求にも応じず、婦人保護施設閉鎖の方針を明らかにしました。その後八二年に大阪の婦人保護事業を守る会が結成され、保護事業を守る運動は署名運動などねばり強く続けられました。ついに九八（平成一〇）年三月大阪市内の唯一のかけこみ寺・生野学園が正式オープンしました。国際婦人年大阪の会のニュース第五五号にも紹介しています。私も四三人の呼びかけ人の一人でした。夫の暴力を受けたり、生活上の困難を抱えた女性や子どもたちが安心して新しい生活をスタートできる民間シェルターができたのです。渡辺和恵弁護士は一貫して理事長として長く深くかかわっていらっしゃいます。今も大阪の心あるみなさんの善意で維持され、女性の人権と命と暮らしを守る「砦」として活動しています。みなさんもぜひ力を貸してください。

こうして私の福祉事業とのご縁は、すでに二〇年以上の長い年月かかわってきました。安倍さん「大砲よりバターを！」憲法二五条と憲法九条を初心に返って読み返してください。憲法を守ることこそあなたがいつもおっしゃる。「私は国民の命を守らねばならない」の最良の道です。

信州宮本塾での出会い

二〇一三（平成二五）年四月の信州宮本塾は『農村発・住民白書　第二集　ともに生きる』を発行しました。そのまとめに事務局長の吉川徹さんは「宮本塾の二〇年」に塾発足の経過を次のように書いています。

一九八九年秋、宮本憲一先生が中心で都市問題を学んでいる〝大阪をあんじょうする会〟から農村との交流をしたいと言う申し出があり、望月町の有志が引きうけ、春日温泉で「都市と農村との交流集会」が開かれた。望月からは疎植一本植え・低農薬米に取り組む伊藤盛久が報告した。それを聞いた元禄時代から続いている造り酒屋大澤酒造の社長大澤進さんが、伊藤盛久の米で酒を作りたいと申し出て、翌年「信濃のかたりべ」という酒が誕生した。これが異業種交流による内発的発展の第一歩なのだと評された。こんな経過でつながりが深まり、佐久病院の若月俊一先生とも親交もあったので、宮本先生は望月に山荘を建てられることになった。折角だから我々もしっかりとした勉強をしようという話が持ち上がり、九二年七月、一六人が集まり塾の準備会がスタートした。八月八日には望月で発会の集いが開催され，六一人が参加。うち一二人の研究者も。上田、長野、諏訪などからの参加もあった。「地域の今と明日」というテーマで四人の報告、討議があった。「地球環境を護る、自然保護、都市問題……それらの根底には今農業農村問題があり、地域の自治、民主的発展が大切だ」として、それ以来冬季の二ヶ月を除き、毎月宮本塾が開催されてきた。

と述べられています。

ちょうど私が大教組婦人部長を降りた八九年に交流が始まり、九一年に山荘ができ、九二年私が退職した年に塾がスタートしたことは幸いでした。

私も宮本塾の塾生の一人としてできるだけ参加し、行動をともにすることにしました。吉川・伊藤の両家とは家族ぐるみの付き合いが始まり、吉川さんは望月町の職員から、のちに町長を務め、伊藤さんも農業を誇りとしながら町会議員を長年務めました。両家ともパートナーは町の中学校・小学校の教師ということもあり、私にとっては何でも相談しあえる友人として、以来長野滞在の折は、町内移動の足にもなっていただき今日にいたっています。

望月との縁をつくっていただいた当時の町の職員だった北沢さん夫妻は、町の職員から蕎麦職人に転

信州宮本塾のメンバー　私たちの結婚記念日にパーティー参加の
吉川ファミリー、伊藤ファミリー、北沢さん、ゼミ生の生田夫婦など

身、「職人館」を開店、それをサポートする啓子さんも草木染と織物のプロ、こうした個性豊かな才能溢れる方々など、枚挙の暇がないくらい町の人々との出会いがありました。二〇年経った今もお付き合いは続き、次の世代にも及んでいます。

この山荘は仕事場ではありますが、この地域の人との交流だけでなく、遠方ではありますが、時には憲一の教え子たちや若い研究者たちの交流の場にもなっています。

九五年には宮本を中心にした研究グループが「都市と農村の交流による内発的発展の可能性」というテーマで長野県の川上村・臼田町・望月町の地域調査に取り組むことになりました。私もスタッフとなり、この三地域の「女性の暮らし」調査に島上宗子（当時、京大院生）さんと二人で入り、宮本憲一・遠藤宏一編著の『地域経営と内発的発展――農村と都市の共生をもとめて』「農村部の家庭・地域と女性の役割」㈳農山漁村文化協会　一九九八年）に執筆させてもらいました。私は長野県庁はじめ、調査対象の自治体の女性政策の担当者と会い、直接町や村で中心的な役割を担った多くの女性にインタビューし、その生き生きとした活動に感心させられました。また農村の深部にも触れることができいい経験になりました。

九九年には望月町の町民の手による『農村発 住民白書』第一集を完成させました。その年吉川町長が誕生したのです。しかしこの頃から全国的に町村合併が地域の大きな課題になり、〇三年の町長選と町議会選挙の最大の争点になりました。吉川さんは望月町の自立を、相手候補は佐久市との大型合併を訴え争われました。アンケートでも自立四四％、合併四〇％、わからないが一五％の町民世論のなかで、「大型合併に反対する会」がつくられ、町は真二つに分かれ、双方の運動が繰り広げられましたが、町当局の「町には金がない、このままでは町がつぶれてしまう」という宣伝が一年近く流布され、住民投票の結果が合併賛成に流れ、敗北したのでした。

この間憲一もまた二〇〇一年、滋賀大学のみなさんの要請を受け、滋賀大学の学長に就任し、文部省の国立大学の法人化と闘い、押し付けられた法人化の大改革と格闘する三年間を過ごさねばなりませんでした。学長の継続を要請されましたが、これ以上行政職を続けることは研究者としての人生を全うできないとして辞退しました。宮本塾にとっても苦難の二一世紀の幕開きでした。

それから一〇年、佐久市になったため望月町議の伊藤さんは佐久市市会議員として活躍、数々の実績を上げ、一三年四月で引退。新しい市会議員に吉川さんの三女の吉川友子さんが当選。新しい時代が拓かれました。友子さんはアメリカ人の夫との間に一男三女をもつママさん議員です。佐久市の期待の星で、これからの活躍が期待されます。

宮本塾は信州宮本塾となり、会場も佐久平駅周辺や「民芸館」で開催されるようになりました。これからの農村の在り方がこの塾に問われています。

宮本塾には、時に平塚らいてうの会のみなさんが顔を出してくださることもあり、私たちも上田市の「らいてうの家」に出向き、米田佐代子さんとお会いするのを楽しみにしています。

4　海外に旅して学んだこと

これまでにも外国での活動は述べてきましたが、退職後海外に出かける機会も多くなりました。他国の自然や文化や教育に触れたこと、何よりもその土地に力強く生きる人々の姿が私の胸に大きな財産として残ったように思います。ここではその一端を紹介したいと思います。

「都市化と子どもに及ぼす影響」国際会議で報告

まだ在職中の一九八一（昭和五六）年四月、ロンドンで開催された「国際住宅・都市問題研究会議」の要請を受け、大教組委員長の推挙で出席することができました。急速に都市化する堺市で体験している人口増加に追いつくための学校建設ラッシュ、マンモス化の実態、それにともなって起きる問題などを資料や写真で報告しました。

その後私は、ひとり通訳をお願いして、サンダーステッドのリッジウェイ小学校を紹介していただき訪問することができました。授業と給食状況を見学させてもらいました。

授業は年齢別に約二〇人ずつ、一斉授業ではなく、個人の進度に合わせて、一人ひとり違った課題に取り組んでいました。教室はきわめて静かに進行して、先生は一人ひとりに小声で指導していました。黒柳徹子さんの『トットちゃん』のともえ学園の授業風景がこんな情景だったのでしょうか。

給食のランチルームでまた驚かされました。担任は子どもをランチルームに案内すると、職員室で一人で給食をいただくのです。要するに昼食休憩が保障されているのです。日本では当然のように担任が指導すべきとして給食指導にあたっていますが、英国では給食指導と児童の管理はディナーレディーという指導員があたっている態勢に初めて接し、この労働者として当然のことを日本でも考え直すべきこととして心に留めました。

中国訪問で知りえた中国の教育事情

二〇〇一（平成一三）年夫・憲一が滋賀大学学長に就任し、中国大連にある東北財経大学と文化学術交流を進めることになり、たびたび大連を訪れる機会がありました。交換教授とのお付き合いも深まるなかで、中国の教育事情もいくらか知ることができました。

大学の教授や学生さんとの接触もあり、その生活ぶりや意欲的な研究態度に接することができました。東

ディナーレディーの指導のもと、給食はランチルームで

北財経大学には全国から集まる学生のため大学の寮が建ち並び女子学生も多く、男女学生は和気あいあいと自由に闊歩する姿が見受けられました。私たちも大学の敷地内にあるゲストハウスに滞在していたので大学の様子はよくわかり、その自由な雰囲気に心やすらぎました。

小学校についてはできれば学校の参観をさせて欲しいとお願いしておいたところ、〇四年念願かなって私だけの学校訪問が実現しました。私としては通訳についてもらって、そっと教室の後ろから子どもの表情を見せてもらうつもりでしたのに……。

校門に近づくと校門の両側に音楽隊が並び歓迎の演奏が、グラウンドには全校生徒が整列し、ご挨拶をしなければならないことになっていました。予想もしていなかったので驚きましたが、日本から来ている児童からの歓迎の挨拶もあり、私も学校を訪問させてもらい、みなさんにお会いできたことの感謝を日本語で伝えました。

ヨーロッパやアメリカと違い、日本の統治時代の名残かと思えるくらい、日本の小学校と校舎全体の構造、教室の配置、掲示物の配置、一クラスの人数、などの類似だけでなく、全体的に統制しようとする雰囲気が共通していることに大いに考えさせられました。成績優秀な児童の写真つき表彰状などの展示がみられるなど、競争主義は日本の比ではなく進められている印象をもちました。市長さんを通しての要請がこんな形の学校訪問になってしまったのかと恐縮するばかりでした。

インドのボパールで見た母親の嘆きと闘い

二〇〇〇（平成一二）年九月二二日から始まる「アジア太平洋環境会議」に日本環境会議のみなさんとともに参加しました。初めてのインドは驚きでいっぱいでした。その会議の全体会でも報告されたボパールのカーバイト毒ガス事件の悲劇が私には大きな衝撃でした。私たち日本環境会議のグループは会議開催の前にボパールを訪れ、閉鎖された工場跡地や、地元の被害者のみなさんのお話を聞いていたので、その報告はよく理解することができました。この事件は一九八四（昭和五九）年一二月に発生し、世界を駆けめぐり私たちにも記憶に残る事件でした。私の手元にある『朝日クロニクル週刊20世紀』の八四年版によると次のように記録されていました。

　一二月二日午後一一時すぎから未明にかけて、インド中部の都市ボパールにあるユニオン・カーバイト社（アメリカ）の子会社の殺虫剤工場で、ガス漏れ事故が起きた。漏れたのは猛毒のイソチアン酸メチル。老朽した施設が放置され、安全対策に欠陥があった。死者二六〇〇人以上、患者

嘆きの母子像前で（ユニオン・カーバイト社前）

は五万人以上とされ、二〇万以上が避難し、死の町と化す。

とありました。

私たちの訪れた二〇〇〇年には毎月一〇～一五人の死者が出ており、食欲不振、呼吸困難、目が見えなくなるなど、二〇万人がこの時点でも不安を抱えているとのことでした。

アメリカ資本の子会社はすでに工場を閉鎖し門は閉ざされたままになっていました。

その現場に小型バスで案内してもらいました。閉鎖された工場の正門には髑髏《どくろ》の絵がペンキで描かれ、門柱にKILLER　CARBIDE（人殺し　カーバイト）等と大書され、住民の憎しみをひしひしと感じさせられました。

平和を願うアウシュビッツの旅

初めてアウシュビッツを訪れたのはまだ在職中一九八六（昭和六一）年の夏休みでした。環境会議主催のサマースクールが終了した日に、このサマースクールに招いてくださったクラコフ大学教授のドブロブロフスキーさんのクラコフの自宅に伺い歓待を受けました。

その席にお見えになっていた先生の義弟はアウシュビッツに幼い頃収容され、腕に番号が刻印されているという方でした。翌日のアウシュビッツは彼に案内していただきました。そのときの金髪の山やメガネのフレームの山、トランクの山、狭い独房、ガス室どれを見ても衝撃でした。人間はあんなにも大きな生々しい大罪を犯す生き物なのか、と人間の存在自体に疑問をもたされた衝撃の場所でした。

再度訪れたのは二〇〇六（平成一八）年九月のことでした。ポーランドの学都クラコフで開催される第一一回国際環境会議ユーローエコ二〇〇六に参加する日本環境会議のみなさんに同行しての旅でした。そしてアウシュビッツへ。国立オシフィエンチム博物館という名称になっていました。前回まわった元アウシュビッツ収容所一号（オシフィエンチム）に、その前に広がっている元アウシュビッツ収容所二号ビルケナウが公開されていました。それは全ヨーロッパから逮捕拘束され貨車で運ばれてきたユダヤ人などを生かすものと死へ送り込むもの（身障者、同性愛者、思想犯と疑われるもの）を振り分けたといわれる駅舎の向こうに広がる空間でした。レールに沿って行くと、右側に男性が収容されたバラックが並び、左側には女性や子どもを収容した小屋が並び、そのなかを見ることができました。小さな便所などで子どもたちが生活した場所とわかり涙が溢れてきました。その一番奥には今は立派な慰霊碑が建っていました。みんなで祈りを捧げ、記念写真を撮りました。約一〇〇万人がここに収容され、何十万もの人が殺されたという歴史は消せない。われわれ人間の行った事実をしっかり肝に銘じ、決して忘れてはならない。平和・人権にどう向き合うべきか、

アウシュビッツ１号　収容所の正門

人間の責任を問われる旅でした。

大連で知った中国の日本に対する視線

二〇〇五（平成一七）年九月、憲一の滋賀大学学長時代から友好関係にある大連の東北財経大学から講義の依頼を受け、退官したにもかかわらず何度目かの訪問をすることになりました。朝七時前、大学の宿舎の前を迷彩色の軍服を着た青年が通るのに気づきました。これはいったい何？　と驚き、お尋ねしたところ、中国では大学に入ると二週間の軍事訓練が義務づけられており、男女ともにこれを受けなければならないのです。これは社会主義国の国民として当然の義務とされているのです。しかし徴兵はなく中国の軍隊は志願制度で成り立っているとのことでした。この大学ではこの二週間の猛訓練で男女ともに鍛えるため、女子の多いこの大学の訓練は男女混合で訓練が強行されているとのことでした。

もう一つ知ったのは、過去にあった日中戦争における日本軍の暴挙の数々に対する中国の人々の厳しい批判の目でした。

私が大連に滞在していたのは九月。東北財経大学のキャンパスの中央にある掲示板の写真展には一九三一（昭和六）年九月一八日の夜、関東軍による柳条湖付近で起こした線路爆破事件に端を発した日本の侵略の数々の写真が展示されており、多くの学生が食い入るように見ていたところに通りかかったのです。そこに割り込む勇気は私にはありませんでした。そしてそれを見るまで九月一八日が、中国人民にとってどんな大きな災いをもたらした苦難の始まりの記念すべき日であることも考えていなかった私の迂闊さを恥じ入るばかりでした。中国語の読めない私は、九月一九日付の『人民日報』の英字版を購入しました。トップ記事は、平頂山事件の犠牲者の氏名が刻まれた碑の前で嘆く、老婆の写真が掲げられていました。

沖縄の平和の礎を思い出し、この戦争が終結するまでどれだけの人を犠牲にしたのかと胸が締めつけられました。二度とこのような事態を引き起こしてはならない、と改めて思い知らされました。

ニューヨークのグラウンドゼロに立って

二〇〇八（平成二〇）年一〇月、アメリカのオレゴン州立大学のヘインズ教授の要請で、日本研究の学会のセミナーの基調講演を引き受けた憲一に同行して、モンタナ・オレゴン・ニューヨークという長旅に旅立ちました。ヘインズさんが大阪市立大学に留学していた三〇年以上も前からのお付き合いです。ぜひアメリカでの活躍ぶりを見せていただきたいとの思いもあり計画した旅でした。何よりも九・一一以降のニューヨークも見届けたかったのです。

モンタナはアメリカの北部、カナダに隣接する州で、人口より牛の数のほうが多いという土地、清流のそばのバンガローの並ぶ会場、シンポジウムの報告ごとにコーヒーブレイクがあり、日本研究のみなさんなので、英会話の苦手な私も仲間入りできました。ディナー前のレセプションはワインとチーズでみなさんくつろぎ話が弾むようです。私はここで原爆反対の国際署名を持ち出してお願いしました。ちょうどこの時期は大統領選の真っ只中でした。前日のディナー後には大統領候補のテレビ討論会をみんなで見ました。その反応からほとんどの人がオバマ支持であることがわかったので、署名に踏み出したのでした。その後オレゴンでも、ニューヨークでもオバマ支援の若者たちに出会いました。そして一二月アメリカ初の黒人の大統領を実現させたのです。

セミナー終了後はオレゴン大学を訪ね、ヘインズさんが所長を務めるアジア研究所や大学の施設などを案内してもらい、彼のお宅を訪問し、同じ大学のスペイン語の教授の素敵なパートナーさんと初めてお会いし、四人でオレゴンの広大なブドウ園のワイナリーに出かけ夕食をともにしました。オレゴンからデトロイトに飛び、念願のナイヤガラの景観を堪能してスケッチもして、モンタナを出てから四日目にニューヨークにたどりついたのでした。

私も憲一も何度目かのニューヨークでしたが、二人で訪れたのは初めてでした。音楽好きの私たちの宿はブロードウェーにしました。さっそくその夜のチケットを買い、でかけました。「オペラ座の怪人」を堪能しました。満員のオペラハウスを人にもまれながら出てくると、「宮本先生ではありませんか」と声をかけられびっくり。福島大学の後藤康夫教授、憲一が財政学会などで面識のある方でした。声をかけてくださったのはパートナーの後藤宣代さんでした。彼女も研究者で憲一の幹事を務める学会に属していますが、直接話したことはなかったけれど、あまりにも偶然なのでつい声をかけてしまったとのことでした。ホテルも同じとのこと、それではと近くのパブに入り、グラスを交わすことに。自己紹介で気がつき、思わず「近畿ブロックの母親大会の学習会で福島から講演に来ていただいた後藤さんですか」と言うと、「そうです、それが私です」という。すっかり打ち解け、私もその集会の分科会の助言者だったこともあり、共通の知人もありで大いに話が盛り上がってしまいました。「次の日はグラウンドゼロへご一緒しましょう」ということになりホテルのロビーで別れたのでした。

翌朝快晴の空のもと九時頃ホテルを出発、道路に並ぶ露店を冷やかし地下鉄に乗り込みグラウンドゼロへ。その頃は跡地にモニュメントや施設建設が進められており、じっくりお参りしたくても整備できていない状態で、工事の壁に向かって冥福を祈りました。

二〇〇八年の大統領選に勝利したオバマはアメリカ初の黒人大統領としてその名を歴史に刻みましたが、二〇一二年の大統領選は中産階級の揺り返しで、オバマは苦戦を強いられましたが、何とか再選を果たしました。

アジア・中近東の厳しい情勢のなか、オバマの舵取りを世界が見守っています。人類はいつまで武力に依存するのでしょうか。一日も早く目覚めて欲しいものです。グラウンドゼロでの祈りは何よりもそのことでした。地球上から原爆、原発の一掃、いっさいの武器の一掃、そしてあらゆる国の戦争放棄を。

ドイツへの旅――日本の原発と基地問題のこれからを学ぶ

二〇一二（平成二四）年八月、国際財政学会がドイツのドレスデンで開催されることを知った憲一は出席しようと決めました。私は次男・真樹が一年前から会社の海外勤務でフランクフルトで働いているので、その暮らしぶりを見に行きたいと願っていたので即同行することにしました。

さて行くとなるといろいろな課題が出てきました。なぜドイツは原発を廃棄することを決断できたのか。東西ドイツの壁が崩壊したあと、かつてのEUの軍事基地を撤去した跡地が、どう活用されているかなど、沖縄問題を研究する仲間と沖縄の将来を見据えてドイツから学ぼう。第二次世界大戦の傷跡は払拭できたのか。東西ドイツの統一はもう果たせたのであろうか。事前学習のため映画「ドレスデン」を観ました。第二次世界大戦の末期、ヨーロッパ戦線のなかでも最大のイギリス軍の空爆とソビエトからのエルベ川からの攻撃で壊滅状態の被害を受けていたことを知りました。空襲体験者の私としてはその戦争の戦跡と戦後の東ドイツの痕跡にも関心の湧く都市でした。

八月一六〜一八日の国際財政学会については省略して、私の関心事からいくつか報告します。ドレスデンは旧東ドイツの東北部に位置するバロック様式で統一された宮殿が立ち並び、「エルベ川のフィレンツェ」と讃えられた都でしたが、空爆でほぼ壊滅したとのこと。戦後歴史的建造物はその石材を活用して多くが再建されたとのことでした。ホテルのそばのフラウエン教会もその一つ、空爆のモニュメントもまた破壊された石材で造られていました。エルベ川にかかる石橋にも痕跡が残っていました。町の歩道にもそこに誰が犠牲になったかの記録が残されるなど市民の戦争の記憶をとどめようとする努力に、平和への切なる願いを強く感じました。国立歌劇場を持つ音楽的伝統を誇る町でもあり、ラファエロやフェルメールなど名画を擁する美術館もあり、その文化の奥深さは戦禍にもめげず息づいていることに感動しました。

八月二〇日にはNATOの基地返還後の跡地利用についての調査活動に同行されたのは川瀬光義（京都府

大）、川瀬憲子（静岡大）の経済学者とご長男のファミリーでした。マインツにある州政府のオフィスを訪問。午後はマインツから列車に乗って二時間、返還されたフランス軍基地の跡地の開発を視察することになり、トリアで下車し、タクシーでベトリスベルクの開発を進めている事業所のオフィスを訪問しました。全体をニュータウンと学術ゾーンに分けているなど全体像の説明のうえ、屋上から説明を受け、その規模の大きさに驚かされました。この跡地は住民の合意で進めるという形でなく、コンペのような方式でこの開発グループが進めているとのことでした。

帰りのタクシーの運転手さんはこの街には古代ローマ時代に栄えた都市の遺跡があちこちに見られると、代表的な遺跡「黒い門」に案内してくれたうえ、マルクスの生誕の家が記念館になっていると大いに自慢し、案内してもらいました。それは私たちには思いがけぬ収穫でした。

二一日はぐっと南に下ったフランスに近いフライブルクという賑やかな町にでかけました。私たちが期待するエコの町、泊まったホテルもエコが売り物という。市内には路面電車が走り、エコの町らしい電車に乗り、その郊外に広がるヴォーバン地区を見学することになりました。

かつての基地が一九九二年にフランスからドイツに返還され、州がそれを買いとり、住民も参加しながら町づくりをしてきた特別な地区だとのこと。元軍隊の使っていた建物を拠点にどう二〇年がかりで街づくりをしてきたか聞くことができました。まずこのプロジェクトの中心的役割を果たしてきた人物にこのヴォーバンの拠点である事務所に案内していただき、運動のあゆみを説明してもらったあと、地域を案内していただくことになりました。「軍事基地が解放されると都市計画課と地域の人が集まり、市民から見た視点と市の視点を出し合い決定していく。市役所は六週間その案を公開し、市民の意見を聞く。考えの近いものがグループをつくり、信頼できる建築家を探してきて、健康にいいもの、安くできるようにとそれぞれ工夫して決めていく。フォーラムヴォーバンというグループができ情報を提供し、コーディネートしました」。

こうして大変な時間を重ね実現させてきたといいます。市はそれを奨励し、このエリヤにはいろいろなタイプの集合住宅ができていきました。時間はかかるが見習うべき点も大きいのではと思いました。エネルギーをどう確保するかも共同住宅を造るうえで重要課題であり、太陽光にするか、風力にするか、微生物の働きでエネルギーを発生させるかについても論議のうえ、そのグループの合意で決定してきたとのことでした。

今の日本人の人間関係からこんな運動が可能

基地返還後の跡地を見学　中央は開発グループのリーダー
川瀬ファミリーと宮本ファミリー

だろうか。原発のない平和な社会をめざすならこのような人間関係の在り方から問い直さねばならないのでは。東日本大震災の復興も道半ばですが、見習うべきことは多いのではないでしょうか。

原発問題にいたってはドイツはすでに廃止の結論が出ており、その決断に見習うべきではないでしょうか。ヴォーバン地域だけでも太陽光、風力、微生物による発熱など、多様なエネルギーに挑戦しているのに感心させられました。

ヴォーバンへ福島からの被災者とその支援者が見学に訪れられたそうです。原発は地震大国日本こそドイツに学び廃止するべきです。

基地反対のオール沖縄の民意が知事選挙および衆議院選挙ではっきり示された以上、それを実現するのが日本の責務ではないでしょうか。

コラム　わが妻を語る

互いの人格を尊重しつつ、たどりついた今

宮本　憲一

英子と出会ったのは、一九五〇（昭和二五）年、私が金沢大学の助手から専任講師に昇格して間もなくのことである。このように述べると、教え子を捕まえたといわれるが、彼女は教育学部の学生で、私は法文学部の教師で、教育学部の講義をしたことはないから彼女は教え子ではない。交際が始まったのは、当時流行になっていたソビエトの『経済学教科書』を女子学生のサークルで勉強会をしたいので、講師にきてくれと頼まれたことからである。

彼女は女子寮の寮長をしており、このサークルのリーダーであった。この社会問題のサークルは寮生が中心だが、学部を超えて、全学の女子学生が集まっていた。当時から女子学生のほうが、社会や科学に対して、進取の気性が男子学生より強く、会議の運営も積極的で楽しい会であった。しかしこの教科書は資本主義分析までは、マルクスの『資本論』第一巻の要約みたいなもので、教えることは自らの勉強にもなったが、内容が社会主義経済に入ると、ソビエト経済を祖述していて、科学の本とはいえず、とても続ける気がなくなった。研究が忙しくなったこともあって、勉強会は中止してしまった。

その後「歌う会」という当時のうたごえ運動の波のなかにあった全学のサークルの顧問の前任者宮川助教授が、フランスへ留学するというので後任を引き受け、彼女との交際は続いた。学生と一緒に歌ったり、海水浴に行ったり楽しいサークルであった。彼女は戦後民主主義の申し子みたいなもので、平和憲法を現実化する強い希望と、その実現のために行動することを辞さない女性であった。私は学生時代からその頃まで、何人かの女性と交際していたが、自らの思想形成にこれほど意欲をもつ女性に会ったのは初めてで、すっかり魅了されてしまった。何しろ心身ともに健全で馬力がある。その頃体重は彼女のほうが重く、グラマーな体形をしていた。

やがてお互いに結婚したいと考えるようになったのだが、お互いの家庭の経済状態は良くなく、彼女は富山で就職することが、経済的にも望ましいことであった。幸い彼女のご両親は私と結婚することに同意してくれたので、英子は結婚を前提にして、金沢の教員試験を受けることになった。当時の教員試験は難関である。落ちたら結婚の話は延びてしまう。石川県教育委員をしていた先輩の元金沢女子専門学校教授の森直弘さんに彼女が受験をすると言ったら、何も援助はできないが、合否がわかったらすぐに知らせると言ってくれた。試験終了後、森さんから電話があり、「君の彼女は優秀で、二番で合格したよ」と言う。試験には強いという話は聞いていたが、激戦の採用試験で、トップに近い合格をするとは驚いた。即席の受験勉強の強さは、彼女の長所であろう。

こうして彼女は大学を卒業するなり、結婚と就職という人生の関門を二段跳びした。その頃の宮本家は、父が失業に近い状況で、末の弟は中学生で、その家族も一緒に養わなければならず、翌年には長男茂樹が生まれた。私たち夫婦は六畳と三畳と狭い台所と便所しかない引揚者住宅で新婚生活を始めた。

彼女の本文にあるようにお隣の家との壁は、ベニヤ板一枚でできたような薄いもので、話し声も筒抜けであった。当時は扇風機もなかったので、夏に生まれて暑さのために夜泣きの名人になった茂樹のおかげで、毎晩のようにお隣から壁が壊れないかと思われるような抗議の音が聞こえる始末であった。そのためにグラマーであった英子は一時痩せてしまったが、茂樹は昼間には、にこにこと愛想がよく、近所の人気者だったので、ジキルとハイドだと名づけていた。

この貧窮の時代に父が五七歳で亡くなったのは、わが家の歴史のなかで一番の悲劇で、心残りである。父は私と同じ台北一中の秀才であり、台北高商を卒業して台湾電力に入り、実業家としての手腕を発揮し始めたところで敗戦になり、すべての財産を失った。しかも国民党政府が、電力事業を正常に動かせるまでの役員として、一年半家族を先に本土に返して、台北で仕事をさせられたのである。金沢に帰ってきたのが遅かったので、良い就職がなく、漁業会社の経営などを任されたが、うまくいかなかった。台湾時代は、有能で経済的に余裕があったのか、四男であるにもかかわらず、下の二人の弟と二人の妹を養い、そのなかから医師になった弟もいる。父の人生の前半は苦労もあったが、成功していたのに、後半に不遇で貧窮のまま死んだことは、残念の極みである。私が大学の教師になったことと茂樹が「天才赤ん坊」で、自慢の種になっていたことが唯一の慰めである。

幸い高度成長の時代は公務員の給与も少しずつ上がり、貧困から脱し始め、弟も独立した。堺に移る際に、南海高野線北野田駅近く、西野の坂の上に建てられた当時の月給の一〇〇倍という価格で、少々贅沢な二階建て住宅を購入した。ようやく母の独立の部屋もできて、彼女はこの住宅が自慢の種であった。終戦直後の金沢で父が抑留されていた間は、私も第四高等学校生で、収入も財産もなく、あらゆる内職やアルバイトをしてやっと生きてきた。その時代の大変な苦労を経験させた母には良い贈りものであった。この環境の良い地域で、子どもたちも伸び伸びとした家庭生活を始めることができた。とはいえ糟糠の妻の金沢時代の彼女の頑張りが、夫婦のきずなと家庭生活の基盤をつくったといってよい。

その後の彼女の生活は、家庭科教師のルポを書いてくれた亀山利子さんのいうように豊饒な人生であったのではないか。三人の健康な子どもを産み育て、姑と家事を分担し、教育熱心な学校教師をしながら、組合活動をし、しかも大阪教職員組合婦人部長を一三年も務めたのだから、普通の主婦の一〇倍も働いたのでないか。今回彼女の本を読んで、激動の時代に婦人部長を務めあげ、さらに国際婦人年大阪の会などの婦人運動を続けたのは尋常なことではないと改めて感心した。彼女のように組織のリーダーであり、かつ雑務までこなす活動家はまれであるから、中年以後社会運動のほうへ流れていったことはやむをえないが、もう少し教師としての時間が長く、全力投球をしていたら、教育史に残る仕事をしたかもしれない。

私たちは結婚するときに、お互いの人格は独立しておりそれを尊重して、お互いの仕事に干渉はしないことを誓った。妻を自分の仕事の助手にし、清書などの雑務に使う研究者もいるが、私は妻の仕事に干渉しないいし、私の仕事の下敷きにしないとした。しかし教え子や友人との社会的付き合いには、彼女に積極的に入ってもらった。

毎月一回「背広ゼミ」といって卒業生が集まって、古典を読み、時事問題を討論する勉強会には時々出てもらう。正月の恒例のパーティーは彼女にホステスをしてもらっている。母が生きているときは大学院生がよく遊びに来ていて、食事をして談笑していくのも夫婦の楽しみであった。こういう会合では彼女は私より人気がある。いつの間にか「エイコセンセー」と呼ばれるようになったが、教師としてよりも、前向きにあるく人生の先輩としての親しみを込めた呼び方のようである。朝日新聞元論説副委員長の政井さんは彼女の話が一番元気で面白いという。ゼミにくる女性たちは彼女の「万年女子学生」のように同じ目線で話す若々しい気分にひかれているようだ。

三人の子どもはそれぞれはっきりとした違った個性をもっている。この強い個性は曲げようにも曲がらないし、強制すれば長所がなくなってしまう。私は子どもの心理がよくわかるほうであったので、彼らの良い欲望には応えたが、原則は放任した。彼らも「おふくろのエネルギーが俺らに向けられなくて良かった」と言っているから、夫婦の子育ての原則として、彼らの個性を尊重したことは、放牧したに過ぎないといわれるかもしれないが、まずまずだったのでないかと思う。私たち夫婦が家庭の心配がなく仕事に専念できたのは、三人の子どもが心身ともに健全で、伸び伸びと育ってくれたためである。

茂樹は生活協同組合の仕事を出発点にして、今は観光を産業としてだけでなく、文化事業として、国際・国内的に発展させ、それを地域の創造的発展のエネルギーとするために活動している。大学の非常勤講師をして、この観光文化事業に参加する学生を育てる仕事をしている。彼のすごいところは、故井上ひさし氏や瀬戸内寂聴さんの心をつかみ、その社会活動の秘書的な活動をしていること、また中国水墨画界の巨匠王子江氏と親交が深いことだ。多芸多趣味だが、スキーの教師をはじめ種々の免許を取得し、自立する力をもっていることが、他の子どもと違うところであろう。家庭は義母よし子さんに支えられて、妻の三恵子、長女の鍼灸師の舞、次女のスポーツ科学を専門とする彩と恵まれた生活である。この二人の孫の結婚が楽しみである。

憲一のふるさと台北への旅
（宮本ファミリー　２０１２年）

真樹は私の大学の後輩になり、一時は大学院をめざしたが、方向転換をし、今は富士電機の営業担当で、ヨーロッパの総支配人をし、フランクフルトに常駐している。茂樹と対照的な性格で、あまり自己主張を表に出さない。しかし入社後ほとんどを海外で勤務し、しかも営業マンであるから私たちにはわからない積極的で、社交的な面があるのだろう。アメリカ滞在時代には『朝日ジャーナル』にコラムを書いたりしたように、文章力があるのだから、もっと随筆などで自己主張をして社会的な発言をして欲しい。再婚して、音楽家の綾子と娘の沙蘭と暮らしている。毎月のようにヨーロッパの歴史的な観光地をまわっているのはうらやましい限りである。

美奈は私たち家族にとって最初の娘であり、掌中の珠であった。母は彼女をもっとも信頼し可愛がり、その薫陶をもっとも受けていた。英子が安心して活動できたのも安定して常識の豊かな美奈がいたおかげであろう。私のゼミ生の加藤正文と結婚したので、私にとっては二重に信頼のおける家庭をつくってくれたといってよい。正文の父恒雄さんは高校の英語の先生だが、公害による子どもの健康を心配して杭瀬《くいせ》団地の公害を防止する運動から尼崎市、さらに兵庫県全体の公害住民運動を組織した方で、同志といってもよい。その何重にも関係の深い加藤家と付き合えることは幸いである。私にとっては高校生の孫の香苗と春希と会って食事をし、近況を聞くことが、最大の楽しみである。

さて、子どもの紹介はこのぐらいで英子のことで終わろう。彼女は世間からは、大胆で積極的な活動家とみられているであろう。たくさんの仕事を背負って駆けまわるエネルギーに満ち溢れた女性とみられている。君が代・日の丸問題で校長と争って、一歩も引かない勇気のある女性闘志と評価されているのではなかろうか。しかし彼女は外では大胆だが、内実は細心である。怖がりで、長野の山荘には一人で泊まることもできない。レストランで一人で食事をしたがらない。お人好しで、相手の苦しみや喜びを自らのものにする。このために悲劇的な映画や恐ろしいスリラー映画などは苦手なのである。こういう可愛いところがあるから、家庭生活が保たれているのであろう。

五八年間も一緒に暮らしていると、お互いの性格や感情は言わなくてもわかっているので、改めてここに書くことは少々気恥ずかしい。安倍政権誕生以来の社会情勢は晩年の生活にとって安心のできない状況になっている。彼女もまだまだ社会的な発言や行動をしなければならないだろう。あまり無理をせず、これまでどおり健康で、豊かな家庭生活を送らせていただくことを願っている。

おわりに

二〇一五（平成二七）年四月、私は八二歳を迎えます。いたって健康なのが何より幸せなことです。生きてきた証の日記「らしんばん」は学生時代からの大学ノート七三冊、そのうえ各種研究ノート・労働組合活動記録・旅行記録などを開き、自分のやってきたことをパソコンに入力しはじめてから三年になりました。

私が一九九二年に退職したときは、一八七二（明治五）年の学制発布以来、女性教師はどのように教師としての存在を築いてきたか解明したいと神戸大学の船寄俊雄先生にご指導をお願いしました。Ⅳ章の1の二番目にあげたように女性教職員運動史に取り組み、身近な戦後の大阪で始まった「全国婦人教員研究協議会の研究」を九七年『日本教育史研究』第一六号に発表させていただきました。

その後、私なりに学制発布以来の女性教師の姿を教育史や自叙伝などから追い求め、明治・大正・昭和、そして戦後へと書き進めてきました。二〇〇三年、それをコンパクトにしたものを民主教育研究所「両性の平等と教育」研究委員五人で執筆した『いまを生きる』の第Ⅱ部の日本の女性教職員のあゆみとしてまとめました。さらに五年余り書き続け、八九年の日教組との決別を書くにいたったとき、胸の痛みを感じ書き進めることがつらくなりました。そのとき船寄先生に初めてお会いした折、「あなたの自分史を書いたほうがいいのでは」と言われた言葉を思い起こし、それならば書けると運動史の筆をおき、自分史にとりかかりました。

私の残しておいた資料が多くて、思わぬ大部なものになってしまいました。自分のやってきたことを書き終え、読み返してみると、私は家族だけでなく、どれだけ多くのみなさんに助けられ、支えられてきたかを痛感しました。

第Ⅰ章の生いたちと金沢大学の頃はまさに青春でした。就職と結婚を同時にスタートしてみんなを驚かせましたが、それから約六〇年、人生は波乱に富み、苦労をしながらもきわめて充実した幸せな日々でした。それは家族の助けあいと、どの職場でも温かい同僚に恵まれたからでした。そしてこれまでのどの学校でも暴力やいじめで悩まされることはありませんでした。どの学校でも児童・生徒が素晴らしかったからだと感謝しています。

教職員組合の活動には堺に転勤して五年後からかかわりました。その後大阪教職員組合婦人部からの要請で、一九七三（昭和四八）年度に副部長として、七五年の一〇月からは現場で授業をもちながら、大教組婦人部長を引き受けることになりました。

大教組婦人部での活動は約一五年と長くなりましたが、その間の婦人部活動は「国連婦人の十年」という国際的な大きな流れもあり、きわめてやりがいのある日々になりました。私は学校現場を最後まで離れなかったので、専従の中央執行委員の野津米さん（一九七五～七九年度まで）と田中洋子さん（一九八〇～八七年度まで）が副部長として婦人部活動の中心になり、事務局長一人と常任委員三人（のち六人）の体制で進めていただきました。各単組の婦人部の役員のみなさんが大教組の運動を支えてくださいました。

私は、七九年の国連総会で採択された「女性差別撤廃条約」に大きな期待を寄せ、その早期完全批准の運動を組合だけでなく女性団体とともに進めました。政府は男女平等を逆手に女性労働者の保護切り捨ての労働基準法見直しを打ち出したため、全女性労働者の大闘争になりました。

一九八〇年代に入り、大教組婦人部は「労基法改悪に反対し、実効ある雇用平等法制定をめざす」を掲げ、集会や街宣、署名運動を広げました。この闘いのなかで総評、日教組との闘う姿勢の違いが明らかになりました。ついに一九八九年、私たちは日教組と決別することになりました。

今、安倍政権が、私たちの築いてきた民主主義や民主教育をこんなにも次々と切り崩そうとしている動きを見るとき、労働組合の存在の重要さを改めて痛感させられています。そして今さらながら、直接労働に携わる者の真っ当な権利として、教師にとっては、生き生きとした子どもたちとともに築く教育実践を構築できる教育現場を保障させることが何よりも大切であろうと思います。教師一人ひとりが自分の信念をもって目の前の子どものための授業を実践していきたいものです。そんな思いで取り組んできた私の教育実践の一端を知っていただきたく、第Ⅱ章、第Ⅲ章で紹介させてもらいました。

一方、一九七五年の国際婦人年を契機に女性の輝ける時代を夢見て、大阪の女性の連帯の場として、国際婦人年大阪の会がスタートしました。まず「平等・開発・平和」をめざし、国際婦人年の意義を広め、実践して欲しいと国際婦人年大阪の会が編集した『資料　国際婦人年―国連婦人の10年から21世紀へ』（創元社）などを大々的に普及し、組合だけでなく婦人団体のみなさんとも学習を重ねました。私もそのいったんを担わせてもらいました。一九八五年から五年ごとに発行した『草の根女性白書　大阪の女性は今』（パート1～5）では各分野の大阪の女性たちの取り組みを報告しあい、共有しました。

また頑張ってきた大阪の女性たちの働きを知って欲しいと聞き取りを行い『大阪の今を築いた女性たち』（パート1・2）として出版しました。これをやり遂げるための学習には、柴田悦子先生（大阪市大）、朴木《ほうのき》佳緒留先生（神戸大）など研究者、寺沢勝子先生や石田法子先生など多くの女性弁護士のお力添えをいただいてきました。

大阪の女性たちはこうして学び、成長し、連帯の輪を広げてきました。こうしたネットワークが横山ノック知事批判や住友裁判へと続きました。この連帯の力がいかんなく発揮されるのが、大阪母親連絡会の呼びかけで毎年取り組んできた太平洋戦争開戦の日の一二月八日と敗戦の日の八月一五日の平和街宣です。難波駅頭をはじめ各市町村の駅前などで「赤紙」（召集令状）や核兵器廃絶の「青い羽根」を配布し、各団体が平和への熱い思いを語ります。再び戦争を起こさせないことを誓い合い、連帯のきずなを深めてきました。

国際婦人年大阪の会は八五年から団体と個人の会員制にし、機関紙「えぼるあーど」を発行、今は年間四回発行し、すでに一三〇号にとどきます。会員のみなさんは一人ひとり大きな力をもっていらっしゃるので、その力をもっと発揮できるように体制を強化し、さらなる発展を願っています。ともに運営を担ってきた事務局のみなさんに心からお礼申しあげます。

自分史を書くことは、戦争中の苦しみをともにした先生や、小学校の友、戦後の自由を謳歌《おうか》した女学校や高校のクラスメート、スクラムを組んだ大学の友、そしてたくさんの教え子たちを次々と思いださせてくれる楽しい作業でもありました。

この友人や教え子たちにこそ今の学校はおかしいのでは？　今の子どもたちはこれでいいの？　と疑問を

もって欲しいのです。自分たちが学んだ希望に満ちた時代のような明るい楽しい子ども時代を送らせたいと共感していただけるのではないかと思っています。

何よりも読んでいただきたいのは現職の先生であり、子育て中のお母さんたちです。

どうか一人の女性教師のあゆみから戦争の悲惨さ、さらに戦後の混乱のなかにも平和と平等を願い、力いっぱい生き、そしてそれが切り崩されそうな気配を敏感に感じて行動し続けてきた私の強い願いに共感していただければこんなに嬉しいことはありません。

どれだけ声をあげてきたことでしょう。やはり実感を込めて心より言わせてもらいます。

〝教え子を再び戦場に送るな〟

この原稿の校正に入った頃、なんと安倍首相は、アベノミクスに対する民意を問うという名目で、まだ任期を半分残した衆議院を解散し、一二月一四日に総選挙を強行しました。年末の忙しい、悪天候のなかで、投票率は五二・六六%、過去最低を記録しました。日本のこれからの命運のかかる選挙なのに、と衝撃を受けました。自・公は三分の二の議席（三二六議席）を得たと胸を張りますが、約半分の投票者の、また半分の支持。四分の一の支持をとりつけただけ。これで日本の進路を決められてしまうことは許せません。

私たち国民の一人ひとりが日本の未来に再び戦争の惨禍を起こさぬため、「憲法九条を守りましょう」の声をあげていきましょう。

最後に、今回の出版にあたりドメス出版を紹介してくださったのは、長年の友であり、編集者の正路怜子さんでした。担当していただいたドメス出版の編集者の矢野操さんにはすっかりお世話になりました。不慣れなため大変ご迷惑をおかけしました。心よりお礼申しあげます。

二〇一五年一月

宮本　英子

参考文献

①『富中富高百年史』富山高等学校創校百周年記念事業後援会発行　1985年
②『石川県教組五十年史』石川県教職員組合50年史編集委員会発行　1998年
③『教え子を再び戦場に送るな　はばたけ未来へ　平和・真実を貫いて　堺教組50年』編集　堺教組50周年記念誌編集委員会　発行堺市教職員組合　1979年
④『大教組運動史』《第一巻》1945~1964年　編集・発行　大阪教職員組合・篠浦一朗　1990年
⑤『大教組運動史』《第二巻》1965~1989年　編集・発行　大阪教職員組合・中道保和　1994年
⑥『大教組運動史』《第三巻》1989~2001年　編集・発行　大阪教職員組合・田中康寛　2012年
⑦『教職員組合運動の歴史　近代教育の夜明けから全教結成まで』全日本教職員組合編　労働旬報社　1997年
⑧『日教組婦人部30年史』日本教職員組合婦人部編　労働教育センター　1977年
⑨『日教組女性部50年のあゆみ』編集・発行　日本教職員組合女性部　2002年
⑩『大教組婦人部のあゆみ―国連婦人の10年と私たち』大阪教職員組合婦人部編集・発行　1986年
⑪『資料国際婦人年』国際婦人年大阪の会編　創元社　1985年
⑫『資料国際婦人年2　ナイロビ戦略と女性の未来』国際婦人年大阪の会編　創元社　1989年
⑬『堺母親運動の五十年』堺母親連絡会発行　2006年
⑭『大阪母親運動50年のあゆみ』大阪母親大会連絡会発行　2005年
⑮『いまを生きる　ジェンダーと子どもの権利の視点を重ねて』民主教育研究所「両性の平等と教育」研究委員会編著　出版企画かんきょう　2003年
⑯『婦人白書1981』日本婦人団体連合会編　1981年
⑰『女性白書2014』日本婦人団体連合会編　2014年
⑱『日本教育史年表』伊ヶ崎暁生・松島栄一編　三省堂　1990年

略年譜

年	個人年表	教職・社会的活動	主なできごと
1933（昭和8）	4・29 富山市清水町にて新森林蔵・信の次女として誕生		日本国際連盟から脱退
1936	妹光子誕生		2・26事件
1937			日中戦争始まる
1938			国家総動員法公布
1940（昭和15）	富山市立東部小学校入学 妹雅子誕生		大政翼賛会結成
1941	東部国民学校に改称		国民学校令公布 太平洋戦争始まる
1944	弟雅英誕生（翌年1月死亡）		学童集団疎開始まる
1945（昭和20）	8・1富山大空襲に遭う		沖縄に米軍上陸 広島、長崎に原爆投下。敗戦
1946	富山県立富山高等女学校入学		総選挙～初の婦人参政権行使
1947			日本国憲法施行　新学制発足
1948	高等女学校より富山南部高校併設中学へ編入学。妹妙子誕生		教育委員会法公布（公選制） 教育勅語失効宣言
1949	富山県立富山南部高校（後に富山高校と改称）入学		新制大学発足 レッドパージ指令

年	個人年表	教職・社会的活動	主なできごと
1950（昭和25）			朝鮮戦争勃発 警察予備隊令公布
1951			日米安保条約調印 第一回教研集会
1952	富山県立富山南部高校卒業 金沢大学教育学部二部乙類に入学 弟雅夫誕生		メーデー事件 警察予備隊を保安隊に
1953	宮本憲一（金沢大学法文学部講師）と出会う	内灘闘争に参加	池田・ロバートソン会談（教育の軍国主義化・防衛力増強）
1954	金沢大学教育学部二部甲類に編入学		自衛隊発足 学校給食法公布
1955（昭和30）			産休補助教員設置法公布
1956	金沢大学卒業。金沢市立高岡町中学校に就職 宮本憲一と結婚	金沢市立高岡町中学校（～57年度）美術・理科担当	売春防止法公布 任命制教育委員会法公布
1957	長男茂樹誕生	日教組6次教研金沢集会参加	
1958	金沢市立新竪町小学校へ転勤	金沢市立新竪町小学校（～60年度） 学級担任 58年度 3年5組 59年度 5年6組 60年度 6年6組	勤務評定を全国的に強行
1959	金沢市平和町県営住宅・アパートに転居		防衛二法強行採決
1960（昭和35）	宮本理憲（義父）死去 58歳。泉野町に転居。スマ子（義母）・武憲（義弟）と同居		日本全土に反安保闘争 新安保条約強行採決 日米地位協定調印

1961	金沢市立野田中学校へ転勤	金沢市立野田中学校（〜64年度）理科担当 学級担任　61年度　2年10組 62年度　1年11組 63年度　2年10組 64年度　1年5組	産休補助教員確保法公布
1962	次男真樹誕生		全国中学学力テスト強行
1963			教科書無償措置法公布
1964	長女美奈誕生		ベトナム戦争始まる。東京オリンピック。母子福祉法成立
1965（昭和40）	家族で堺市へ転居。堺市立西陶器小学校に転勤。憲一・大阪市立大学商学部助教授で赴任	堺市立西陶器小学校（〜69年度） 学級担任 65年度　3年（宮本学級） 66年度　1年（ひまわり学級） 67年度　2年（ひまわり学級） 68年度　1年（すぎのこ学級） 69年度　2年（すぎのこ学級）	日韓基本条約調印 家永教科書訴訟
1966			中教審「期待される人間像」 革新自治体誕生相次ぐ
1967	新森林蔵（実父）死去　67歳		国連婦人に対する差別撤廃宣言採択。東京美濃部革新知事誕生
1968			沖縄屋良革新主席誕生
1970（昭和45）	堺市立安井小学校へ転勤	堺市立安井小学校（〜79年度） 図工科・家庭科　専科 給食主任担当	大阪万博開催 家永裁判勝訴
		堺教職員組合婦人部長（〜75年9月）	
1971		堺母親大会実行委員長（〜74年度）	大阪　黒田了一革新府政誕生
1972			日中国交回復。沖縄日本に復帰
1974	ヨーロッパ旅行（スマ子に同行）		「教頭法制化法」成立　9月実施 家庭科男女共修をすすめる会発足

年	個人年表	教職・社会的活動	主なできごと
1975（昭和50）		大阪教職員組合婦人部長（75年10月〜89年度）	国際婦人年世界会議（メキシコ） 国際婦人年大阪の会発足 育児休業法公布
1976		大阪母親大会副委員長（〜89年度）国際婦人デー大阪集会実行委員長（〜90年）	民法戸籍法改正
1977	憲一・ニューヨーク市行政研究所に短期留学。英子卵巣膿腫手術 留学を終えた憲一とともに家族でカナダ・アメリカ旅行		国立婦人教育会館開館（埼玉県嵐山町） 総理府「国内行動計画」前期重点目標発表
1978	日教組沖縄教研集会に参加 憲一が全体会講演「人類史の中の環境問題」	日教組沖縄教研集会・女子教育分科会に大教組のレポーターとともに参加	国連軍縮特別総会 労基法研究会報告
1979			国連女子差別撤廃条約採択 国際児童年
1980（昭和55）	堺市立野田小学校へ転勤	堺市立野田小学校（〜91年度）家庭科（5・6年生）専科 給食主任担当	国連婦人の十年中間年世界会議（コペンハーゲン）女子差別撤廃条約日本も署名
1981	イギリス・イタリアに教育視察	国際住宅都市問題ロンドン会議参加「子どもと都市化の問題」報告	ＩＬＯ156号条約国連採択（男女労働者の家庭的責任）
1982			統一労組懇教職員部会結成

1983	茂樹・蓬莱三恵子と結婚	SSDⅡ（第2回国連軍縮特別総会）にNGOとして参加のためニューヨークへ	労基法改悪反対・真の雇用平等をめざす4・17全国集会
1984			国籍法・戸籍法改正 臨時教育審議会設置
1985 （昭和60）		日教組教育視察団としてアメリカへ	「国連婦人の十年」ナイロビ世界会議／ナイロビ将来戦略採択。男女雇用機会均等法成立。労基法「改定」。女子差別撤廃条約批准
1987			世界婦人大会（モスクワ）
1988		大教組婦人部常任委員に	初任者研修制度化。消費税導入
1989 （平成元）	長野県北佐久郡望月町にて望月宮本塾スタート	大教組婦人部長に再任 日教組第69回臨時大会にて「連合」加盟反対の16都府県・高教組等除名処分。全日本教職員組合協議会結成／同婦人部結成	昭和天皇死去・年号「平成」にベルリンの壁崩壊 総評解体。全労連・新連合結成 高校家庭科男女共修制度化・中学校技術家庭科男女同一教育課程となる
1990		大教組婦人部長退任	子どもの権利条約をすすめる会発足。教育研究全国集会（全教ほか）
1991	新森信（実母）死去　82歳 スマ子（憲一の母）死去　84歳	全日本教職員組合（全教）結成。同　婦人部結成	ソ連邦解体。湾岸戦争勃発 男女適用の育児休業法成立

年	個人年表	教職・社会的活動	主なできごと
1992	堺市立野田小学校を退職 嵐山ロイアルハイツに転居 イギリス・ベルギー旅行（憲一・英子・真樹） 美奈・加藤正文と結婚	36年間の教職を終える 国際婦人年大阪の会事務局長（～00年）。大阪教育文化センター研究委員。大阪退職教職員の会役員（～12年度）。社会福祉法人大阪福祉事業財団理事	民主教育研究所・全国退職教職員会発足 中学家庭科男女共学実施
1993（平成5）	憲一・大阪市立大学退官　同名誉教授に。憲一・立命館大学産業社会学部教授に就任		国連総会で女性への暴力撤廃宣言採択 小選挙区制成立
1994		国連CEDAW（女子差別撤廃委員会）への要請行動のためニューヨークへ 大阪退職教職員の会北欧旅行	国際家族年 子どもの権利条約批准・発効 高校家庭科男女共修実施
1995	西院小米町に憲一の研究室開設	国連世界女性会議（北京）に参加	阪神・淡路大震災 国連世界女性会議（北京） 育児・介護休業法成立 労基法・雇用機会均等法改正
1997		男女平等をすすめる教育全国ネットワーク結成・世話人	
1998（平成10）	イギリス・イタリア環境調査に参加		子どもの権利委員会より日本政府に勧告。労働法制の改悪反対運動

1999			国連女性差別撤廃条約「選択議定書」採択 男女共同参画社会基本法成立
2000	憲一・立命館大学退職。インド旅行（アジア太平洋環境会議に同行）	国際婦人年大阪の会代表に	国連特別総会「女性二〇〇〇年会議」（ニューヨーク）開催 世界女性行進
2001	憲一・滋賀大学学長就任。彦根官舎に生活を移す		アメリカ同時多発テロ DV防止法成立 文科省「21世紀教育新生プラン」
2002	ヘルシンキ旅行（国際財政学会に同行）		国連「従軍慰安婦問題」で勧告 文科省「心のノート」小・中学校全生徒に配布 学校5日制完全実施
2003（平成15）	タイ旅行（滋賀大学学術交流に同行）	『いまを生きる～ジェンダーと子どもの権利の視点を重ねて』民主教育研究所「両性の平等と教育」編著 出版	米イラク攻撃 自衛隊イラク派遣 国立大学法人法、有事関連法成立
2004	中国大連訪問（滋賀大学学術交流に同行） 憲一・滋賀大学学長退官（任期満了）。生活を京都に戻す	ドーンセンター（大阪府立女性総合センター）開館10周年「女性エンパワーメントフォーラム 2004」開催参加	改正DV法が施行
2005	チェジュ島（国際財政学会に同行）。大連・上海（憲一の東北財経大学の招聘に同行）		JR福知山線脱線事故 郵政民営化（郵政三事業関連法案成立）

年	個人年表	教職・社会的活動	主なできごと
2006	結婚50周年記念家族旅行（信州浅間温泉） ポーランド旅行（EU環境会議へ同行）		安倍晋三内閣発足
2007			パートタイム労働法改正、DV法改正（08年施行）、仕事と生活の調和（ワーク・ライフ・バランス）憲章及び仕事と生活の調和推進のための行動指針策定
2008（平成20）	憲一・英子アメリカ旅行（モンタナ大国際環境会議・オレゴン・ナイアガラ・ニューヨーク）	アン・ライトさんを迎えて世界9条の会、京都案内など 沖縄行動	橋下徹大阪府知事誕生 男女共同参画推進本部「女性の参画加速プログラム」決定 児童福祉法、次世代育成支援対策推進法の改正（09年施行）
2009		グアム島スタディツアー、大阪でのグアム米軍基地調査報告会 日本母親大会京都大会にアン・ライトさん参加	バラク・オバマがアメリカ大統領に 民主党へ政権交代。鳩山由紀夫内閣発足
2010	憲一傘寿・英子喜寿のお祝い　望月宮本塾で		菅直人内閣発足 第3次男女共同参画基本計画策定

2011			東日本大震災・福島原発事故 ジェンダー平等と女性のエンパワーメントのための国連会議（UN Women）発足 大阪府・市のダブル選挙で大阪維新の会の橋下徹市長、松井一郎知事当選
2012	宮本ファミリールーツの台湾へ（台北市）親族13人で訪ねる 真樹・伊藤綾子と結婚 憲一・英子　ドイツ旅行（ドレスデン　国際財政学会に同行） フランクフルト　真樹家族訪問		韓国大統領李明博（イミョンバク）が竹島へ上陸 日本維新の会結党 自民党に政権交代。安倍内閣発足 アベノミクス始まる
2013（平成25）		大阪退職教職員の会役員退任	橋下徹大阪市長「慰安婦制度は必要だった」発言に抗議起こる 消費税８％を閣議決定 特定機密保護法が閣議決定
2014			消費税８％に、日本維新の会から石原慎太郎が離脱、集団的自衛権の限定的容認を閣議決定、総選挙

宮本英子（みやもと・えいこ）略歴

1933年　富山県富山市清水町に生まれる
1956年　金沢大学教育学部2部甲類卒業

職歴

1956年4月　金沢市立高岡町中学校に就職
1958年4月　金沢市立新竪町小学校に転勤
1961年4月　金沢市立野田中学校に転勤
1965年4月　堺市立西陶器小学校に転勤
1970年4月　堺市立安井小学校に転勤
1980年4月　堺市立野田小学校に転勤
1992年3月　堺市立野田小学校を退職

役職等

1970年6月～1975年9月　堺市教職員組合婦人部長
1973年5月～1975年9月　大阪教職員組合婦人部副部長
1975年10月～1990年5月　大阪教職員組合婦人部長
1992年～2000年～　国際婦人年大阪の会事務局長　現代表
1992年～　大阪教育文化センター教育研究委員
1992年～2012年　大阪退職教職員の会役員
1992年～　社会福祉法人 大阪福祉事業財団理事
1997年～　男女平等をすすめる教育全国ネットワーク世話人
2003年～　民主教育研究所「ジェンダーと教育」研究員

著書（共著）・論文

『共働きのくらしの知恵』働く婦人の講座9　汐文社 1974年
「婦人教師にとって教職員組合とは」『教育』教育科学研究会編集 国土社 1979年12月号
「初等・中等教育」『婦人白書1981』日本婦人団体連合会編 草土文化 1981年
「婦人教育労働者の職場と家庭」『婦人労働問題研究』婦人問題研究会編 労働旬報社 1982年
「全国婦人教員研究協議会の研究」『日本教育史研究』第16号 日本教育史研究会発行 1997年
「日本の女性教職員のあゆみ」『いまを生きる』民主教育研究所 両性の平等と教育研究員会編著 かんきょう 2003年
「戦前の女性教職員の要求とその実現」『大阪女性史年表』編・発行 大阪女性史研究会 2010年　他多数

平和と平等を追い求めて
ひとりの女性教師のあゆみ

2015年2月19日　第1刷発行
定価：本体2500円＋税

著　者　宮本　英子
発行者　佐久間光恵
発行所　株式会社 ドメス出版
東京都文京区白山3-2-4
振替　0180-2-48766
電話　03-3811-5615
FAX　03-3811-5635
http://www.domesu.co.jp

印刷・製本　株式会社 太平印刷社

ISBN 978-4-8107-0816-5　C0036